刘家望 著

# 修己安人

## 我读《论语》

湖南人民出版社

**图书在版编目（CIP）数据**

修己安人：我读《论语》 / 刘家望著. —长沙：湖南人民出版社，2016. 9（2017. 3）

ISBN 978-7-5561-1464-1

I. ①修… II. ①刘… III. ①儒家 ②《论语》—研究 IV. ①B222.25

中国版本图书馆CIP数据核字（2016）第229554号

XIUJIANREN WO DU LUNYU

**修己安人——我读《论语》**

著　　者　刘家望
责任编辑　胡艳红　谢　喆
责任校对　曾诗玉
装帧设计　杨发凯

出版发行　湖南人民出版社［http://www.hnppp.com］
地　　址　长沙市营盘东路3号
邮　　编　410005
经　　销　湖南省新华书店

印　　刷　长沙鸿发印务实业有限公司
版　　次　2016年9月第1版
　　　　　2017年3月第2次印刷
开　　本　710 mm × 1000 mm　1/16
印　　张　23
字　　数　338千字
书　　号　ISBN 978-7-5561-1464-1
定　　价　48.00元

营销电话：0731-82683348　（如发现印装质量问题请与出版社调换）

自天子以至于庶人，一是皆以修身为本。

——《大学》

子路问君子。子曰：“修己以敬。”

曰：“如斯而已乎?”曰：“修己以安人。”

曰：“如斯而已乎?”曰：“修己以安百姓。修己以安百姓，尧、舜其犹病诸!”

——《论语·宪问第十四》

# 我读《论语》

《论语》乃四书之首，儒学原典，中国古代思想文化的第一经典。从汉代以来，只要读过书的人几乎没有不读《论语》的。人们认为“一个人如果没有读过孔子，就不能说他真正受过教育”。《论语》中的名言警句、做人处世的道德原则，如仁、义、礼、智、信、勇、孝悌、忠恕、诚直、忍让、勤俭、谦和，为国人世世代代家喻户晓，真正地成了中华民族思想道德的文化基因和精神内核，嵌入了中华民族的性格之中，成了中国人的美德。

我读《论语》经历了一个比较漫长的过程。小时候，我于父母教《三字经》，背诵“人之初，性本善”“《论语》者，二十篇”时，听说了孔子和《论语》。我邻居的一位老人是我本家曾祖父，我们叫“老爷”，村里尊他“仁爷”，是位读了书的农民，家里有很多书。他很欣赏我爱读书、记性好，于是常给我讲《论语》和孔子的故事，如孔子出生、孔子学礼、孔子授徒、孔子周游列国等，教我背诵“学而时习之”“弟子入则孝，出则弟，谨而信，泛爱众，而亲仁”等章句，这算我所受的《论语》蒙教。

读小学五年级，教我们语文的是一位头发胡子都白了的朱培家老师，开口就是“子曰《诗》云”，我印象最深的是两句：一句是他第一堂课讲的：“子夏曰：‘贤贤易色；事父母，能竭其力；事君，能致其身；与朋友交，言而有信。虽曰未学，吾必谓之学矣。’”他用粉笔工工整整地板书在黑板上，然后一字一句地给我们讲解，末了非常严肃地说：“读书先学做人。”还有一句是他经常讲的“人亦人也，我亦人也，人一能之，己百之，人十能之，己千之”，告诫我们少年当自强，学习得靠自己十倍百倍的努力。我深深地记住了这两句话，记住了这位夫子味十足的朱老师，这两句话几乎影响了我的一生。

再后来就是对孔子、对《论语》的批判。当时批判“克己复礼”，批判“民可使由之，不可使知之”“唯女子与小人难养也”“兴灭国，继绝世，举逸民”等。也许由于“批判”，我又多读了一些孔子和《论语》，以至于后来我在文章和报告中能比较贴切地寻章摘句引用孔子的一些名言警句了，也逐步明白了当时的那些批判，其实是对《论语》的误读和曲解。

真正认真地系统学习《论语》是近五六年的事，大概有两个原因吧。一是近年兴起的国学热，对我是个推动，我觉得学国学要先读经典，读经典要先读《论语》；二是我本来就比较喜欢读书，尤其是喜欢读文史哲的一些经典原著。退休了，有充裕的时间，于是我沉下心来，认认真真地读“四书五经”，一字一句地学习理解《论语》。孔子曾说：“加我数年，五十而学易，可以无大过矣。”我读《论语》之后，也有夫子当年韦编三绝读《易》之后的感觉，真有读之恨晚、时光难再的慨叹。

《论语》二十篇，从《学而》开篇到《尧曰》结尾共511章，中心思想是仁、礼和中庸，主题是做人、修己安人、复礼归仁（恢复重建有道德、讲伦理、和谐有序的礼乐文明社会）。

仁是什么？仁是孔子全部思想学说的核心。《论语》一万余字，仁字出现了109次。在孔子的思想和语境里，我理解“仁”有三层意思：第一，仁是人。“仁者，人也”，是对人的存在、人的独立人格、天命之性、人之欲望、人的真性情的关注、肯定和尊重，关注个人，让每个人都好。这是孔子仁的最基本的出发点，人文关怀从这里开始。有人说孔子儒学湮没人的自我意识和个性，是毫无依据的谬议。第二，仁是仁爱。“樊迟问仁。子曰：‘爱人。’”关心人、爱护人、尊重人，以己之心及人之心，这是孔子的仁的核心。《论语》记载：原宪问孔子：“克、伐、怨、欲不行焉，可以为仁矣？”子曰：“可以为难矣，仁则吾不知也。”克、伐、怨、欲不行，苦行洁身，对他人、对百姓漠不关心不能称为仁，“绝己之欲则不能通天下之志，非所以为仁也”。第三，仁是以诚为基、以人为本，以己之心推人之心、以己之欲及人之欲，己所不欲勿施于人，己欲立立人、己欲达达人的道德原则和价值观。这是孔子仁的思想的升华，在《论语》中讲述得最多、最深刻、最具体、最具指导性和操作性。仁就是如何做人、如何待人、如何处理群己关系，一事当前、他人第一，“忠”“恕”“诚”“敬”“爱”，用仁爱之心待人，用仁爱的原则协调处理人际关系。“泛爱众”“主忠信”“与人忠”“己所不欲，勿施于人”“己欲立而立人，己欲达而达人”“躬自厚而薄责于人”，这应该说是世界人文主义的高峰、文明社会的道德高标。仁是做人立身之本、修己安人之本、治国为政之本，是孔子思想的内核，是中华文化的精髓，是中华民族自立于世界民族之林的精神和价值观。

礼，是《论语》继仁之后的又一个关键词。礼是孔子思想学说的重要组成部分，是孔子的治政纲纪。礼与日常生活、政治生活紧密联系，构成社会的道德规范、政治秩序、伦理纲常。“四书五经”中《礼记》是部头最大、篇幅最繁的一本，所谓“礼经三百，威仪三千”。在孔子思想中，礼是代表先王和周公的礼乐文明，是社会文明的重要标志。“道之以德，齐之以礼”是孔子治政的理想模式，可以说是现代“以德治国”“以法治国”的先声。“不学礼、无以立”，“恭而无礼则劳，勇而无礼则乱，直而无礼则绞”，即使是君王也要“使臣以礼”“临民以庄”，“道德仁义，非礼不成”，悠悠万事，唯礼为大。但是孔子关于礼还有一个很重要的观点——礼的本质是仁，复礼为仁。孔子说：“人而不仁，于礼何？”“礼后乎？”礼在仁之后，仁为礼之本。“夫礼者，自卑而尊人，虽负贩者必有尊也。”礼是敬，礼是建立在以人为本、谦卑自牧而尊人爱人的前提之下的。这样的礼（礼法礼制）至今还闪耀着人道主义的灿烂光辉。“颜渊问仁。子曰：‘克己复礼为仁。一日克己复礼，天下归仁焉。’”（《颜渊第十二》）这一句精辟地阐述了仁与礼的关系，表达了孔子克己复礼、天下归仁的美好理想。

在孔子的思想学说中与仁、礼紧密相连的是中庸。中庸既是孔子理想的道德境界，也是他睿智的思想方法。“中”有不偏不倚、中正的意思，也有和谐统一、中和的意思，“庸”是日用不变，意思是中正、中和为人们日用不变的常理。这是孔子教人如何在做人待人、为政处事中恰到好处地权变裁度、趋时尚中、和以为度、“义之与比”、“不过亦无不及”。他批评弟子“师也过，商也不及”，“过犹不及”。他担心弟子们“可与立，未可与权”，“由也，好勇过我，无所取材”。他大声疾呼：“中庸之为德也，其至矣乎！民鲜久矣。”他提出了“礼之用和为贵”，即使是实行礼制，也要把握恰到好处的度，“夫礼所以制中也”。还提出了“和而不同”“毋意、毋必、毋固、毋我”等一些道法中庸的道德原则。子思作《中庸》系统地阐述了孔子中庸的思想，“君子中庸也，君子而时中”，“执其两端，用其中于民”。孔子注《易》作传，更把中庸思想上升到了哲学层面——阴阳互根，对立统一，审时度势，持中守正，两点论，和为贵——既是哲学方法、人生智慧，也是道德原则。

仁、礼、中庸是孔子思想学说的一个有机整体，是孔子的道。仁是仁爱，是仁心仁德，是本，是做人为政的出发点和归宿。礼是礼制，是做人为政的伦理纲常和道德规范。中庸则是持中守正而实现仁与礼的原则和方法。孔子的仁、礼、中庸是修身进德、修己安人、克己复礼、天下归仁的纲领和指导思想。

孔子一生做了三件大事：一是办私学，教学生，立德树人，弟子三千贤人七十二。二是游说诸侯、周游列国凡十四年，传播先王之道，劝说诸侯进德修身、克己复礼，推行德政礼治。三是整理编纂《诗》《书》《易》《礼》《乐》《春秋》，为中国古代文献典籍的保存和传播做出了杰出贡献。

三件事，一言以蔽之，孔子是在用以仁、礼、中庸为核心的道德文章、思想文化修齐治平，实现复礼归仁、天下为公的政治理想。“观乎人文、以化成天下。”（《易·贲卦》）

孔子一生为了实现其理想有一个很深远的思考。他教书育人，游说诸侯以至于编纂文化古籍都围绕着这个思考。

有一次一位叫微生亩的隐士问孔子：“丘何为是栖栖者与？无乃为佞乎？”

孔子回答说："非敢为佞也，疾固也。"（《宪问第十四》）译成白话，即微生亩问孔子："您为什么总是这样匆匆忙忙到处奔波呢？不是要秀您的口才吧？"孔子回答说："我哪敢秀口才啊，我是疾恶现在礼崩乐坏、天下滔滔的世道啊！"

孔子疾恶礼崩乐坏的现实社会，一心想恢复三王时代的礼乐文明。他思考着从两方面下手：一是游说诸侯，希望君王卿相进德修身、修己安人、"子帅以正"、"为政以德"、"礼让为国"、施政以仁。二是办学授徒，传先王周公之道，教育弟子"文、行、忠、信"来进德修身，"博学以文、约之以礼"、"主忠信、行笃敬"、知三畏、常九思、"内省不疚"，希望士子学人成为有道德有学养的君子，以仁为己任，修己安人。这样，以执政者的美德懿行引领道德，以君子之德风影响世风，以至教化人民（新民）实现天下归仁、天下有道、天下为公的礼乐文明（止于至善）。因此孔子大声疾呼，谆谆劝诫，"德之不修，学之不讲，闻义不能徙，不善不能改，是吾忧也"，"自天子以至于庶人，一是皆以修身为本"，"修己以敬"，"修己以安人"，"修己以安百姓"，克己复礼，天下归仁。

这就是孔子一生的深远思考和追求。

《论语》二十篇，始终贯穿着这一思想，无一篇不讲进德修身。洋洋万言的《论语》讲仁、讲礼、讲中庸，但一以贯之的主题是讲做人，进德修身，修己安人，修己安百姓，实际上其中心思想也是教诫人们（自天子至庶人）以仁为本，以礼为约，以中庸为权，修己做人，以安天下百姓。

曾参作《大学》继承和发展了孔子的这一思想，演绎为"三纲领、八条目"即"大学之道，在明明德，在新民，在止于至善"，"格物、致知、诚意、正心、修身、齐家、治国、平天下"。格物、致知、诚意、正心、修身就是修己，齐家、治国、平天下就是安人、安百姓。后来儒家的先贤们又进一步演绎概括为"内圣外王"的君子境界和追求，内圣就是修己，实现道德学问和人格的完美，外王就是安人，外建事功，治国平天下，实现一日克己复礼、天下归仁。

因此我以为进德修身、修己安人、克己复礼、天下归仁是孔子一生的思考和追求，是《论语》的主题——以天下归仁为己任，而又从修己做人开始。

《论语》语言质朴，记述切实，一句句佳言警语，一件件家国日常，展现着夫子师生生动活泼、可亲可敬的形象，灵动着夫子仁者如山、智者如水的伟大的心灵思想。《论语》片言成典，句句经典，“夫子风采，溢于格言”（《文心雕龙》），是一本很好读的书；它语言平易，贴近现实，贴近每一个人，又是一本很难读的书，因为言愈简，理愈深，真正读懂、真正贴近孔子伟大的心灵谈何容易。

为了尽可能地读懂《论语》，领会孔子的伟大思想，我十数次地读原著，一章一句地与同事们解读讨论，还反复地读《大学》《中庸》《孟子》，读《周易》《尚书》《诗经》《春秋左传》《史记》《礼记》，以及孔安国、包咸、程颐、朱熹、刘宝楠、钱穆以及当代专家学者们对《论语》的注疏。我不敢说，我完全读懂了孔子，更不敢说领会了孔子的思想，但是我越读，越觉得《论语》和儒学典籍的那些明白切实的哲理与思想的深邃、伟大和现实，越崇敬孔夫子人格伟大、思想光辉，也更想一读再读《论语》和儒学诸典，真有读之恨晚、欲罢不能的感觉。

孔子最得意的门生、孔门十哲之首的颜渊对学习孔子的道德文章深有感慨，他说：“仰之弥高，钻之弥坚。瞻之在前，忽焉在后。夫子循循然善诱人，博我以文，约我以礼，欲罢不能。既竭吾才，如有所立卓尔。虽欲从之，未由也已。”（《子罕第九》）颜渊跟随夫子多年，其感受体会应该是最真切的。

两千五百多年后的今天，我读《论语》的感受也如颜渊一样。

被称为现代科学之光的英国哲学家培根说过：“有些书只需浅尝，有些书可以狼吞，有些书要细嚼慢咽，慢慢消化。”《论语》语言平易亲切，人人可学，学之能用，用之有效。《论语》又是一本藏夫子道德文章于简约、蕴圣贤智慧于日常的经典，真正读懂不容易，必须细嚼慢咽、细细品味，必须切问近思，静心感悟，必须结合自己学习、生活和思想的实际，用心领会。

我读《论语》之后，结合自己的人生阅历记下了感悟，并以“修己安人”为题，作为我读《论语》的心得笔记。对原文诸多章节的解读，我有自己的立场、观点和思想，或许与一些学者的注释和见解不尽相同，错误在所难免，谨呈读者指正。我唯一的目的是，希望激起大家对读《论语》的热情和兴趣——读读《论语》原著，哪怕只读几个篇章，甚至只领会记住几句经典，也能体会为人、为学、为政的哲理、原则和智慧。《论语》是人生智慧之学、修己安人之学、理政仁民之学、“内圣外王”之学，它所阐述的仁的道德原则和价值观光耀千古，直指人心，必普济世界。我相信，仁爱、包容、和平、和谐是人类文明社会的共同向往和依归。

刘家望

2015 年 12 月 5 日

# 目录

学而　第一 …… 1

1. 学而时习之 …… 1
2. 孝悌为仁之本 …… 2
3. 巧言令色　鲜矣仁 …… 3
4. 吾日三省吾身 …… 3
5. 敬事而信　节用爱人　使民以时 …… 4
6. 孝悌谨信　爱众亲仁 …… 5
7. 贤贤易色 …… 5
8. 主忠信　无友不如己者 …… 6
9. 慎终追远　民德归厚矣 …… 7
10. 温　良　恭　俭　让 …… 8
11. 三年无改于父之道 …… 9
12. 礼之用　和为贵 …… 9
13. 信近于义　言可复 …… 10
14. 君子食无求饱　居无求安 …… 11
15. 贫而乐　富而好礼 …… 12
16. 不患人不己知　患不知人 …… 13

**为政　第二** …… 14
1. 为政以德 …… 14
2. 《诗》三百　思无邪 …… 15
3. 道之以德　齐之以礼 …… 16
4. 吾十有五而志于学 …… 17
5. 孟懿子问孝 …… 18
6. 父母　唯其疾之忧 …… 19
7. 孝必敬 …… 20
8. 子夏问孝 …… 20
9. 回也不愚 …… 21
10. 视其所以　观其所由 …… 21
11. 温故而知新 …… 22
12. 君子不器 …… 23
13. 先行其言而后从之 …… 23
14. 君子周而不比 …… 24
15. 学而不思则罔 …… 24
16. 攻乎异端斯害也 …… 25
17. 知之为知之　不知为不知 …… 25
18. 言寡尤　行寡悔　禄在其中 …… 26
19. 何为则民服 …… 26
20. 使民敬　忠以劝 …… 27
21. 子奚不为政 …… 28
22. 人而无信不知其可也 …… 28
23. 其或继周者　虽百世可知也 …… 29
24. 见义不为无勇也 …… 30

**八佾　第三** …… 31
1. 八佾舞于庭　是可忍　孰不可忍 …… 31
2. 三家者以《雍》彻 …… 32
3. 人而不仁　如礼何 …… 32
4. 林放问礼之本 …… 33
5. 夷狄之有君　不如诸夏之亡也 …… 34
6. 季氏旅于泰山 …… 34
7. 君子无所争 …… 35
8. 巧笑倩兮　美目盼兮　素以绚兮 …… 35
9. 夏礼吾能言之 …… 36
10. 吾不欲观之 …… 37
11. 或问禘之说 …… 37
12. 祭如在 …… 38
13. 获罪于天　无所祷也 …… 38
14. 郁郁乎文哉　吾从周 …… 39
15. 入太庙每事问 …… 39
16. 射不主皮 …… 40
17. 尔爱其羊　我爱其礼 …… 40
18. 事君尽礼　人以为谄 …… 41
19. 君使臣以礼　臣事君以忠 …… 41
20. 《关雎》乐而不淫 …… 42
21. 成事不说　遂事不谏　既往不咎 …… 42
22. 管仲之器小哉 …… 43
23. 乐其可知也 …… 44
24. 天将以夫子为木铎 …… 45
25. 子谓《韶》　尽美尽善 …… 45
26. 居上不宽　为礼不敬　临丧不哀　吾何以观 …… 46

**里仁　第四** …… 47
1. 里仁为美 …… 47
2. 仁者安仁　知者利仁 …… 47
3. 唯仁者能好人　能恶人 …… 48
4. 苟志于仁无恶也 …… 48
5. 君子无终食之间违仁 …… 49
6. 好仁者无以尚之 …… 50
7. 观过斯知仁矣 …… 51
8. 朝闻道　夕死可矣 …… 51
9. 耻恶衣恶食者　未足与议也 …… 51
10. 君子无适无莫　义之与比 …… 52
11. 君子怀德 …… 53
12. 放于利而行多怨 …… 53
13. 礼让为国 …… 54
14. 不患无位患所以立 …… 54
15. 夫子之道忠恕而已矣 …… 55
16. 君子喻于义 …… 55
17. 见贤思齐 …… 56
18. 事父母几谏 …… 57
19. 父母在不远游 …… 57
20. 三年无改于父之道 …… 57
21. 父母之年一则以喜一则以惧 …… 58
22. 言出而耻　躬之不逮 …… 58
23. 以约失之者鲜 …… 58
24. 君子欲讷于言敏于行 …… 59
25. 德不孤必有邻 …… 59
26. 事君数斯辱矣 …… 60

**公治长　第五** ………………………………………… 61
1. 子谓公冶长 ………………………………………… 61
2. 子谓南容 ………………………………………… 62
3. 子谓子贱 ………………………………………… 62
4. 赐也何如 ………………………………………… 63
5. 雍也仁而不佞 ………………………………………… 63
6. 子使漆雕开仕 ………………………………………… 64
7. 道不行　乘桴浮于海 ………………………………………… 65
8. 子路仁乎 ………………………………………… 65
9. 子谓子贡 ………………………………………… 66
10. 宰予昼寝 ………………………………………… 67
11. 枨也欲焉得刚 ………………………………………… 68
12. 吾亦欲无加诸人 ………………………………………… 68
13. 夫子之文章可得而闻也 ………………………………………… 69
14. 未之能行　唯恐有闻 ………………………………………… 69
15. 孔文子何以谓之文 ………………………………………… 70
16. 子产有君子之道四焉 ………………………………………… 70
17. 晏平仲善与人交 ………………………………………… 71
18. 臧文仲居蔡 ………………………………………… 72
19. 子张问仁 ………………………………………… 72
20. 三思而后行 ………………………………………… 73
21. 邦有道则知　邦无道则愚 ………………………………………… 74
22. 子在陈 ………………………………………… 75
23. 子曰伯夷、叔齐 ………………………………………… 75
24. 孰谓微生高直 ………………………………………… 76
25. 巧言令色足恭　丘亦耻之 ………………………………………… 76
26. 孔子与弟子言志 ………………………………………… 77

27. 能见其过而内自讼 …… 77
28. 不如丘之好学 …… 78

**雍也　第六** …… 79
1. 雍也可使南面 …… 79
2. 子桑伯子可也简 …… 79
3. 有颜回者好学　不迁怒不贰过 …… 81
4. 君子周急不继富 …… 81
5. 原思辞粟 …… 82
6. 犁牛之子骍且角 …… 83
7. 回也　其心三月不违仁 …… 83
8. 由也果　于从政何有 …… 84
9. 闵子骞辞费宰 …… 85
10. 伯牛有疾 …… 85
11. 贤哉回也 …… 86
12. 非不说子之道　力不足也 …… 86
13. 子谓子夏 …… 87
14. 女得人焉尔乎 …… 87
15. 孟之反不伐 …… 88
16. 祝鮀之佞 …… 88
17. 何莫由斯道也 …… 89
18. 文质彬彬然后君子 …… 89
19. 人之生也直 …… 90
20. 知之者不如好之者 …… 91
21. 中人以上可以语上也 …… 91
22. 樊迟问知 …… 92
23. 知者乐水　仁者乐山 …… 92

24. 齐一变至于鲁 …… 93
25. 觚不觚 …… 93
26. 君子不可罔 …… 94
27. 博学于文　约之以礼 …… 94
28. 子见南子 …… 95
29. 中庸之为德其至矣乎 …… 95
30. 己欲立立人　己欲达达人 …… 96

**述而　第七** …… 98
1. 述而不作 …… 98
2. 学而不厌　诲人不倦 …… 99
3. 是吾忧也 …… 100
4. 子之燕居 …… 100
5. 久矣吾不复梦见周公 …… 101
6. 志于道 …… 101
7. 自行束脩以上　吾未尝无诲焉 …… 102
8. 不愤不启 …… 103
9. 子食于有丧者之侧 …… 103
10. 子于是日哭　则不歌 …… 104
11. 用之则行　舍之则藏 …… 104
12. 从吾所好 …… 105
13. 子之所慎　齐　战　疾 …… 105
14. 三月不知肉味 …… 106
15. 夫子为卫君乎 …… 106
16. 不义而富且贵于我如浮云 …… 107
17. 五十以学易　可以无大过矣 …… 108
18. 子所雅言 …… 109

19. 不知老之将至 …………………………………………… 109
20. 好古　敏以求之者也 ……………………………………… 110
21. 子不语怪力乱神 …………………………………………… 110
22. 三人行必有我师焉 ………………………………………… 110
23. 天生德于予 ………………………………………………… 111
24. 吾无行而不与二三子者 …………………………………… 111
25. 子以四教　文　行　忠　信 ……………………………… 112
26. 得见君子者　斯可矣 ……………………………………… 112
27. 子钓而不纲 ………………………………………………… 113
28. 多闻　择其善者而从之 …………………………………… 113
29. 与其进也　不与其退也 …………………………………… 114
30. 我欲仁　斯仁至矣 ………………………………………… 114
31. 昭公知礼乎 ………………………………………………… 115
32. 子与人歌而善 ……………………………………………… 116
33. 文　莫吾犹人也 …………………………………………… 116
34. 圣与仁则吾岂敢 …………………………………………… 116
35. 子路请祷 …………………………………………………… 117
36. 与其不孙也　宁固 ………………………………………… 117
37. 君子坦荡荡　小人长戚戚 ………………………………… 118
38. 子温而厉　恭而安 ………………………………………… 118

**泰伯　第八** …………………………………………………… 120
1. 泰伯其可谓至德也已矣 …………………………………… 120
2. 恭而无礼则劳 ……………………………………………… 121
3. 曾子有疾 …………………………………………………… 121
4. 君子贵乎道者三 …………………………………………… 122
5. 有若无　实若虚　犯而不校 ……………………………… 123

6. 临大节而不可夺也 …………………………………… 123
7. 士不可以不弘毅 ……………………………………… 124
8. 兴于《诗》 立于礼 成于乐 ………………………… 124
9. 民可使由之 …………………………………………… 125
10. 好勇疾贫 乱也……………………………………… 127
11. 骄且吝不足观也…………………………………… 127
12. 不至于谷不易得也………………………………… 128
13. 笃信好学 守死善道……………………………… 128
14. 不在其位不谋其政………………………………… 129
15. 洋洋乎盈耳哉……………………………………… 129
16. 狂而不直…………………………………………… 130
17. 学如不及 犹恐失之……………………………… 130
18. 舜禹之有天下而不与……………………………… 131
19. 大哉尧之为君也…………………………………… 131
20. 周之德 其可为至德也已矣……………………… 132
21. 禹 吾无间然矣…………………………………… 132

**子罕 第九**…………………………………………… 134
1. 子罕言利与命与仁 …………………………………… 134
2. 大哉孔子 ……………………………………………… 134
3. 吾从众 吾从下 ……………………………………… 135
4. 子绝四 ………………………………………………… 136
5. 子畏于匡 ……………………………………………… 137
6. 吾少贱 故多能鄙事 ………………………………… 137
7. 吾不试 故艺 ………………………………………… 138
8. 我有知乎哉 无知也 ………………………………… 139
9. 凤鸟不至河不出图 …………………………………… 139

10. 子见齐衰者…… 140
11. 仰之弥高　钻之弥坚…… 140
12. 子疾病　吾谁欺…… 141
13. 有美玉于斯…… 142
14. 子欲居九夷…… 142
15. 乐正《雅》《颂》…… 143
16. 出则事公卿　入则事父兄…… 143
17. 子在川上曰　逝者如斯夫…… 144
18. 未见好德如好色者…… 144
19. 止　吾止也…… 145
20. 语之而不惰者　回也…… 145
21. 吾见其进　未见其止…… 145
22. 苗而不秀者有矣…… 146
23. 四十五十而无闻焉　斯亦不足畏也已…… 146
24. 法语之言　改之为贵　巽与之言　绎之为贵…… 147
25. 过则勿惮改…… 147
26. 三军可夺帅　匹夫不可夺志…… 148
27. 不忮不求　何用不臧…… 148
28. 岁寒知松柏之后凋也…… 149
29. 知者不惑　仁者不忧　勇者不惧…… 149
30. 可与立　未可与权…… 150
31. 未之思也夫何远之有…… 150

**乡党　第十**…… 152
1. 孔子于乡党　恂恂如也…… 152
2. 与下大夫言　侃侃如也…… 152
3. 君召使摈　色勃如也　足躩如也…… 153

4. 立不中门　行不履阈 …………………………………………………… 154
5. 执圭　鞠躬如也　如不胜 ……………………………………………… 155
6. 君子不以绀緅饰 ………………………………………………………… 155
7. 齐　必有明衣　布 ……………………………………………………… 157
8. 食不厌精　脍不厌细 …………………………………………………… 157
9. 食不语　寝不言 ………………………………………………………… 159
10. 虽疏食菜羹　必祭……………………………………………………… 159
11. 席不正　不坐…………………………………………………………… 160
12. 乡人饮酒　杖者出　斯出矣…………………………………………… 160
13. 乡人傩…………………………………………………………………… 160
14. 问人于他邦……………………………………………………………… 161
15. 康子馈药………………………………………………………………… 161
16. 厩焚……………………………………………………………………… 161
17. 君赐食　必正席先尝之………………………………………………… 162
18. 疾　君视之……………………………………………………………… 162
19. 君命召…………………………………………………………………… 163
20. 入太庙每事问…………………………………………………………… 163
21. 朋友死无所归…………………………………………………………… 163
22. 朋友之馈………………………………………………………………… 164
23. 寝不尸　居不容………………………………………………………… 164
24. 见齐衰者　虽狎　必变………………………………………………… 164
25. 升车必正立执绥………………………………………………………… 165
26. 色斯举矣………………………………………………………………… 165

**先进　第十一**……………………………………………………………… 167
1. 先进于礼乐 ……………………………………………………………… 167
2. 从我于陈蔡者 …………………………………………………………… 168

3. 孔门四科十哲 ………………………………………… 168
4. 回也非助我也 ………………………………………… 169
5. 孝哉闵子骞 ………………………………………… 170
6. 南容三复白圭 ………………………………………… 170
7. 季康子问 ………………………………………… 171
8. 颜路请子之车以为之椁 ………………………………… 171
9. 颜渊死　天丧予 ………………………………………… 172
10. 颜渊死　子哭之恸 …………………………………… 172
11. 颜渊死　门人欲厚葬之 ……………………………… 172
12. 季路问事鬼神 ………………………………………… 173
13. 闵子骞侍侧　訚訚如也 ……………………………… 173
14. 鲁人为长府 ………………………………………… 174
15. 由之瑟奚为于丘之门 ………………………………… 175
16. 师与商也孰贤 ………………………………………… 175
17. 季氏富于周公 ………………………………………… 176
18. 柴也愚 ………………………………………… 177
19. 回也其庶乎屡空 ………………………………………… 177
20. 子张问善人之道 ………………………………………… 178
21. 论笃是与 ………………………………………… 178
22. 闻斯行诸 ………………………………………… 179
23. 子畏于匡 ………………………………………… 180
24. 仲由　冉求可谓大臣与 ……………………………… 180
25. 子路使子羔为费宰 …………………………………… 181
26. 子路　曾皙　冉有　公西华侍坐 …………………… 182

**颜渊　第十二** ………………………………………… 186
1. 克己复礼为仁 ………………………………………… 186

2. 仲弓问仁 …… 188
3. 司马牛问仁 …… 188
4. 司马牛问君子 …… 189
5. 司马牛忧 …… 189
6. 子张问明 …… 190
7. 子贡问政 …… 191
8. 君子质而已矣 …… 191
9. 年饥　用不足如之何 …… 192
10. 子张问崇德辨惑 …… 193
11. 齐景公问政于孔子 …… 194
12. 子路无宿诺 …… 194
13. 孔子听讼 …… 195
14. 居之无倦　行之以忠 …… 195
15. 博学于文　约之以礼 …… 196
16. 君子成人之美 …… 196
17. 季康子问政于孔子 …… 196
18. 季康子患盗 …… 197
19. 君子之德风　小人之德草 …… 197
20. 士何如斯可谓之达 …… 198
21. 崇德　修慝　辨惑 …… 199
22. 樊迟问仁　子曰爱人 …… 200
23. 子贡问友 …… 201
24. 以文会友　以友辅仁 …… 201

**子路　第十三** …… 203
1. 子路问政 …… 203
2. 先有司　赦小过　举贤才 …… 204

3. 必也正名乎 …… 204
4. 樊迟请学稼 …… 206
5. 虽多　亦奚以为 …… 207
6. 其身正　不令而行 …… 207
7. 鲁卫之政　兄弟也 …… 208
8. 子谓卫公子荆 …… 208
9. 既庶矣富之　既富矣教之 …… 208
10. 苟有用我者　三年有成 …… 209
11. 善人为邦百年 …… 209
12. 如有王者必世而后仁 …… 210
13. 苟正其身　于从政乎何有 …… 210
14. 冉子退朝何晏也 …… 210
15. 一言可以兴邦 …… 211
16. 叶公问政 …… 212
17. 子夏为莒父宰问政 …… 212
18. 父为子隐　子为父隐　直在其中 …… 213
19. 樊迟问仁 …… 214
20. 何如斯可谓之士矣 …… 214
21. 不得中行而与之　必也狂狷乎 …… 215
22. 人而无恒　不可以作巫医 …… 216
23. 君子和而不同 …… 217
24. 乡人皆好之　何如 …… 218
25. 君子易事而难说 …… 218
26. 君子泰而不骄 …… 219
27. 刚毅木讷近仁 …… 219
28. 何如斯可谓之士 …… 219
29. 善人教民七年 …… 220

30. 以不教民战　是谓弃之 …… 220

**宪问　第十四** …… 222

1. 原宪问耻 …… 222
2. 士而怀居　不足以为士 …… 223
3. 邦有道　危言危行 …… 223
4. 有德者　必有言 …… 224
5. 禹稷躬稼而有天下 …… 224
6. 君子而不仁者有矣 …… 225
7. 爱之能勿劳乎 …… 225
8. 为命 …… 226
9. 子产惠人也 …… 226
10. 贫而无怨难 …… 227
11. 孟公绰为赵魏老则优 …… 228
12. 子路问成人 …… 228
13. 公叔文子不言不笑不取乎 …… 229
14. 臧武仲要君 …… 229
15. 晋文公谲而不正 …… 230
16. 管仲如其仁 …… 230
17. 管仲非仁者与 …… 231
18. 可以为文矣 …… 232
19. 子言卫灵公之无道也 …… 233
20. 其言不怍　则为之也难 …… 233
21. 陈成子弑简公 …… 234
22. 子路问事君 …… 235
23. 君子上达　小人下达 …… 235
24. 古之学者为己 …… 235

25. 夫子欲寡其过而未能也 …… 236
26. 思不出其位 …… 236
27. 君子耻其言而过其行 …… 237
28. 君子有道者三 …… 237
29. 子贡方人 …… 237
30. 不患人之不己知 …… 238
31. 不逆诈　不亿不信 …… 238
32. 丘何为是栖栖者与 …… 239
33. 骥不称其力　称其德也 …… 239
34. 以德报怨何如 …… 240
35. 莫我知也夫 …… 241
36. 公伯寮愬子路于季孙 …… 242
37. 作者七人矣 …… 242
38. 子路宿于石门 …… 243
39. 子击磬于卫 …… 243
40. 高宗谅阴　三年不言　何谓也 …… 244
41. 上好礼　则民易使也 …… 245
42. 子路问君子 …… 245
43. 原壤夷俟 …… 246
44. 阙党童子将命 …… 246

**卫灵公　第十五** …… 248
1. 卫灵公问陈于孔子 …… 248
2. 在陈绝粮　从者病　莫能兴 …… 248
3. 予一以贯之 …… 249
4. 知德者鲜矣 …… 250
5. 无为而治者其舜也 …… 250

6. 言忠信　行笃敬 …………………………………………………… 251
7. 直哉史鱼 …………………………………………………………… 251
8. 知者不失人亦不失言 ……………………………………………… 252
9. 志士仁人　有杀身以成仁 ………………………………………… 253
10. 子贡问为仁………………………………………………………… 253
11. 颜渊问为邦………………………………………………………… 254
12. 人无远虑　必有近忧……………………………………………… 255
13. 吾未见好德如好色者……………………………………………… 255
14. 臧文仲其窃位者与………………………………………………… 256
15. 躬自厚而薄责于人………………………………………………… 256
16. 吾末如之何也已矣………………………………………………… 256
17. 群居终日　言不及义……………………………………………… 257
18. 君子义以为质……………………………………………………… 257
19. 君子病无能焉……………………………………………………… 258
20. 君子疾没世而名不称……………………………………………… 258
21. 君子求诸己………………………………………………………… 259
22. 君子矜而不争……………………………………………………… 259
23. 君子不以言举人…………………………………………………… 260
24. 其恕乎……………………………………………………………… 260
25. 吾之于人也………………………………………………………… 260
26. 吾犹及史之阙文也………………………………………………… 261
27. 小不忍　则乱大谋………………………………………………… 261
28. 众恶之　必察焉…………………………………………………… 262
29. 人能弘道　非道弘人……………………………………………… 262
30. 过而不改　是谓过矣……………………………………………… 262
31. 以思无益　不如学也……………………………………………… 263
32. 君子谋道不谋食…………………………………………………… 263

33. 虽得之　必失之 …… 264
34. 君子不可小知　而可大受也 …… 264
35. 民之于仁也　甚于水火 …… 265
36. 当仁不让于师 …… 265
37. 君子贞而不谅 …… 266
38. 事君 …… 266
39. 有教无类 …… 267
40. 道不同　不相为谋 …… 267
41. 辞达而已矣 …… 267
42. 固相师之道也 …… 268

**季氏　第十六** …… 269
1. 均无贫　和无寡　安无倾 …… 269
2. 天下有道　则礼乐征伐自天子出 …… 271
3. 禄之去公室五世矣 …… 272
4. 益者三友　损者三友 …… 273
5. 益者三乐　损者三乐 …… 273
6. 侍于君子有三愆 …… 274
7. 君子有三戒 …… 274
8. 君子有三畏 …… 275
9. 生而知之　学而知之　困而学之 …… 276
10. 君子有九思 …… 276
11. 见善如不及 …… 277
12. 齐景公民无德而称 …… 278
13. 陈亢问于伯鱼 …… 278
14. 邦君之妻 …… 279

## 阳货　第十七


阳货　第十七……281

1. 阳货见孔子……281
2. 性相近　习相远……282
3. 唯上知与下愚不移……283
4. 子之武城……283
5. 公山弗扰以费畔……284
6. 子张问仁于孔子……285
7. 佛肸召　子欲往……286
8. 女闻六言六蔽矣乎……287
9. 小子何莫学夫诗……288
10. 子谓伯鱼……289
11. 礼云礼云　玉帛云乎哉……289
12. 色厉而内荏……290
13. 乡愿　德之贼也……290
14. 道听途说　德之弃也……291
15. 患得患失　无所不至……291
16. 古者民有三疾……291
17. 巧言令色　鲜矣仁……292
18. 孔子三恶……292
19. 予欲无言……293
20. 孺悲欲见孔子……294
21. 宰我问……294
22. 饱食终日　无所用心　难矣哉……295
23. 君子尚勇乎……296
24. 君子亦有恶乎……296
25. 唯女子与小人为难养……297
26. 年四十而见恶　其终也……298

**微子　第十八** …… 299
1. 殷有三仁焉 …… 299
2. 柳下惠为士师　三黜 …… 300
3. 齐景公待孔子 …… 300
4. 齐人归女乐　季桓子受之 …… 301
5. 楚狂接舆歌而过孔子 …… 302
6. 孔子使子路问津 …… 303
7. 子路从而后遇丈人 …… 304
8. 逸民七子 …… 305
9. 大师挚适齐 …… 306
10. 周公谓鲁公 …… 307
11. 周有八士 …… 307

**子张　第十九** …… 309
1. 士见危致命　见得思义 …… 309
2. 执德不弘　信道不笃 …… 309
3. 子夏之门人问交于子张 …… 310
4. 虽小道必有可观者 …… 311
5. 日知其所亡　月无忘其所能 …… 311
6. 博学而笃志 …… 312
7. 君子学以致其道 …… 312
8. 小人之过也必文 …… 313
9. 君子有三变 …… 313
10. 君子信而后劳其民 …… 314
11. 大德不逾闲 …… 314
12. 子夏之门人小子 …… 315
13. 仕而优则学 …… 316

14. 丧致乎哀而止 …… 317
15. 吾友张也为难能也 …… 317
16. 堂堂乎张也　难与并为仁矣 …… 317
17. 人未有自致者 …… 318
18. 孟庄子之孝 …… 318
19. 孟氏使阳肤为士师 …… 319
20. 纣之不善　不如是之甚也 …… 319
21. 君子之过　如日月之食 …… 320
22. 卫公孙朝问于子贡 …… 320
23. 夫子之墙数仞 …… 321
24. 叔孙武叔毁仲尼 …… 322
25. 陈子禽谓子贡曰 …… 323

**尧曰　第二十** …… 325
1. 天之历数在尔躬 …… 325
2. 何如斯可以从政矣 …… 327
3. 不知命　无以为君子 …… 329

**主要参考书目** …… 331

**后　记** …… 332

# 学而　第一

《论语》二十篇，《学而》为第一。《学而》十六章，学习做人为第一。“自天子以至于庶人，一是皆以修身为本”（《大学》），从这里入门。

## 1. 学而时习之

**【原文】**子曰：“学而时习之，不亦说乎？有朋自远方来，不亦乐乎？人不知而不愠，不亦君子乎？”

**【解读】**说：同悦。愠：生气、恼怒、怨恨。君子：“君子”“小人”在先秦典籍中是一组很常见的关于人的词组。有的以地位之尊卑贵贱划分，而在孔子这里却偏重于以人格道德立论。在孔子的思想和语境中，君子是人格道德修养比较完美的人，是孔子理想化的人格化身，孔子不以“圣人”“贤人”自诩，却总以“君子”自期；小人，则相对于君子而言，是道德人格修养不够或有明显缺陷的人。这在以后的章节常常相对而出，如“君子周而不比，小人比而不周”，“君子喻于义，小人喻于利”。

**原文的意思是：孔子说：“学习，并且把学过的知识经常去温习、去践行、去运用，不是很愉悦的吗？有朋友从远方来，不也是很高兴吗？别人不了解、不理解自己，自己不怨恨、不恼怒，不正是有气度和修养的君子吗？”**

三句话，娓娓道来，连用反问，既平易从容，又语重心长，贴近现实，贴近生活，贴近每一个人。

“学而时习之”，是讲做学问。学问不成事功难立，“玉不琢，不成器。人不学，不知义”。学习是人生第一要务，是一辈子的事。学习，要知行结合，“学而时习之”不只是学习后的温习、复习，更重要的是理论联系实际，学以致用，学以践行。时，即经常、持久。学习要持之以恒，不要停止，永不懈怠。

“有朋自远方来，不亦乐乎？人不知而不愠，不亦君子乎？”是讲做人的胸怀与气度。对朋友满腔热忱，情动于中而形于外，朋友远来，高兴之情溢于言表。当别人不了解、不理解甚至误解自己时，不怨天尤人，而是反躬自省，这才是君子的气度。这方面的教导，在《论语》中有很多，如“不患人之不己知，患不知人也”“君子病无能焉，不病人之不己知也”等。

## 2. 孝悌为仁之本

**【原文】**有子曰：“其为人也孝弟，而好犯上者，鲜矣；不好犯上，而好作乱者，未之有也。君子务本，本立而道生。孝弟也者，其为仁之本与！”

**【解读】**有子：孔子的学生，姓有，名若。弟：通悌。鲜：少。与：同欤，疑问语气助词。

**原文的意思是：有子说：“一个人孝顺父母，恭顺兄长，就很少会不尊敬上司，尊敬恭顺上司的不会犯上作乱。一个人要把握这个最基本的原则，坚守了这个基本原则，做人的基本道德原则和规范就有了。孝悌这一条不正是仁的最基本的道德规范吗！”**

仁是孔子思想的核心。仁者人也，仁就是如何做人，如何待人。“仁者，爱人。”子曰：“仁者人也，亲亲为大。”亲亲始于孝悌，“孝之放，爱天下之民”。孝悌，乃人伦之基础，仁爱之基本，是做人最起码的要求。仁民爱物应从孝悌开始。

## 3. 巧言令色　鲜矣仁

**【原文】**子曰：“巧言令色，鲜矣仁！”

**【解读】**巧言令色：花言巧语、媚颜似恭。鲜矣仁：倒装句型，即“仁鲜矣”。

**原文的意思是：孔子说：“花言巧语、媚颜似恭，一副讨好人的面孔，这样的人是很少有仁德的。”**

“巧言令色，不是好人”，这个评判人的标准，人人皆知，是沉淀在中国老百姓的文化基因里的。问题是这样的人总是不绝。为什么？因为有人喜欢。于是阿谀奉承、吹牛拍马大行其道。巧言乱政，令色迷人。巧言令色往往为售其奸，不可不察。善言不美，美言不善，还是要倡导为人诚实，语言质朴。孔子说过：“巧言、令色、足恭，左丘明耻之，丘亦耻之。”

## 4. 吾日三省吾身

**【原文】**曾子曰：“吾日三省吾身：为人谋而不忠乎？与朋友交而不信乎？传不习乎？”

**【解读】**曾子：即曾参，曾皙之子，孔子最小的学生，很优秀，孔学重要传人，号称宗圣，辑《论语》、作《大学》、传子思。孔子的学生在《论语》对话中被称为“子”的只有“有子”和“曾子”，这有可能是因为《论语》是他们晚年与他们的学生一起编辑的。

**原文的意思是：曾子说：“我每天都会多次反省检讨自己：替人办事做到尽心竭力了吗？与朋友交往做到坦诚相待、恪守诚信了吗？**

**老师传授的知识温习了吗、掌握了吗、践行了吗?”**

“吾日三省吾身”，千古名言、千古德行，古往今来凡成大学问、大事业者，莫不坚守，莫不奉行。荀子说：“君子博学而日参省乎己，则知明而行无过也。”“三省”即三问，问做人、做事、做学问，先问忠信又问传习，切中要害。日省才会日进，日省才会“知明而行无过”。

## 5. 敬事而信　节用爱人　使民以时

**【原文】**子曰：“道千乘之国，敬事而信，节用而爱人，使民以时。”

**【解读】**道：领导、管理。千乘之国：千乘，指兵车的数量达千辆。兵车代表国家的军力，是春秋时代衡量国家大小的标准。千乘之国可称大国。敬：恭敬、尊重，指待人，如“事上以敬”；谨慎、勤勉、精一、认真，指谋事、做事，如敬业。敬是孔子语境中，也是儒家文化中一个很重要的概念。

**原文的意思是：孔子说：“领导、管理一个有千乘兵车的大国，举事要慎重，做事要勤谨，要取信于民。要节约财用，要爱惜民力。差使老百姓服劳役也要注意选择适当的时候、适当的度，不要误农时，不要过重。”**

孔子被人称为“百代帝王之师”。这一章是他教育学生如何从政的。他认为有三条基本原则：第一，“敬事而信”。筹谋政事要谨慎，处理政事要勤谨，关键是事为民所谋，权为民所用，立政于民，取信于民。民无信不立，国无民不保。第二，“节用而爱人”。人、财、物都要珍惜，都要爱护。节俭财用，爱惜民力，还包括节约资源，只有这样国家才可持续发展。第三，“使民以时”。孔子重民、爱民，对社会现实和民情了解很深。他提出役使老百姓要选择时候，不要误了农时，误了农时就误了生计；要轻重有度，不要加重老百姓的负担。这三条基本原则，概括起来，就是敬事为民、节用爱民、珍惜民力、取信于民。今天仍可参鉴。

## 6. 孝悌谨信　爱众亲仁

**【原文】**子曰："弟子入则孝，出则弟，谨而信，泛爱众，而亲仁。行有余力，则以学文。"

**【解读】**这里讲德育与文化知识的关系。孔子认为，应道德教育为先，素质教育为先，做人第一，学文第二。出则弟：出，出门在外；弟，通悌。

**原文的意思是：青少年学子，在家要孝敬父母，在外要恭顺兄长和朋友，做事要勤谨诚信，关爱他人，亲近尊重有仁德的人。做到了这些（孝、悌、谨、信、爱众、亲仁）再学习文化知识。**

孔子不愧为伟大的教育家，教人为学始终坚持德育第一，仁爱为本，孝悌为先。一个人行走于社会，能力有大小，学问有高下，但做人是一辈子的事。孔子为人处世的核心是以仁爱之心待人，以诚信恭谨之心敬事。国之大计，教育为本，教育以育人为本，育人以德育为本。观当下的教育，应切问深思。

## 7. 贤贤易色

**【原文】**子夏曰："贤贤易色；事父母，能竭其力；事君，能致其身；与朋友交，言而有信。虽曰未学，吾必谓之学矣。"

**【解读】**贤贤：前一个"贤"字为动词，是指"敬贤"；后一个"贤"字是名词，指"贤人"。易：改变。色：容貌表现。

对“贤贤易色”句，有不同解释。有人注释为对妻子要重贤惠，不重姿色，有人解释为重贤人轻女色。前者有可能是子夏的本意，因为本章讲的是人伦道德修养。人伦四大，一曰夫妇，二曰父子，三曰君臣，四曰朋友。我认为应解释为“看到有贤德的人要肃然起敬，见贤思齐”。因为儒家有“隆礼尊贤”的传统美德，我的老师也是这么教我的。

**这句话我解释为：子夏说：“遇到有贤德的人要肃然起敬，见贤思齐；侍奉父母要尽心尽力，侍奉君主要忠于职守，甚至不惜自己的生命；与朋友交往要诚实守信。一个人如果做到了这些，虽然他没有系统地学习文化知识，我也一定会说他学到了为人的道德，是很有教养的。”**

这段文字再一次强调了读书先学做人。

## 8. 主忠信　无友不如己者

**【原文】**子曰：“君子不重则不威，学则不固。主忠信，无友不如己者，过则勿惮改。”

**【解读】**重：庄重、庄敬、沉稳。威：威严、威信。主：坚持、坚守。

**原文的意思是：君子不庄重、不沉稳，在人前就没有威严、威信，轻薄、浮躁，学习的知识也不会牢固。待人总是忠诚守信，你的朋友不会不如你自己（也一样的守忠信），在这方面有过错，要勇敢地改正。**

我认为，长期以来对“主忠信，无友不如己者，过则勿惮改”的解释是不对的，包括历史上注“四书”最权威的朱熹也有偏颇。他们都解释为“不要与不如自己的人交朋友”，这种解释既不符合孔子关于交友待人的一贯观点，也不符合本句的原意。

孔子说过“三人行，必有我师焉。择其善者而从之，其不善者而改之”（《述而第七》），三人中必有值得我学习的，他们贤于我，有长处、优点，我应该学习；他们当中有不如我的，有缺点，我应该对照反省，勉之改之。

还有一例：子夏之门人问交于子张。子张曰：“子夏云何？”对曰：“子夏曰：‘可者与之，其不可者拒之。’”子张曰：“异乎吾所闻，君子尊贤而容众，嘉善而矜不能。我之大贤与，于人何所不容？我之不贤与，人将拒我，如之何其拒人也？”（《子张第十九》）“君子尊贤而容众，嘉善而矜不能”，岂有交友而嫌弃“不如自己”的呢？“我之大贤与，于人何所不容。”

“主忠信，无友不如己者，过则勿惮改。”这一整句，要连贯起来理解。这句话的中心思想是交朋友要讲忠信。本篇第 4 章，曾子曰：“吾日三省吾身，为人谋而不忠乎？与朋友交而不信乎？”日三省吾身，忠信为先，明确地讲了交朋友、对朋友主忠信。忠信于朋友，朋友也会忠信于你，不会不如你。信人则人信之，敬人则人敬之。你不忠信，与人弄奸耍滑，他人也不会比你蠢，你能糊弄谁呢？因此，在忠信方面有缺点有错误“勿惮改”，要勇敢地改正，不要欺心！

当然，“益者三友，损者三友”，交朋友要慎重，要择善而从，“以友辅仁”，但不是以“如我不如我”为标准。

## 9. 慎终追远　民德归厚矣

**【原文】** 曾子曰：“慎终追远，民德归厚矣。”

**【解读】** 终：父母终老。追：对远祖的追念。

**原文的意思是：对父母的丧葬之礼要心怀孝敬，慎终尽哀，对过世已久的先祖要怀远追思，虔诚至祭。这样做可以使社会风气日渐淳厚。**

孔子时代，很重视丧祭。所谓“所重民、食、丧、祭”，丧尽其哀，祭尽其诚。重视丧祭的目的是宣示礼教，强化人伦，以德化民，唤起民众对父母、先人的崇敬和追念，对礼教人伦的恭谨和敬畏，使礼教人伦的道德秩序成为社会风尚，使民风朴实淳厚。

慎终，还有一个解释，终者，最后也，“有始有终”之“终”，与“慎独”一样。由始至终的勤勉谨慎，严格要求自己，活到老，学到老，改造到老，一辈子向善，一辈子做好人，所谓“慎独慎终，慎终如始”。

## 10. 温　良　恭　俭　让

**【原文】**子禽问于子贡曰：“夫子至于是邦也，必闻其政。求之与？抑与之与？”子贡曰：“夫子温、良、恭、俭、让以得之。夫子之求之也，其诸异乎人之求之与！”

**【解读】**抑与之与：抑，疑问语气，抑或，还是；与之，给予；与，疑问语气助词。其诸：推测语气，大概。

子禽是孔子的学生，姓陈，名亢，字子禽。子贡也是孔子的学生，复姓端木，名赐，字子贡。

**原文的意思是：子禽问子贡：“我们先生每到一个邦国，必然了解那个邦国的政事，是他自己求得的呢，还是别人主动告诉他的呢？”子贡答：“我们先生是靠他所具有的温、良、恭、俭、让的品德和人格魅力得到的。他老人家求得的方法大概与别人求得的方法不同吧！”**

孔子真正是一位有社会责任心与仁民济世情怀的公共知识分子，堪称千古一士、千古一儒。他晚年用14年的时间周游列国，为的是游说诸侯“克己复礼”，传播德治、礼治的社会政治理想和主张。他每到一个诸侯国都要了解当地的社会政治情况，并向君王坦诚地进言和劝勉。他“行也何栖栖”“汲汲鲁中叟，弥缝使其淳”，只为改变礼崩乐坏的局面，精神可嘉。

孔子了解各国的政事，很多时候都是国君或大夫们主动求教于他的，如齐景公、鲁哀公、季康子、叶公等，我想一是感动于孔子的这种精神，二是折服于孔子的学问和人品。子贡说出了当时列国问政的真实情况——孔子是靠自己的敦厚和蔼（温）、正直诚恳（良）、庄敬严谨（恭）、朴实勤勉（俭）、谦虚礼让（让）的美德懿行而周游列国、游说诸侯的。

## 11. 三年无改于父之道

**【原文】**子曰："父在，观其志；父没，观其行；三年无改于父之道，可谓孝矣。"

**【解读】**这句话比较好懂——**父亲健在的时候，观察他的志向；父亲殁了，回顾他的行为。如果长期不改变其父生前的良好道德和行为准则，则可以说是做到孝了。**

孝为仁之本，是为人的基本道德。孝是对父母长辈的尊敬、顺从。"生，事之以礼；死，葬之以礼，祭之以礼。"不仅如此，为子女者还应该继承父母先辈的事业，弘扬他们的精神，传承他们良好的道德情操。

## 12. 礼之用　和为贵

**【原文】**有子曰："礼之用，和为贵。先王之道，斯为美，小大由之。有所不行，知和而和，不以礼节之，亦不可行也。"

**【解读】**礼：礼节、礼仪、制度。这里是讲周礼，是关于社会政治秩序的规范和制度。用：运用、实施。和：恰到好处的度。先王：尧舜文武。

**原文的意思是：有若说："礼法、制度的实施运用，贵在宽严有**

**度、恰到好处。先王治理国家的礼法最好的地方就是这个（指礼之用，和为贵），无论大事小事都遵循这个原则。但是有时也行不通，片面地、一味地求折中、求平衡，追求所谓‘恰当’而不以‘礼’的原则来规范、节制是不行的，失去了规范，事情也办不好。”**

“礼之用，和为贵”是很高的境界和智慧，其中有原则、方法，有天理王法，又有人情世故。

《中庸》说：“喜怒哀乐之未发，谓之中；发而皆中节，谓之和。”“和”就是“中节”，和谐有序，恰到好处，是辩证法思想的体现。有子这段话既强调了礼的最高原则性，又讲了实际工作中的适度的灵活性。“礼之用，和为贵”，只有这样大小事情才行得通，“小大由之”。有子说得合情合理又合礼。礼法的原则性，或者说政策的原则性是必须要坚持的。但在实际工作中应具体情况具体分析，还要注意策略的灵活性。出发点和结合点、落脚点只有一个“仁”——“人”，尊重人民，维护和实现人民的利益，不能悖了人性人情和人的基本权益。有子这段话切合人生、贴近现实，充满了辩证法思想，对我们今天的实际工作仍有借鉴和启迪作用。中庸，是孔子伟大的辩证思想和方法。

## 13. 信近于义　言可复

**【原文】**有子曰：“信近于义，言可复也；恭近于礼，远耻辱也。因不失其亲，亦可宗也。”

**【解读】**信：约信、许诺。义：恰当、相宜。因：根据、凭借。宗：可靠。这一章讲的是为人处世、知人用人的三个问题。语言平易，也很现实。

**原文的意思是：对人许诺约信要符合道义，要可以践行，不是假话、空话、大话，这样你的约信许诺之言才可以兑现。对人恭敬要符合礼的规定，不卑不亢，不过也无不及（不及为慢，过之为**

**媚)，否则会自取其辱，失去自己的尊严，陷入尴尬。要根据他和什么人亲近交往来考察他的人品。他所亲近的人、所交的朋友没有不好的、没有不应该亲近或不应该结交的，就可以认定他是可靠的。**

“因不失其亲，亦可宗也”，大多解释为“用人要用其亲族或者和自己亲近的人才靠得住”，显然是错误的，不是孔子的思想。孔子一贯主张用人唯德才是举。刘宝楠《论语正义》说：“若所亲不失其亲，则此人之贤可知。”刘宝楠先生的解释更贴近孔子的思想。

“因不失其亲，亦可宗也”，两千多年前能提出这个问题是很了不起的——观察、识别其贤与不肖应看他们的朋友圈。“观其所爱亲，可知其人矣。”(《大戴礼记·曾子之事》)

## 14. 君子食无求饱　居无求安

**【原文】**子曰：“君子食无求饱，居无求安，敏于事而慎于言，就有道而正焉，可谓好学也已。”

**【解读】**这一章很有意思，讲要做一个有道德修养的人，要从生活简朴做起。俭以养德、安贫励志，太有现实意义了。取得全国胜利，毛主席提出“两个务必”言犹在耳，艰苦奋斗应是我们的政治本色。

“君子食无求饱，居无求安”，作为一个有道德修养的人，不要追求饮食的饱足、居处的安逸，生活要简约、俭朴，俭以养德、安贫励志。生活上要低标准，更不要追求奢侈、贪图富贵。

“敏于事而慎于言”，办事要勤快，要雷厉风行，要干练、有效率，要能办事、会办事、办得成事。说话要谨慎，多做少说、做了再说、只做不说，说亦要十分谨慎。孔子关于“君子慎于言”的教导还有很多，无论什么时候这些话都不过时。

“就有道而正焉，可谓好学也已”，要向有道德的人靠近看齐，向他们学习，不断改正自己的缺点、端正自己的品行，这样可以称得上是好学上进了。

## 15. 贫而乐　富而好礼

**【原文】**子贡曰："贫而无谄，富而无骄，何如？"子曰："可也。未若贫而乐，富而好礼者也。"

子贡曰："《诗》云：'如切如磋。如琢如磨。'其斯之谓与？"子曰："赐也，始可与言《诗》已矣，告诸往而知来者。"

**【解读】**本章从处贫、富的态度开篇，讲个人修养要不断精进的道理。

**子贡请教孔子说："处于贫穷仍守气节，不巴结、不谄媚；处于富贵而不骄慢、不奢侈。怎么样？"孔子说："可以了。但是还比不上贫穷却能安贫乐道、富贵却能崇尚礼义的人。"子贡立即说："《诗经》上说'如切如磋，如琢如磨'就是讲君子修身励志要不断打磨、日求精进吗？"孔子很高兴，说："子贡啊，现在可以开始和你讨论《诗》了。告诉你前面的事，你就马上悟出后面的更深的道理。"**

从处贫、富的态度可以看出一个人的修养，是孔子讲得比较多的一个话题。孔子提倡"君子固穷"，处贫穷而固守节操。夫子高度评价弟子颜回："一箪食，一瓢饮，在陋巷。人不堪其忧，回也不改其乐。贤哉，回也。"大力提倡安贫乐道的精神。孔子对富的态度也有很高的境界——"富与贵，是人之所欲也，不以其道得之不处也"，"不义而富且贵于我如浮云"，"富而无骄"，"富而好礼"。

贫而不失节、富而不骄慢，是对个人修养的基本要求；贫而乐道、富而崇尚礼义，是修养很高的境界和层次。孔子一讲，子贡就悟到了。君子修养要不断精进，就像打磨玉器、骨器一样切磋琢磨，追求道德人格的完美。

## 16. 不患人不己知　患不知人

**【原文】** 子曰："不患人之不己知，患不知人也。"

**【解读】** 这是《学而第一》篇最后一章。恰与第 1 章"人不知而不愠，不亦君子乎"相呼应。《论语》各篇章在编排上有其内在的联系。

**原文的意思是：孔子说："不要怕他人不了解自己，而应该反省自己，担心自己不了解别人。"**"躬自厚而薄责于人"，这是何等高尚的思想境界。

《尧曰第二十》篇的最后一章最后一句又是说的"知人"，可见"知人"是很重要的事。一事当前，他人第一，爱人敬人，理解他人，知人善任，立人达人，"知人"是基础。这正是孔子以人为本的仁学——中国古典人文主义思想的精髓。

# 为政　第二

《为政》篇共二十四章，主要内容即“为政”，“为政以德”是其中心思想。德治是孔子的治政理想。

## 1. 为政以德

**【原文】**子曰：“为政以德，譬如北辰，居其所而众星共之。”

**【解读】**北辰：北斗星。众星共之：指天上群星环拱北斗。

**原文的意思是：孔子说：“统治者以自身的道德表率、全民的道德教化来治国理政，你就会像北斗星那样稳居其位，天下的百姓就会像天上的星星拱卫环绕北斗星一样团结围绕在你的周围。”**

这里的“为政以德”有三层意思：一是执政者要以德为范，树立自身的道德高标，人仰其德，天下归心。二是新民教化，进行全民的思想道德教育，提高全民的素质。三是为政的手段和方法要体现“仁”和“义”的道德原则，要仁民爱物，亲民至善。

孔子对政治的理解是很理想化的。为政以德，《大学》之道。《大学》中有：“大学之道，在明明德，在新民，在止于至善。”这是非常完整的德治纲领，还有八个条目——格物、致知、诚意、正心、修身、齐家、治国、平天下，可以说是德治的路线图。在孔子的理想中，政治就是教育，政治就是道德，政治的目标就是追求至善。

但是自从人类进入阶级社会就有了阶级、阶级压迫、阶级斗争，政治就不可避免地成了阶级斗争的手段和形式，政治就不那么简单、理想化了。古今中外的志士仁人，总是从理论、方法、体制上探索、寻找建设有序的政治、和谐的社会，直到现代找到了民主和法治，这应该算是伟大的进步，治国理政应该有充分的民主、完备的法制以调整协商社会不同阶层的利益，实现和维护每个人的自由、幸福，建设和谐有序的社会秩序，推动社会文明进步。然而即便这样，它最基础的东西也还是教育和道德。因此孔子为政以德的理念、原则和方法到现在也还有很好的借鉴意义。

还要讲一点——人民，永远是政治的主体。民主也好，法治也好，主体是人民，而不是少数所谓“精英”，不是利益集团、资本集团。

## 2.《诗》三百　思无邪

**【原文】**子曰：“《诗》三百，一言以蔽之，曰：‘思无邪。’”

**【解读】**《诗》三百：《诗》，是指孔子编删的《诗经》，现辑的是三百零五篇。

“思无邪”一句来自《诗经·鲁颂·駉》。原意是称赞马的。诗有四段，赞叹语有“思无疆”“思无期”“思无斁”“思无邪”，均译成赞叹，就是：真好啊，好得无止境啊，好得不得了啊。思：是语气叹词。孔子引“思无邪”来称赞《诗》，有深意。

**原文的意思是：孔子说：“《诗》三百多篇，用一句话来概括它，曰：好得不得了。”**好在哪里呢？好在《诗》三百，篇篇写的是真景物、真性情，直抒胸臆、真情流溢，至真至诚、至性至情，没有伪托虚徐，没有丝毫虚假，意诚心正，好一个“真”字了得！你读那“关关雎鸠”，你读那“蒹葭苍苍”，你读那“彼黍离离”，什么感觉？至真至情！“诗，可以兴”，兴起的是仁爱之心、爱美之心、恒民爱国之心。难怪老夫子一再说：“兴于诗，立于礼，成于乐。”颂诗三百，可以委政，“迩可以事父，远可以事君”。《论语》把孔子评《诗》放在《为政第二》篇，其意深邃高远。

为政讲的是以德，以德又由诚意正心起。《诗》三百，一言以蔽之，意诚心正不虚假。一个“真”字、一个“诚”字、一个“实”字，正是为政以德的核心。评《诗》实为寓政，学《诗》的目的是学《诗》以行德教、以行德政。

## 3. 道之以德　齐之以礼

**【原文】**子曰：“道之以政，齐之以刑，民免而无耻；道之以德，齐之以礼，有耻且格。”

**【解读】**道：领导管理，治理。道之以政：这种句型是倒装的，即以行政手段来管理、治理。齐：约束、惩戒、制裁。

**原文的意思是：用行政法规和手段治国理政，用刑罚惩戒、处罚百姓，百姓或许会避免处罚、免于违规，但是百姓还是不知道礼义廉耻、没有自觉性；用道德教化百姓，实行礼治德政，百姓就会知礼义，讲道德，自觉地守秩序。**

这一章，孔子对两种不同的治政理念和方法进行了对照，结果迥异。他的观点很鲜明，德治礼治、明德慎罚是治国理政的最好选项。儒家的礼治思想到了荀子一代已有了比较完备的法治思维了。荀子主张“重法爱民”，不赞成严刑苛政。德治与法治结合、民主与法治相依，至今仍是我们的理想和探索。

## 4. 吾十有五而志于学

**【原文】**子曰："吾十有五而志于学，三十而立，四十而不惑，五十而知天命，六十而耳顺，七十而从心所欲，不逾矩。"

**【解读】**立：儒家君子有立德、立言、立功之说。但此章之"立"是指学初有成、业初有立，已能自立于社会之意。不惑：指明事理，辨是非，知得失，人比较成熟了。天命：孔子不太言天命，但认可天命。"知天命"有两种解释：一是知道了天下道义，明确了自己的社会责任和历史使命；二是对客观世界有了较明白的认识，知道了自然、社会发展的一般规律。孔夫子的"知天命"应是二者兼有。他说过，五十学《易》可以无大过，《易》从对立统一的哲学高度揭示了自然和社会的一般发展规律，因此孔子"知天命"可能也有这层意思。耳顺：通俗来解，就是什么话都听得进了，法语之言能改，巽与之言能绎，人格修养达到了"宠辱皆忘，毁誉由人"的境界。从心所欲，不逾矩：矩，规矩、礼法。这时孔子一生学习、修养进入了自觉、自由的境界。礼在心中、仁在心中、道义在心中，做什么都不会逾越礼义和法度了。

**原文的意思是：孔子说："我十五岁立志于学习，三十岁时学初有成，自立于社会了，四十岁时，已明事理，辨是非，知得失，不犯糊涂了，五十岁时懂得了社会道义，知道了自己的社会责任和使命，六十岁时什么话都听得进了，到了七十岁做事从心所欲，得心应手并且不逾越规矩法度。"**

这段话是孔子留下的千古名言，传诵至今，影响深远。实际上是孔子关于自己一生志于学、志于道、据于德、依于仁、游于艺，成长、成熟、成圣的自述，是他的心路历程和人生感悟。他讲得很平易朴实，但认真读来却博大精深。孔子出生于公元前551年，“少也贱”，三岁丧父后与寡母残兄相依为命，生活十分贫寒困苦，做过很多苦差事，没有社会地位。15岁立志求学，读经典，拜老子学礼，拜师襄学乐，学问有成，26岁创办私学，30岁小有名气，自立于社会。稍后与齐景公有了接触，展示了自己的才学；后来他在鲁国做过一些小官，鲁国内乱后，到过齐国、晋国参与了一些国事。经过磨炼，到了公元前512年，孔子40岁了，人成熟了，叫“四十而不惑”。50岁前后，孔子仕途不顺，在鲁国受三桓、阳虎的排挤打击，不受重用。仕途的挫折或许给他带来了很大的唤醒和觉悟，所以他知天命了，也认天命了——在鲁国当不了官，也做不了事，于是“祖述尧舜”，用先王之道去游说列国诸侯“克己复礼，天下归仁”。周游列国十四年，孔子受尽了冷遇，吃尽了苦头，几次遇险，个人生死都置之度外了，什么话都听得进了，更何况毁誉得失，因此到这时候就“六十而耳顺”了。68岁回到鲁国，几十年人生艰苦的历练，阅人阅事无数，不断地学习、修养、精进，道德学问达到了自觉、自由的境界，成就了孔子大彻大悟的智慧人生。最后的五年，孔子把他的思想道德和全部的学问智慧都融入了编纂整理的《诗》《书》《易》《礼》《乐》《春秋》这些千古不朽的文化经典里。“天不生仲尼，万古长如夜”，孔子用他的一生点亮了中国古代文化智慧的明灯，树立了中国文化道德的参天高标。司马迁是这样评价的：《诗》有言，“高山仰止，景行行止”，虽不能至，然心向往之。天下君王至于贤人众矣，当时则荣，没则已焉。孔子布衣，传十余世，学者宗之。自天子王侯，中国言六艺者折中于夫子，可谓至圣矣。

孔子朴实无华而又令人景仰的人生自述，由他的弟子们编入《为政第二》篇，是要用夫子的道德风范宣示以德治政，风启万代。

## 5. 孟懿子问孝

**【原文】**孟懿子问孝。子曰：“无违。”樊迟御，子告之曰：“孟孙问孝于我，我对曰：‘无违。’”樊迟曰：

“何谓也？”子曰：“生，事之以礼，死，葬之以礼、祭之以礼。”

**【解读】** 孟懿子：鲁国大夫，后文“孟孙”也是他。季孙、叔孙、孟孙号称鲁国三大权门，常在国事家事中僭礼，孔子深恶之。樊迟：孔子的学生。御：驾车。

**原文的意思是：孟懿子问孔子什么是孝。孔子回答说：“不违背礼仪。”樊迟为孔子驾车，孔子告诉樊迟：“孟孙子问我什么是孝，我答复他说：‘不违。’”樊迟问：“这是什么意思呢？”孔子说：“父母在世，要按礼节侍奉他们；父母去世了要按礼节安葬他们、祭祀他们。”**

这段对话，不看背景，很容易理解为“什么是孝，曰无违”——孝就是“不违背”，就是“孝顺”。实际上对话的核心是礼，讨论对周礼的僭越和维护之间的尖锐斗争。孟孙是鲁国权门，他父亲去世，葬礼规格极高，违反了周礼的等级规定，孔子提出了批评，于是孟孙反诘：“这就是孝嘛，你孔子说说什么是孝？”孔子据理力争，一句话“无违”——不违背周礼，回答得简洁明白干脆。孝顺父母一样要尊礼守礼，敬养、安葬、祭祀概莫能外，以此维护礼的绝对权威。在《论语》中很多章节都讲了“礼”的根本性、制裁性和权威性。

## 6. 父母　唯其疾之忧

**【原文】** 孟武伯问孝。子曰：“父母，唯其疾之忧。”

**【解读】** 孟武伯：孟懿子之子。父母，唯其疾之忧：这句话有两种解释。一说，“其”是代词，指代子女。父母最担心的是自己的子女的病痛。二说，其是代指父母，子女最担心的是父母的病痛。实际上两种解释都见真情，现实生活中就是这样。按第一种解释，我们应以父母之心为心，子女在外要自我保重并给父母常报平安。按第二种解释，父母对我们恩重如山，给我们生命，又“三年不免于父母之怀”，还时时挂牵我们，我们没有理由不孝敬父母。父母年老了最大的问题是老病无人照顾，做子女的更应关心父母的老有所依、老有所养、老有所医。

“树欲静而风不止，子欲养而亲不待”，孝敬父母要从关心父母开始。“唯其疾之忧”，父母老了，我们更应多多关心。

## 7. 孝必敬

**【原文】**子游问孝。子曰：“今之孝者，是谓能养。至于犬马，皆能有养；不敬，何以别乎？”

**【解读】**子游：孔子的学生，言偃，字子游。

这段话，讲得比较粗糙生硬，但道理很深刻。孝必敬，不敬不为孝。孔子对“今之孝者”只说“能养”十分不满，甚至有点愤怒，所以才如此生硬地进行批评。孔子说：“**现在这些孝者，进孝就是供养父母而已，那家里养犬马，不都是养吗，如果对父母不心存尊敬，言行恭顺，那和养犬马有什么区别?!**”孔子极而言之，强调孝必敬！

## 8. 子夏问孝

**【原文】**子夏问孝。子曰：“色难。有事，弟子服其劳；有酒食，先生馔，曾是以为孝乎？”

**【解读】**色难：色，是脸色。难能可贵的是恭恭敬敬、和颜悦色。

前章曰孝必敬。此章进一步说其敬不仅要做到对父母内心尊敬、言行恭敬，还应做到和颜悦色。

**原文是说：子夏请教孔子什么是孝。孔子说："难能可贵的是侍奉父母时时处处恭恭敬敬、和颜悦色。只是做事，儿子去操劳，有酒食让父母先享用，难道就以为是孝了吗？还不能认为是孝。"**

诚在孝心，孝心外化为恭顺之色。

一连四章讲孝，可见孝为仁之本、百善孝为先，孝是为政以德的重要内容。以孝治天下，舜做出了榜样，孔子在此篇第 21 章进一步讲了"孝"与"政"的关系，能加深我们对孝与礼、孝与仁、孝与德、孝与政的理解。

## 9. 回也不愚

**【原文】**子曰："吾与回言终日，不违，如愚。退而省其私，亦足以发。回也不愚。"

**【解读】**回：颜回，字子渊，孔门十哲之一，是孔子最优秀的学生。不违：指对孔子讲学不质疑，不提反对意见。退而省其私：事后私下里观察颜回的言行。亦足以发：（对孔子所讲）也有自己的见解和阐发，足以发挥夫子之道。

**原文的意思是：孔子说："我一整天给颜回讲论学问，他常常一言不发，没有任何的质疑和反对意见，好像有点愚笨。但后来我私下里观察他的言行，他对我所讲也有他自己的见解和阐发。颜回一点儿也不傻（只是对我很尊敬啊）。"**

这是孔子第一次称赞颜回。颜回听夫子讲学，态度认真虔诚，默而识之，心领神会，事后还能结合实际有新的阐发。谦虚好学、尊师重道，这种品质是很宝贵的。

## 10. 视其所以　观其所由

**【原文】**子曰："视其所以，观其所由，察其所安。人焉廋哉，人焉廋哉？”

**【解读】** 所以：为什么，原因、动机。所由：来龙去脉，全部经历。察其所安：考察人安于何事、好于何事、乐于何事，个人生活情趣也可反映一个人的节操和志向。人焉廋（sōu）哉：人还能隐瞒什么呢？廋，藏匿，隐瞒。

这是讲识人知人的。**原文的意思是：孔子说：“考察一个人的所作所为，要考察他行为的动机，要考察他的全部经历，还要考察他安于什么，乐好于什么。这样做，对人就知根知底了，人还能隐瞒什么呢？”**

为政在人。知人善任，为政之大事。现在常说，政治路线确定之后，干部就是决定因素。考察识别干部还是要坚持“两个全部”——全部历史和全部工作。毛泽东主席的睿智和英明无人能及。

## 11. 温故而知新

**【原文】** 子曰：“温故而知新，可以为师矣。”

**【解读】** 温故而知新：是流传极广的名言警句，但仔细想来孔子讲这句话可能有两层意思。一是讲做学问，要复习旧课和学过的知识，又要天天学习新知识，学问不进则退，知识要不断更新，学无止境。《子张第十九》第5章：“子夏曰：‘日知其所亡，月无忘其所能，可谓好学也已矣。’”大概是“温故而知新”的最好注解。

二从从政的角度讲，是“前事不忘，后事之师”，要不断地总结历史的经验教训。“以史为鉴，可以知兴替”，历史是最好的老师。从政者要好好地学历史，以史为师，以史为鉴。

**原文可译为：孔子说：“既要温习已学过的知识，又要学习新的知识，增长智慧，加深理解，这样才可以做老师。”**

我以为字面的硬译不能涵盖孔子的全部思想，因此我更倾向于上面的第二层理解。

## 12. 君子不器

【原文】子曰："君子不器。"

【解读】器：可以理解为器皿、用品、工具。如子贡问孔子如何评价自己，孔子说："女，器也。"曰："何器？"曰："瑚琏也。"瑚琏是一种珍贵的器皿。那么"君子不器"是什么意思呢？语言越简单，其义越深奥，令我们注读起来常有些费解。我理解大概有两层意思。一种说作为君子，一个道德文化修养很高的人应是通才，博学多能，不只是一个方面用途的专才，像个专用器皿一样。第二种比较复杂，"我注孔子""孔子注我"兼而有之。"形而上曰道，形而下曰器"，君子重道、志于道，以仁为己任，而不重功利，更不能把自己当成谋取功名利禄的工具，尤其是公共知识分子应有独立的精神、自由的思想，追求理想道义的崇高，"不为五斗米折腰"。"天命之谓性，率性之谓道"，本性纯真、人格不为世俗异化，不沦为功名利禄的器具，这才是君子。这样理解或许更贴近孔子，因为"君子不器"是很高的境界。

## 13. 先行其言而后从之

【原文】子贡问君子。子曰："先行其言，而后从之。"

【解读】**子贡问孔子怎样才算是君子。孔子回答说："先做再说，做好了再去说。"**

少说多做，做了再说，言行一致。"敏于行而慎于言"，埋头实干而不夸夸其谈是君子的风格。

## 14. 君子周而不比

**【原文】** 子曰："君子周而不比，小人比而不周。"

**【解读】** 周：指忠信与友，团结大多数人。比：偏私勾结，拉拉扯扯，搞小圈子，拉宗派。

**原文的意思是：孔子说："有道德修养的人其心在公，忠信与友，团结大多数人。小人（没有道德、怀私心、搞阴谋的人）互相勾结，搞小圈子，拉宗派，结党营私。"**

孔子在两千多年前提出的这个问题，时至今日仍然是做人和从政的大问题，是个人品质也是政治品质的大问题。

## 15. 学而不思则罔

**【原文】** 子曰："学而不思则罔，思而不学则殆。"

**【解读】** 罔：通惘，迷惘、惘然的意思。殆：危殆，一无所获。

学而不思则罔：学习不用心，不思考消化，则不能把所学弄懂弄通，惘然无所得。博学之、审问之、慎思之、明辨之、笃行之，五者为一，缺一则罔。

思而不学则殆：冥思苦想、胡思乱想、虚妄空想，不读书，不实践，不拜师，肯定一无所获，还有可能迷入歧途，很危险。"吾尝终日不食，终夜不寝。以思，无益，不如学也。"（《卫灵公第十五》）。荀子在《劝学篇》里也说："吾尝终日而思矣，不如须臾之所学也。"

"学而不思则罔，思而不学则殆"是伟大的教育家孔子写给我们的座右铭。

## 16. 攻乎异端斯害也

**【原文】**子曰："攻乎异端，斯害也已。"

**【解读】**攻乎异端：指攻研异端邪说，不治正学。正学应是指《诗》《书》《礼》《乐》等正典。即不攻读这些而去读其他歪门邪道的杂书或学说。也已：语气词。

**这句话的意思是：孔子说："攻读那些六经正典之外的杂书和邪说，这是有害的啊！"**孔子语重心长，告诫他的学生读好书、治正学、走正道。这段话于今日仍然还很有教育意义。目前东西文化激荡，各种意识形态杂乱纷呈，各种思想学说纷纷扰扰。一个民族、一个国家，特别是以共产主义为伟大理想的中国共产党应坚持一种主流意识形态。我以为中国传统优秀文化是根本，马克思主义毛泽东思想是灵魂，是指导思想。这两者应是我们的主流意识形态，应该理直气壮地坚持和弘扬。要教育和引导人民，特别是青年读好书、走正道、辨是非，抵制异端邪说。攻乎异端，斯害也已！

## 17. 知之为知之　不知为不知

**【原文】**子曰："由！诲女知之乎？知之为知之，不知为不知，是知也。"

**【解读】**由：孔子的学生，姓仲，名由，字子路，孔门十哲之一，长于政事，有干才，好勇性直，在和孔子对话中常提反对意见。女：同汝，即你。

**孔子说："仲由，我教你的东西，你都知道了吗，知道了就是知道了，不知道就是不知道，这才能真正知道。"**

做学问、学知识应是老老实实的，来不得半点的虚伪和骄傲。这是孔子对学生听课、读书最基本的要求——认真学，虚心学，老老实实地学。学习知识重在弄懂弄通，懂了就是懂了，不懂就是不懂，不要不懂装懂。这是对学习态度的要求，今日我们仍受益匪浅，任何一门学科都是老老实实的学问，来不得半点虚假和调皮。

## 18. 言寡尤　行寡悔　禄在其中

**【原文】**子张学干禄。子曰："多闻阙疑，慎言其余，则寡尤；多见阙殆，慎行其余，则寡悔。言寡尤，行寡悔，禄在其中矣。"

**【解读】**子张：孔子的学生，姓颛孙，名师，字子张。干禄：求官位俸禄。阙疑：空缺疑点问题，回避谈论有疑问无把握的问题。寡尤：少过错。阙殆：回避有危险、有可能出错的行为。

**子张向孔子请教怎么样求得在"官场"有禄位。孔子说："多听听各方面的意见，弄不清有疑问的问题，回避不说，其余已弄清的问题，说也要谨慎，这样就会少犯过错。多看看别人怎么样行事的，没把握的事、有可能出错的事不要做，其余的事要认真小心地去做，这样对自己的行为会少一些后悔。言语少错，行为也少错（没做后悔的事），那么仕禄就在里面了。"**

这段话，读起来，听起来，琢磨起来都觉得有点世俗，但是很实在。对于一个"想入官场，新入官场"的学生，孔子提出这些忠告，尽显为师之厚道、爱生之情怀。

## 19. 何为则民服

**【原文】**哀公问曰："何为则民服？"孔子对曰："举

直错诸枉，则民服；举枉错诸直，则民不服。”

**【解读】**哀公：鲁国的国君。

**鲁哀公问孔子：“怎么样做百姓才口服心服于我呢？”孔子回答说：“选拔任用贤良正直的人把他放在不贤不正的人之上，这样百姓就服您了。如果把那些不贤不正的人提拔上来压在贤良正直之士之上，老百姓就不服了。”**

哀公问得比较直接，孔子回答得也很中肯。选贤任能乃政之大事，关系民心向背，关系事业成败，古往今来，莫不如是。

## 20. 使民敬　忠以劝

**【原文】**季康子问：“使民敬，忠以劝，如之何？”子曰：“临之以庄，则敬；孝慈，则忠；举善而教不能，则劝。”

**【解读】**季康子：鲁国权门季氏之后，时任鲁哀公宰辅。

**季康子问孔子：“怎样做才能使老百姓（对国家、国王）尊敬、尽忠并且勤勉呢？”**

**孔子说：“你对老百姓庄敬，他们就会尊敬你；你孝亲仁民，他们就会忠于你；你任用贤良、旌表良善又能关心教育能力不强的人，他们就都会勤勉于事、奋发向上了。”**

这一章讲的是执政的一个重要问题。季康子站在执政者的立场上发问，孔子站在人民群众的立场上作答，一问一答，孔子有立场，有态度，有教诫。

一是对人民群众的立场和态度。

“民为邦本”，执政为民，理政敬民爱民，这是孔子出发点。“吃百姓的饭，穿百姓的衣，莫道百姓可欺，自己也是百姓”，这就体现了立场和态度。

二是作为执政者要“使民敬，忠以劝”，必须为政以德，以身作则。敬民、爱民，善待老百姓，以此教化人民，凝聚人心。这也是孔子对“季康子们”的教诫。

## 21. 子奚不为政

**【原文】**或谓孔子曰：“子奚不为政？”子曰：“《书》云：‘孝乎惟孝，友于兄弟，施于有政。’是亦为政，奚其为为政？”

**【解读】**奚：为什么，何。孝乎惟孝：孝在孝敬父母。施于有政：即影响延及政治的意思。奚其为为政：为什么为政（当官）才是为政。

**有人问孔子：“您为什么不去当官从政呢？”孔子回答说：“《尚书》上讲：‘孝，孝敬父母，友爱兄弟，影响及于从政。’这就是从政，为什么一定要当官才是从政呢？”**

这一段话很有意思。有注者说，是孔子不仕“有难以语或人者，故托此已告之”。但是我理解，孔子在这里讲了一个至深的道理。政治是人民的政治，每一个人的言行都与政治有关。一个人孝敬父母，友爱兄弟，构建和谐有序的家庭，以此影响社会和谐、文明、有序——是社会文明建设、国家文明建设的最基础的部分，这当然是政治。道德建设也要从家庭美德抓起。家风、民风和政风是相互影响的。在《为政第二》里用了多个章节讲孝，孝是为政以德的一个重要方面，应该是不言而喻的。

## 22. 人而无信不知其可也

**【原文】**子曰：“人而无信，不知其可也。大车无輗，小车无軏，其何以行之哉？”

**【解读】**大车无輗（ní）：大车是指牛车。无輗，輗是车辕横木上的小机关，没有就走不了。小车无軏（yuè）：軏是马车前面的关键部件，没有就走不动。

**孔子说："一个人不讲信用，真不知道他怎样立身处世。就像牛车没有前辕横木的輗，马车没有前辕横木上的軏一样，那车怎么行走呢？"**

人无信不立，人无信不行，诚信社会的建设从每一个人的诚信抓起。讲信用是人的基本品质，仁、义、礼、智、信，信是基础。孔夫子用牛车、马车缺失前辕横木关键部件就走不动来比喻人而无信在社会上寸步难行。太贴切了，太有警示意义了。

## 23. 其或继周者　虽百世可知也

**【原文】**子张问："十世可知也？"子曰："殷因于夏礼，所损益，可知也；周因于殷礼，所损益，可知也。其或继周者，虽百世可知也。"

**【解读】**因：因袭，沿袭。损益：删改并增加完善。其或：如果、或者。

这是子张请教孔子治国理政的礼仪制度偕时演进的问题。孔子以夏、商、周三朝礼仪制度的演进给予了回答。在孔子的思想中，夏、商、周三代的礼仪制度是比较完备的，是值得崇尚的。

**子张问："今后十代的礼仪制度可否知道？"孔子说："商朝的礼仪制度是沿袭夏朝并有所修改和完善，这是知道的。周朝主要沿袭商朝的礼仪制度，在那个基础上有所修改和完善，这是清楚的。如果后代继承周朝的礼仪，那么即使一百代，其礼仪制度是可以预**

**知的。”**

朝代更替，对于礼仪制度因袭继承与损益创新是必然的，但是万变不离其宗，其维护人与人之间人伦纲常和权益、构建稳定和谐有序的社会的基本精神和基本制度是不能变也不会变的。

## 24. 见义不为无勇也

**【原文】**子曰：“非其鬼而祭之，谄也。见义不为，无勇也。”

**【解读】**非其鬼：不是自己的先人死后变的鬼。古代人认为人死后变鬼。

这一章的核心是讲“义”。义者宜也，说话做事合适不合适、相宜不相宜，必须具体情况具体分析。比如，不是你家的先人，你也去祭拜，这就不合适，这就是献媚于人，讨好人家，“谄也”；该做的事不去做，犹豫迟疑，就是没有勇气。

**孔子说：“不是自己的先人而去祭祀，是谄媚。遇到应该挺身而去做的事，犹豫迟疑不去做，就是没有勇气。”**

# 八佾　第三

本篇比较集中地谈礼乐，共二十六章。礼，“道之以德，齐之以礼”的礼，即礼仪、制度，是社会政治伦理纲常和个人言行的规范。这里谈的主要是周代损益夏商而制的礼乐制度。礼以仁为本，以诚为基，以中庸为节度。维护和恢复周代礼乐制度是孔子终身的追求，“克己复礼为仁，一日克己复礼，天下归仁”是他的政治理想。

## 1. 八佾舞于庭　是可忍　孰不可忍

**【原文】**孔子谓季氏：“八佾舞于庭，是可忍也，孰不可忍也？”

**【解读】**季氏：即季孙氏，鲁国权门，三桓之一。八佾（yì）：乐舞仪仗的行列。佾是列，八人一列。按周代的礼乐制度，天子用八佾，共六十四人，诸侯六列，大夫四列，士用二列。乐舞仪仗的规格规模是有严格规定的，而季平子——一个大夫却敢在自家庭院里以天子的规格来行礼乐，这是违反规定的，是严重的僭礼行为，简直是篡逆。

是可忍也，孰不可忍也：孔子对季平子的这种行为显然是非常气愤的。“季平子，你作为鲁国的大夫，还是国公之后，竟忍心做这样明显违反礼乐制度的事，你还有什么事不忍心（不敢）做呢？”“是可忍，孰不可忍”，后来常用来表达一种对某事某人不可饶恕、无法容忍的强烈愤慨。

**孔子批评季平子说："季平子在自己的庭院里用天子八佾的乐舞仪仗，这种明显僭越违礼的事都忍心（敢）做，还有什么事情季平子不忍（不敢）做呢？"**

## 2. 三家者以《雍》彻

**【原文】** 三家者以《雍》彻。子曰："'相维辟公，天子穆穆'，奚取于三家之堂？"

**【解读】** 三家：指鲁国三桓，鲁桓公之后，即孟孙、叔孙、季孙三家。

《雍》（《诗经·周颂》）：传为周武王祭毕文王撤祭时所唱的乐诗。天子之乐，如果诸侯、大夫用就是僭越。

相维辟公，天子穆穆：这是《诗经·雍》里的诗句，"有来雍雍，至止肃肃。相维辟公，天子穆穆"，只能在极其庄严的天子致祭典礼上唱。诸侯助祭，主祭的天子庄严穆穆，何等肃穆庄严！

**孟孙、叔孙、季孙三家大夫，在祭祀自家祖先撤祭时用天子之礼唱《雍》诗。孔子说："《雍》诗中说'助祭的是诸侯，主祭的天子庄严穆穆'。这样的诗句怎么可以在三家祭祖的庙堂上唱呢？"**

孔子又一次批评了鲁国权门三桓僭越违礼。后来三家私邑的城墙也超高违礼，孔子曾与之做过坚决的斗争，所谓"堕三都"就是拆除三家超出标准的城墙。"堕三都"失败，孔子败于权门，只好辞鲁而周游列国。可见孔子维护周礼坚定不移的决心。

## 3. 人而不仁　如礼何

**【原文】** 子曰："人而不仁，如礼何？人而不仁，如乐何？”

**【解读】**“如礼何？”“如乐何？”这是一种反问句式：“于礼、于乐，还有什么意义呢？”

这一篇我理解是为前两篇而议的：三桓违礼乐，关键是他们心中没有“仁”这个根本的道德概念，个人权势膨胀，藐视礼法，无视他人，典型的以权代礼、以权代法，以为有了权势什么都能做。

孔子这段极其简捷的评论，说出了礼乐制度与仁的关系，礼乐制度必须以仁为本，失去了仁，礼乐没有任何意义。心中有仁，才有礼乐，才敬畏礼乐，才会遵守礼乐的规定。

**孔子说：“作为人，却没有仁心仁德，礼仪制度对他有什么意义呢？作为人，却没有仁心仁德，中正平和的音乐对他有什么意义呢？”**

## 4. 林放问礼之本

**【原文】**林放问礼之本。子曰：“大哉问！礼，与其奢也，宁俭；丧，与其易也，宁戚。”

**【解读】**林放：鲁国人。他见当时各种礼仪形式繁琐铺张，似乎有悖于礼的本原本意，故问孔子。奢：奢华奢侈。易：复杂铺张。戚：哀戚。

**原文的意思是：林放问礼的本质。孔子回答说：“这是个意义重大的问题啊！各种礼仪，与其办得奢华浪费，不如朴素节俭；（比如）丧礼，与其办得繁文铺张，不如从心底里为死者哀戚。”**

这一章是对“人而不仁，如礼何”的进一步阐释。礼，要讲礼仪形式，但更重要的是心怀仁德，出于真心诚意。仁为礼之本，诚为礼之基，心敬即礼，心诚即礼。如果离开了这个根本，借礼仪之名追求奢侈豪华，大操大办，必有其他目的，本身即违礼，如季氏三桓之流。

## 5. 夷狄之有君　不如诸夏之亡也

**【原文】**子曰：“夷狄之有君，不如诸夏之亡也。”

**【解读】**夷狄：指边远少数民族地区，古称四夷，东方为夷，北方为狄，西方为戎，南方为蛮。诸夏：中原华夏各诸侯国。

这句话，表达了孔子对诸夏礼崩乐坏局面的愤慨，对少数民族地区尚存的纯厚民风的向往。“礼失求诸野”，诸夏已失礼的道德，要到边远“野蛮”之地去寻找。孔子还曾经欲居九夷，想到那些少数民族地区去。因此我以为孔子这句话的意思应该是：**孔子说：“夷狄之地，尚有君长。不像诸夏各国礼崩乐坏无父无君。”**程颐《程氏论语解》有：“夷狄且有君长，不如诸夏之僭乱，反无上下之分也。”

## 6. 季氏旅于泰山

**【原文】**季氏旅于泰山。子谓冉有曰：“女弗能救与？”对曰：“不能。”子曰：“呜呼！曾谓泰山不如林放乎？”

**【解读】**旅于泰山：祭拜泰山。按照周礼的规定，只有周天子诸侯王才可祭泰山，季氏只是鲁国大夫，去祭祀泰山，是僭制违礼的行为。冉有：孔子的学生，又叫冉求，当时为季氏家臣。这是孔子又一次对季氏僭制违礼的批评。

**季氏要去祭泰山。孔子对冉有说：“你不能阻止他吗？”冉有说：“不能。”孔子说：“哎呀，难道泰山还不如林放懂得礼节吗？”**（意思说泰山之神不会接受季氏不合礼仪的祭祀。)

## 7. 君子无所争

**【原文】**子曰："君子无所争。必也射乎！揖让而升，下而饮，其争也君子。"

**【解读】**射：射箭，为六艺之一，这里指射箭比赛。揖让：作揖谦让，是一种礼节。

**原文的意思是：孔子说："君子没什么可争的事情，假如有争的话，那必定是比射箭吧，比射箭也是互相作揖施礼然后登场，比完后退场互相敬酒。这种争就是君子之争。"**

礼让为国，齐之以礼，这是孔子的一贯主张。君子应有谦和礼让的品德，"宁退而损，不竞而荣"。

## 8. 巧笑倩兮　美目盼兮　素以绚兮

**【原文】**子夏问曰："'巧笑倩兮，美目盼兮，素以绚兮。'何谓也?"子曰："绘事后素。"曰："礼后乎?"子曰："起予者商也，始可与言《诗》已矣。"

**【解读】**巧笑倩兮，美目盼兮：引自《诗经·卫风·硕人》，意思是"脸上有小酒窝笑起来多美丽啊，明亮的眼睛流盼起来多媚人啊"。素以绚兮：是对前两句诗的感叹，这么美丽动人是她的本色啊！有如此巧笑美目之本色，加上打扮就更加迷人了。绘事而后素：对上句"素以绚兮"用引喻来进行说明，要画美丽的画必须是好的白色底子上，再一次强调本色本质的重要。绘事，即画画；素，白色的底子。商：即子夏。子夏姓卜，名商。

**这段话的意思是：子夏问道："'有酒窝的脸笑起来多美啊，黑白分明的眼睛流盼起来多媚人啊！这么美丽的女子粉黛装扮起来更加楚楚动人啊！'这三句诗是什么含义？"孔子回答说："先有洁白的底子才能画出美丽的画来。"子夏说："这是说礼在仁之后，仁是本质，礼是外表吗？"孔子说："能明白我的意思的是你啊，现在可以和你讨论《诗经》了。"**

这段对话，读起来有点难懂，实际上它的核心还是说仁为礼之本。心中有仁，处处履仁，才会有尽善尽美的礼。"礼必以忠信为质，犹绘事必以粉素为先。"（朱熹《四书集注》）



## 9. 夏礼吾能言之

**【原文】**子曰："夏礼，吾能言之，杞不足征也；殷礼，吾能言之，宋不足征也。文献不足故也。足，则吾能征之矣。"

**【解读】**杞：古之国名，夏禹之后代。宋：国名，殷商之后代。文献：文即典籍文字，献指熟悉典籍的贤人。

**孔子说："夏代的礼，我能讲述，但其后代杞国不足以为我证明；殷代的礼我能讲述，但其后代宋国不足以为我证明，是因为典籍和熟悉前朝礼仪历史的贤人不够的缘故。如果典籍、贤人足够多的话，我就能证明它们了。"**

孔子对夏、商、周三代礼乐制度的研究十分认真深入，所以都能讲述。同时，孔子对礼乐历史的研究十分讲究，求证、求真、求确，所以他都"能言之"，但"不足征也"，很惋惜，感叹不已。严谨治史治学的孔子堪为千古之师。

## 10. 吾不欲观之

**【原文】**子曰："禘自既灌而往者，吾不欲观之矣。"

**【解读】**禘：大祭之礼，由帝王主持，有九次献酒。按周礼只有周天子能行此祭，后来周成王特许鲁国第一代诸侯王周公旦可行此祭，可是鲁国沿袭了这一大祭，严格地说，这也是僭制违礼行为。既灌：褅祭九献时帝王的第一次献祭酒。

**原文的意思是：孔子说："褅祭的祭祀大礼诸侯王第一次献酒后，我就不想往下看了。"**诸侯王行褅祭之礼是非礼，"非礼勿视"孔子说到做到。

## 11. 或问禘之说

**【原文】**或问禘之说，子曰："不知也，知其说者之于天下也，其如示诸斯乎！"指其掌。

**【解读】**这一章是接着上一章说的，上一章孔子说褅祭自既灌之后不想往下看，那么就有人问褅祭的道理和来龙去脉，于是才有了这一段话。

**有人问孔子关于褅祭的道理。孔子说："不知道，知道褅祭道理的人治理整个天下，就会像把东西放在这里一样容易吧。"孔子边说边指着自己的手掌。**

从我的理解来看，孔子说这些话有两层意思。一是孔子很讲"为尊者讳"的礼数。他不便把褅祭的历史沿革和道理全说出来，一说出来就会将鲁诸侯王的失礼揭出来，所以说："不知也。"二是他虽然没有明说褅祭，但已十分清楚地强调了褅祭之礼极其重要的意义。知褅则知周礼，知周礼则知治天下，用周礼治天下犹如把东西掌握在自己手里一样得心应手。

《中庸》第 19 章说"明乎郊社之礼、褅尝之义，治国其如示诸掌乎"，就是孔子说的这个意思。

## 12. 祭如在

**【原文】**祭如在，祭神如神在。子曰："吾不与祭，如不祭。"

**【解读】**祭如在：这里祭是指祭自己故去的先人，祭祀祖先就要像祖先在面前一样虔诚。不与：不亲自参加。

**祭祀祖先的时候要好像祖先就在面前，祭神（灶神、社神等）的时候要好像神真的在这里。孔子说："我如果不亲自参加祭（而让他人代祭）就等于没有祭。"**

祭祀是一种礼，是很庄重恭敬的事，要怀着对祭祀对象的真心和虔诚，不能只虚有形式，走过场。

## 13. 获罪于天　无所祷也

**【原文】**王孙贾问曰："与其媚于奥，宁媚于灶，何谓也？"子曰："不然。获罪于天，无所祷也。"

**【解读】**王孙贾（gǔ）：周灵王之孙，客于卫，为卫灵公大夫。与其媚于奥，宁媚于灶：奥，可能是屋里的主神。灶，指灶神，管具体事的。与其巴结讨好奥神，还不如巴结讨好灶神。

**王孙贾问孔子："与其巴结讨好奥神还不如巴结讨好灶神，这句话怎么理解呢？"孔子说："我觉得不对，如果得罪了上天，那向谁祈祷都没有用。"**

天，周天子之礼也。周天子之礼是最高准则，违背了就是罪过。获罪于天，无所祷也，守礼又何须媚人？这一章彰显了孔子守礼不媚的气节。

## 14. 郁郁乎文哉　吾从周

**【原文】**子曰："周监于二代，郁郁乎文哉！吾从周。"

**【解读】**周监于二代：意思是周朝的礼乐制度是沿革夏、商两朝制度而制定的。郁郁：茂盛华美的样子。郁郁乎文哉，是感叹周朝礼仪典章的完备和精彩。

**孔子说："周朝的礼仪制度是在夏商两朝基础上增减完善而制定的。其礼仪、制度、典章是多么完备、精彩啊！我尊崇周代的礼仪典章。"**

孔子的立场是十分鲜明的。"信而好古""吾从周""一日克己复礼，天下归仁"，他的信仰和理想追求都在这里。

## 15. 入太庙每事问

**【原文】**子入太庙，每事问。或曰："孰谓鄹人之子知礼乎？入太庙，每事问。"子闻之，曰："是礼也。"

**【解读】**太庙：指鲁国太庙，即周公庙。鄹（zōu）：即孔子的出生地。鄹人之子即指孔子。

这章记述孔子"入太庙每事问"的谦恭、好礼、好学的表现。

**孔子进入周公庙，每件事情都要问一问。有人就说："哪个讲鄹邑人的儿子知礼呢？他进到太庙，件件事情都要问问。"孔子听到这种说法后，说："这正是礼啊！"**

孔子研究学习三代之礼，特别是很熟悉周代的礼仪典章，这在当时是很有名气的。但是孔子对“礼”总是怀着崇敬和谦卑，不断地学习。太庙是礼仪彰明、演习之所。孔子入太庙进行实地学习求证，当然要“每事问”，既虔诚又谦卑，也正因为这样才成就了孔子博学知礼。所以对他人的说法，孔子肯定的回应“这正是礼”。

## 16. 射不主皮

**【原文】**子曰：“射不主皮，为力不同科，古之道也。”

**【解读】**射箭比赛不是竞争，而是一种射礼。按照周制射礼“张布为候”。候，即箭靶子，候的中间是鹄，用虎、熊、豹的皮制成。射礼，以中的为主，不求射穿皮鹄，所谓“射有五善”（和志、和容、主皮、和颂、兴武为五善）、“射有似乎君子”（《中庸》）。注重“和志”“和容”的礼仪容节，这是射礼的古之道。但后来射箭逐渐变为斗艺、斗狠甚至是争杀。所以孔子几次讲射礼，其心在以礼教化。

**这段话的意思是：孔子说：“射箭比赛，主要不在于射穿皮鹄，因为每个人的力量是不同的，比箭不是比力而是展示射礼，这就是射礼自古以来的规矩。”**

## 17. 尔爱其羊　我爱其礼

**【原文】**子贡欲去告朔之饩羊。子曰：“赐也！尔爱其羊，我爱其礼。”

**【解读】**告（gù）朔：古代的一种祖庙的祭祀礼仪，每月初一（朔日）在祖庙祭祖。饩（xì）羊：用于祭祀的活羊。

**子贡想把每月初一祭祖庙的那只活羊省去不用。孔子说：“赐呀，你珍惜那只羊，我却要珍惜这种礼。”**

告朔是周礼，去羊即是薄礼，孔子反对。孔子要珍惜维护这一祖制的礼仪。

## 18. 事君尽礼　人以为谄

**【原文】** 子曰：“事君尽礼，人以为谄也。”

**【解读】** 这句话的理解，我认为古人今人都未明孔子的本意。下一章是鲁定公问君臣关系，在当时这是个政治伦理的大问题，也是个很现实的政治问题。孔子是这样回答的：“君使臣以礼，臣事君以忠。”这两章要联系起来理解，事君要忠，而不只是“尽礼”。礼是表面的，甚至可以变为“巧言令色足恭”。忠是内心的，竭诚尽心为忠。另外，《宪问第十四》记载“子路问事君，子曰：‘勿欺也，而犯之’”。臣事君，最重要的是忠，不要欺骗他(如报喜不报忧、投其所好等)，应该每临大事、面临大是大非要敢犯颜直谏，像魏征事唐太宗一样。更有意思的是唐代名宦高力士侍唐玄宗，据说很尽礼。后来他的墓志铭开篇却是感叹“事君之难，请言其状，尽礼者或以为谄，纳忠者时有不容，直又见非，谓之靡上”。

我还是以为，孔子一贯主张主忠信，事君以忠是主要的。因此我对孔子这句话的理解为：**臣事君刻意尽礼足恭，而不竭诚尽忠，都会认为是谄媚。**

## 19. 君使臣以礼　臣事君以忠

**【原文】** 定公曰：“君使臣，臣事君，如之何?”孔子曰：“君使臣以礼，臣事君以忠。”

【解读】定公：鲁国国君。定公问孔子如何处理君臣关系。这是双向的，君臣应该是互相信任，互相尊重，忠于职守，各尽其责，目标一致，为国为民，守仁遵礼。

**定公问："君主使用臣子，臣子侍奉君主，该怎样做呢？"孔子说："君主应按礼的要求尊重、信任、使用臣子，臣子应该忠心竭力侍奉君主。"**

## 20.《关雎》乐而不淫

【原文】子曰："《关雎》，乐而不淫，哀而不伤。"

【解读】这是从礼的角度评价《诗经·关雎》。"乐而不淫，哀而不伤"，是说乐、哀皆有度，不失其雅正和平的主旋律，符合礼的规范。

**孔子说："《关雎》这首诗，表现出了欢乐，但不过分放荡；也表现了哀思，但不过度伤心。"**

## 21. 成事不说　遂事不谏　既往不咎

【原文】哀公问社于宰我。宰我对曰："夏后氏以松，殷人以柏，周人以栗，曰，使民战栗。"子闻之，曰："成事不说，遂事不谏，既往不咎。"

【解读】社：土地神，用木头制成。宰我：孔子学生，名予，字子我。

**哀公问宰我，制作土地神用什么样的木头。宰我回答说："夏朝用松树，殷商用柏树，周朝用栗树木做土地神，用意是让老百姓敬畏得战栗。"孔子听到这些话以后，对宰我说："做过了的事不要再**

**说，已经完成的事不要再劝谏，过去的事不要再追究了。”**

孔子对宰我的话是不认可的，特别是周代用栗意在使老百姓害怕、战栗的说法，不符合孔子心中“道之以德，齐之以礼”的那种以德化民、待之以礼的主张。可能孔子认为宰我有点牵强附会、胡说八道，孔子的话是对宰我的警示和告诫。

## 22. 管仲之器小哉

**【原文】**子曰：“管仲之器小哉。”或曰：“管仲俭乎？”曰：“管氏有三归，官事不摄，焉得俭？”“然则，管仲知礼乎？”曰：“邦君树塞门，管氏亦树塞门；邦君为两君之好，有反坫，管氏亦有反坫。管氏而知礼，孰不知礼？”

**【解读】**这是孔子对管仲人品的评论。管仲：齐国人，辅佐齐桓公成就春秋霸业，称得上是杰出人物，对其历史贡献，孔子给予过很高的评价：“管仲相桓公，霸诸侯，一匡天下，民到于今受其赐。”（《宪问第十四》）但其私德，孔子不敢恭维。实际上管鲍之交的故事里也讲过一些管仲品德上的毛病，比如临利而贪、临危而退。鲍叔牙看大局、爱其才、不计小过，最后还让贤于他，才成就了管夷吾。器：这里应是指人品私德。器小，指按君子正身修德的标准来衡量有缺陷，管仲还是褊浅卑小、有缺陷。三归：三个府第，或许是三个家。摄：因收入少而在外兼职。塞门：府第的照壁。坫：以土筑成，故名土坫，是放置礼器和酒具的台子，也是一种讲究派头的标志。

**这段话的意思是：孔子说：“管仲的人品私德有缺陷啊。”有人就问：“管仲生活俭朴吗？”孔子说：“管仲有三个府第，他家里的服务人员都是专职的（有比较丰厚的待遇，不需要在外兼职）。这哪**

**里谈得上俭朴呢？”有人又问：“那管仲知礼吗？”孔子回答说：“国君的宫廷门前立有照壁，管仲也在自己的府里立照壁。国君为接待友邻国君，在宴会厅筑设了放置酒具器皿的土台子，管仲也在自家的厅堂里筑设土台。这是明显的僭制越礼，如果说管仲知礼的话，还有谁不知礼呢？”**

这一章放到《八佾第三》，是孔子又抓了一个僭制越礼的典型。孔子对僭制违礼者的批评，可谓不惧权贵，批评了季氏三家又批评一代名相。孔子唯礼不唯人。

## 23. 乐其可知也

**【原文】**子语鲁大师乐，曰：“乐其可知也：始作，翕如也；从之，纯如也，皦如也，绎如也，以成。”

**【解读】**语：告诉。大师：宫廷乐官。翕（xī）如：音乐突起的样子。纯如：乐曲声清纯和谐。皦（jiǎo）如：清晰，形容音乐声清澈明晰。绎（yì）如：形容音乐结尾，余音袅袅、悠远绵长的韵味。

**孔子把演奏音乐的过程讲给鲁国的乐官听，说：“演奏音乐的过程是可以知道的。开始，合奏乐声突起，接下来，声音清纯和谐、清晰明快。然后余音袅袅，绵长悠远，最后结束。”**

孔子是音乐大师，对音乐研究很深，造诣很高。“兴于《诗》，立于礼，成于乐”（《泰伯第八》），乐为中正平和之气，可以养成心性，可以辅成礼治。孔子为《诗》三百配乐，历史有载。孔子说：“吾自卫反鲁，然后乐正，《雅》《颂》各得其所。”（《子罕第九》）乐正《诗》三百，然后才有大雅正声，金声玉振。

## 24. 天将以夫子为木铎

**【原文】**仪封人请见，曰："君子之至于斯也，吾未尝不得见也。"从者见之。出曰："二三子何患于丧乎？天下之无道也久矣，天将以夫子为木铎。"

**【解读】**仪封人：仪地的地方长官。仪，即卫国的一个小城。丧：无职业无居所地漂泊。木铎：以木为舌的铜铃，古代宣布政令时用来号令召唤民众的器具。木铎是号令是导向，这里是称赞孔子人格、智慧、学识、思想超群，足以像木铎一样宣示礼法、道德，教化人民，号召人民，拯救天下之无道。

**这一章的意思是：卫国仪地的地方长官求见孔子，说："凡是到我这里来的贤人君子，我没有不请求见面的。"孔子的弟子领他去见孔子。仪封人拜见孔子出来，大发感慨，对孔子的弟子们说："各位，你们这些人何愁没有职位到处漂泊呢，现在天下无道（礼崩乐坏）已经很久了，你们的老师这么有学问有思想，人格道德高尚，我相信上天一定会让夫子担大任，如木铎一样宣示礼法道德，教化人民，拯救世道。"**

一个边远小城的地方官，一见到孔子就对孔子的学识、道德和人格如此敬佩，这是很难得的。一是孔子确实伟大睿智，二是仪封人"君子之至于斯也，吾未尝不得见也"，见多识广，有很正确的认识，也反映孔子的德政礼治的思想是有一定的群众基础的。

## 25. 子谓《韶》 尽美尽善

**【原文】**子谓《韶》："尽美矣，又尽善也。"谓

《武》："尽美矣，未尽善也。"

**【解读】**《韶》：上古舜时的乐曲，是舜受尧禅让而登帝位时作的音乐，不仅音乐艺术上很美，而且体现舜以高尚品德而受禅的风貌，谓善之极也。《武》：是周武王伐纣救民而得天下登帝位时作的音乐，艺术上也很美，但毕竟还有征伐诛灭的肃杀之气，在孔子看来还不够中正平和，所以说"未尽善也"。孔子的音乐修养是极高的，欣赏评价音乐作品既重艺术性更重主旋律的思想性、政治性，还能够从音乐里听出作者的心、演奏者的情感。

**原文的意思是：孔子评论乐曲《韶》和《武》，说："《韶》音乐太美了，也很和善。《武》音乐太美了，但还不是十分和善。"**

## 26. 居上不宽　为礼不敬　临丧不哀　吾何以观

**【原文】**子曰"居上不宽，为礼不敬，临丧不哀，吾何以观之哉？"

**【解读】**这句话是句大白话，不需要注释。**孔子说："处在上位的人（统治者、领导、管理者）不能宽以待下，于礼不能庄重严肃，临办丧事时没有悲痛哀戚，这样的人真是无善可陈，我怎么看得下去呢？"**

居上不宽，何以得众；为礼不敬，何以立世；临丧不哀，何言慈孝；慈孝不守，何来忠信！孔夫子斩钉截铁、语重词严地对上位者的不良行为予以斥责，居上者应慎之戒之，为人者亦应慎之戒之。

# 里仁　第四

《里仁》篇，主要讲“仁”，共二十六章。仁是人进德修身、立身行事的根本。仁、义、礼、智、信、忠、孝、恕、廉，仁是核心，是出发点，是根本。



## 1. 里仁为美

**【原文】**子曰：“里仁为美。择不处仁，焉得知？”

**【解读】**里仁：街巷社区仁德之风淳厚。里，街巷、里弄、社区。择不处仁，焉得知：居住选择没有仁德风气的地方是不明智的。知，这里是明白、明智的意思。

**孔子说：“若能居住在仁德之风淳厚的地方是美好的，如果选择没有仁德风气的地方居住，又怎么能算是明智呢？”**

孔子很重视社会风气对人进德修身的影响。里仁为美，择仁而居。

## 2. 仁者安仁　知者利仁

**【原文】**子曰：“不仁者不可以久处约，不可以长处乐。仁者安仁，知者利仁。”

**【解读】**约：在《论语》里“约”有两种意思，一是约束、制约，如“约之以礼”；二是简约、困顿、贫窘。这句中的“约”是贫窘的意思。安仁：安心守仁，时时处处以仁为本心、为道德标准要求自己。利仁：“利”字有不同的理解，有的讲是“利用”，显然不对。我以为“知者”，是智者，智者深明仁是本心大德，应笃爱其美好，应该坚守发挥弘扬，“利”是发挥弘扬的意思。

**孔子说：“没有仁心仁德的人不可能长期处于贫穷困顿之中，也不可能长期处于安乐之中。有仁心仁德的人不论在什么环境什么情况下都能安心守仁，明智的人更会坚守仁、发挥和弘扬仁的道义和道德。”**

这句话的中心意思是仁为本心，才有仁德，有仁心仁德，才会久处贫困而不移志。要做到“贫贱不能移”（《孟子》），久处安乐而不乱德，“富贵不能淫”（《孟子》），安心守仁，利仁弘道。

## 3. 唯仁者能好人　能恶人

**【原文】**子曰：“唯仁者能好人，能恶人。”

**【解读】**本章是讲有仁心仁德的人才有正确的是非好恶之心。好：喜爱而褒扬。恶（wù）：厌恶而贬弃。

**孔子这句话的意思是：“只有有仁德的人才能好善恶恶，知人识人，正确地去喜爱好人、贬弃坏人。”**

## 4. 苟志于仁无恶也

**【原文】**子曰：“苟志于仁矣，无恶也。”

**【解读】**上一章是讲仁本于心，可以明是非、知善恶，这里是讲本于仁心、志于仁德，则可以明荣辱、知廉耻，不会再有恶念、恶语、恶行。此章“恶”字不是好恶的恶，而是冠于心念言行之举的善恶的恶。恶（è）：邪念、恶劣。

**孔子说：“一个人立志本仁心行仁德，便不会有邪恶的心念，恶劣的言行。”**

## 5. 君子无终食之间违仁

**【原文】** 子曰：“富与贵，是人之所欲也，不以其道得之，不处也；贫与贱，是人之所恶也，不以其道得之，不去也。君子去仁，恶乎成名？君子无终食之间违仁，造次必于是，颠沛必于是。”

**【解读】** 这一章真可以说是夫子的道德文章。对待贫贱富贵的态度可鉴仁心道德，足见品格精神。

人都想富贵，人都不喜欢贫穷卑贱，但何以得、何以处、何以去。以孔子为代表的儒家圣贤有自己高尚的价值取向。孔子说：“富与贵……不以其道得之，不处也。贫与贱……不以其道得之，不去也。”“不义而富且贵，于我如浮云。”（《述而第七》）“君子素其位而行……素富贵，行乎富贵；素贫贱，行乎贫贱……君子无入而不自得焉。”（《中庸》）君子不在乎富贵贫贱而在乎仁心仁德，有此，君子处在什么境况之下都心安自得。

恶（wū）乎：语气词组，那怎么、如何得。

造次：匆忙、急迫的情势。

**孔子说：“发财和做官（财富和地位），是人人都想的，但如果不用正当的符合道义的手段去得到它，君子是不会接受的。贫穷和卑贱，是人人都不喜欢要的，但不以正当的符合道义的手段去避舍**

**它，君子决不去摆脱。君子丢掉了仁德，怎么成就美好的名声？哪怕只有一顿饭的时间（终食之间）也不能违反仁的道德规范，即使是在急迫的情势下，即使是在颠沛流离之中也应该是这样（不违仁）。”**

## 6. 好仁者无以尚之

**【原文】** 子曰：“我未见好仁者，恶不仁者。好仁者，无以尚之；恶不仁者，其为仁矣，不使不仁者加乎其身。有能一日用其力于仁矣乎？我未见力不足者。盖有之矣，我未之见也。”

**【解读】** 这是孔子对“好仁”“恶不仁”的仁人君子难能可贵的慨叹。孔子在《论语》中用“吾未见……”这种句型语气的句子比较多，如“吾未见刚者”（《公冶长第五》）、“吾未见好德如好色者也”（《子罕第九》）。

好仁者：不仅是本心于仁、安心守仁、矢志利仁，而且还从心里喜爱仁、热衷于仁，仁内化于心，外化于行，仁已成自觉、自由，所以是很高的境界，没有人能超越过他们（无以尚之）。

恶不仁者，不使不仁者加乎其身：这也是一类足够自觉的仁人君子，在社会日常生活中，思想、言行都能自觉地不使任何违反仁德的东西沾染自己。

“好仁者，恶不仁者”，真是难能可贵，所以孔夫子赞叹不已。

**孔子说：“我真没见过如此高尚自觉的好仁者，恶不仁者。好仁者，境界很高无以超越，恶不仁者，高度自觉，不使任何违反仁德的思想言行沾染自己，真的难能可贵！有没有每天都尽自己最大的努力践行仁德呢？我想不会有能力不够的。如果真的有能力不够而不能行仁的人我没有看到。”**

## 7. 观过斯知仁矣

**【原文】**子曰："人之过也，各于其党。观过，斯知仁矣。"

**【解读】**孔子睿智，能从社会存在、人所处的社会地位的实际来评判一个人的缺点、弱点和错误，这是客观中肯的。人之过也，各于其党：其党就是社会存在、社会地位、阅历经历基本相同的类群。

**人的过失往往和他的出身、经历、社会地位是有关系的，从客观实际出发观察评判人的过失就能知道这个人犯错的本质是否有违于仁。**这样，有的人犯错，或可情有可原，观过当恕，斯亦为仁。

## 8. 朝闻道　夕死可矣

**【原文】**子曰："朝闻道，夕死可矣。"

**【解读】**道：这是中国古代的一个哲学范畴，但在孔子的思想和语境里，道是"仁"，是"礼"，是古圣先王为国以礼、以德、以孝的仁民之道。

我理解这句话有两层意思，一是"我听闻了古圣先王之道，死而无憾。早晨听到了，晚上可安心死去"，体现夫子闻道之情切。二是"我听到古圣先王之道得以风行天下，天下恢复有道复礼归仁了，我一生孜孜以求，理想实现了，死而无憾了。早上得以闻，夕可死也"。我倾向于第二种理解。或许两者兼有。

## 9. 耻恶衣恶食者　未足与议也

**【原文】**子曰："士志于道，而耻恶衣恶食者，未足与议也。”

**【解读】这段话的意思是：孔子说：“读书人要有志于理想事业，食无求饱，居无求安，衣无求奢，俭以养德，安贫乐道。而那种以自己穿的衣服不体面，吃的喝的不太好为没有面子的人，品格太低下了，根本不足以和他谈论道德学问。”**

## 10. 君子无适无莫　义之与比

**【原文】**子曰：“君子之于天下也，无适也，无莫也，义之与比。”

**【解读】**这句话很简单，道理却极其深刻，充满了唯物辩证法的思想。

无适：没有专门的规定一定要这样做，专注、专从。

无莫：没有专门的规定一定不能这样。

义之与比：义是宜，一切从实际出发，具体情况具体分析，以道义为原则、以中庸为权量、以恰当适宜为取舍。

**孔子说：“君子对于社会实际生活中遇到的事，没有专门的规定一定只能这样做，也没有专门的规定一定不能这样做，而应该在道义的原则下一切从实际出发，具体情况具体分析，根据是否恰当、适宜作为取舍。”**

“义”字在孔子的思想语境中非常重要，往往是指道义原则下的“宜”，恰当、合适，如“使民以义”。《微子第十九》记载孔子议论伯夷、叔齐、柳下惠等七大贤人隐士时说过，“我则异于是，无可无不可。”“我不同于他们这些人执于一念，而是无可无不可。”《子罕第九》中说：“子绝四：毋意、毋必、毋固、毋我。”更进一步说明，君子于世，处事待人不能固执一念，只能在仁爱、礼法、道义的原则下，以中庸为权量、以合适相宜为取舍（义之与比）。

## 11. 君子怀德

**【原文】**子曰："君子怀德，小人怀土；君子怀刑，小人怀惠。"

**【解读】**怀：在乎，念念不忘。德：道德、道义、仁德。土：土地、房产等私有财产。刑：礼法刑典。惠：实惠，利益。

**孔子说："君子心里想的是道义，是个人的修身进德。小人心里想的是土地恒产。君子念念不忘的是遵礼守法；小人念念不忘的是谋求利益，得到实惠。"**

孔子经常用君子小人对照说事，大多符合实际，也有道理。但是，实际上小人关心的事，君子也应关心。要知小人心思才明君子道义，否则就五谷不分，不食人间烟火。孟子对梁惠王讲过一段很好的话："若民，则无恒产，因无恒心……是故明君制民之产，必使仰足以事父母，俯足以畜妻子，乐岁终身饱，凶年免于死亡，然后驱而之善，故民之从之也轻。"（《孟子》）不关心社会人群的实际利益，不解决社会人群最关心的实际问题，就会脱离群众。人们的实际利益，永远应该关心，政治说到底是如何协调分配社会人群的利益，实现好、维护好人民的利益。

## 12. 放于利而行多怨

**【原文】**子曰："放于利而行，多怨。"

**【解读】**这一句应看作是对前一句小人怀土、小人怀惠的补充。怀土怀惠是很正常的，但要有度，不能放肆。追求正当的利益是正常的，但"利为义之和”，求利要在符合道义的原则下适宜恰当。唯利是图、损人利己必然会招来怨恨。因此孔子特别补充说：**“为了追求私利，恣肆妄为、唯利是图、损人利己，必然招来很多怨恨。”**

## 13. 礼让为国

**【原文】**子曰：“能以礼让为国乎，何有？不能以礼让为国，如礼何？”

**【解读】**天下为公、礼让为国是孔子的社会政治理想。天下为公的大同社会就是礼治社会。礼的实质是仁，是建立在人们高度道德自觉的基础上的。

礼让：礼是周代礼法制度。让，和仁一样是礼的本质和基本内容。礼让是治国的理念、态度和方法。何有：倒装，有何，此指还有什么困难。如礼何：如，于、把，把礼法制度当作什么呢？意思是那就是背弃了礼法。

**孔子说：“能以礼让来治理国家，那还有什么困难呢？不以礼让治国，那把礼当作什么了呢？”**

孔子两个反问，强调礼让治国，国家可治，不以礼让治国那就是背弃周王礼法制度。

## 14. 不患无位患所以立

**【原文】**子曰：“不患无位，患所以立；不患莫己知，求为可知也。”

**【解读】**孔子再讲修身正己，是人立身于世、知名于世、守信于人的第一要务。

患：担忧。无位：没有职位，在社会上没有地位。立：三十而立的立，立身于世。莫己知：即莫知己，没有人知道自己。

**孔子说："一个人不要担心自己还没有职位，应该担心自己还没有相当的学养能力足以上位而立。也不要担心自己没名气，别人还不知道自己，而应该努力修身正己，提高道德学养，让大家知道自己。"**

## 15. 夫子之道忠恕而已矣

**【原文】** 子曰："参乎！吾道一以贯之。"曾子曰："唯。"子出，门人问曰："何谓也？"曾子曰："夫子之道，忠恕而已矣！"

**【解读】** 这一章，通过孔子和弟子曾参的对话，表述了孔子一以贯之的思想精髓。"吾道一以贯之"是什么呢，就是忠恕，忠恕的内涵就是仁，仁就是如何待人。忠，对人尽心竭力，恕，己所不欲勿施于人，还有己欲立立人、己欲达达人，这就是践行仁的方法和行为。

"夫子之道，忠恕而已矣"是经典之中的经典。

**孔子说："参，我的道有一个核心思想贯穿始终。"曾参回答："是的。"孔子离开后，其他的学生便问曾参："这是什么意思？"曾参说："贯穿夫子之道的核心思想，就是忠恕。"**

## 16. 君子喻于义

**【原文】** 子曰："君子喻于义，小人喻于利。"

**【解读】** 孔子又一次拿君子小人对比着说事，说的是义利观。不同的人有不同的义利观。利，人之所欲，利有时就是人的切身利益，人人都会关心，人人都会有想法。孔子主张的是义为大，义在先。“义之与比”“见得思义”、一利当前，要用道义的原则来决定取舍。不能“放利而行”、唯利是图、损人利已，这是高尚的价值观、义利观，什么时代都应崇尚和践行。但是利，人之所欲，正当的个人利益的获得是个人的权力，应当得到尊重和维护，不要轻率的指责是“小人喻于利”，处于上位的君子应时刻记住孔学的精髓是“仁”。仁就是关心人，关心人当然首先要关心人的切身利益。“己欲立而立人，己欲达而达人”，有利益要想到别人，这是君子喻于义的真谛，不然就是拿大旗招摇，一方面指责小百姓只知道利益，另一方面自己苟苟营私、谋权谋利、谋富谋贵、贪得无厌，这样的“君子”真还不少，而老百姓利益只不过是求一家温饱平安，不会有野心奢望。

**道德修养比较高的人明礼法、知道义，在利益面前他人第一，以道义为取舍；道德修养比较低的人看重个人利益，在利益面前患得患失。**

## 17. 见贤思齐

**【原文】**子曰：“见贤思齐焉，见不贤而内自省也。”

**【解读】**见贤思齐，见不贤而自省，这是夫子教导他的学生修身进德、不断完善自己、不断提高自己的方法。注意时时处处自觉地向贤德的人、有学问的人学习，“以人为镜”，别人的长处努力学，别人的“不贤”也要自己对照，反躬自省，有则改之，无则加勉。

**孔子说：“看见有道德、有学问的人要自觉地以他们为榜样，向他们学习，向他们看齐。看见别人在道德和学问方面有缺陷，应该对照自己、反省自己。”**

## 18. 事父母几谏

【原文】子曰："事父母几谏，见志不从，又敬不违，劳而不怨。"

【解读】几谏：委婉地劝谏。劳而不怨：虽然忧心，但不怨恨。

孝为仁之本，是人仁心仁德的最基本的要求。"仁者爱人，亲亲为大"，仁从亲亲始，亲亲即是孝悌，亲亲扩而广之，爱天下之人，这是孔子人文主义思想的基本逻辑。

**孔子说："子女侍奉父母，如果父母有不对的地方，应当委婉地奉劝。但看到自己的意见父母不接受，那么对父母还是要一如既往地恭敬，不要违犯他们，虽然心里担忧（父母的错误不改），但不能怨恨父母。"**

## 19. 父母在不远游

【原文】子曰："父母在，不远游，游必有方。"

【解读】这是行孝道的一个很实际的问题，"儿行千里母担忧"，儿女远游，还游不有方，父母会更担心。父母年迈多病，儿女不在身边，谁来侍奉父母，承欢菽水？夫子说话贴近每一个人的生活，正因如此，穿越两千多年还是那样如忠厚长者贴面附耳的叮咛。

**孔子说："父母在世时，不要作远游，若一定要远行，也该告诉（父母）出游到哪里。"**

## 20. 三年无改于父之道

【原文】子曰："三年无改于父之道，可谓孝矣。"

**【解读】孔子说："父亲死了，他还能不改变父亲生前所奉行的为人处世的道义原则，就可以称得上是孝了。"**

这一句在《学而第一》中讲过，这里可能是再次强调，孝要守正道。

## 21. 父母之年一则以喜一则以惧

**【原文】**子曰："父母之年，不可不知也。一则以喜，一则以惧。"

**【解读】**这又是夫子一句很贴人心的话，父母的年龄儿女要知道、要关注。但知道父母年纪越来越大，又喜忧交集。见父母年纪大了还健康，则喜，喜其高寿；见父母年纪大了，日渐衰老，则担心，担心其不能享养颐之福，担心"子欲养而亲不待"。人子之心应该如此诚切。

**孔子说："父母的年龄，不可以不知道、不关注。一方面由于他们的健康高寿而高兴，另一方面又为他们日渐年迈衰老而忧惧。"**

## 22. 言出而耻　躬之不逮

**【原文】**子曰："古者言之不出，耻躬之不逮也。"

**【解读】**自己说的话，自己不能躬行兑现是可耻的。孔子讲，言要谨慎，言要符合道义，言要躬行兑现，这样的教导很多很多，值得我们理解奉行。

**孔子说："古时候的君子不轻易把话说出口，因为他们以说得出而做不到（不逮）为耻辱。"**

## 23. 以约失之者鲜

**【原文】**子曰："以约，失之者鲜矣。"

**【解读】** 这里的约，是规范、约束、自律的意思，“约之以礼”的约，这里就是约之以礼的意思。

**孔子说：“能够经常用道德礼义规范严格自律，就会很少犯错误。”**

## 24. 君子欲讷于言敏于行

**【原文】** 子曰：“君子欲讷于言而敏于行。”

**【解读】** 讷于言：是指言语要深思熟虑而后出，宁可迟缓也不要口无遮拦、信口开河。讷，本意是迟钝、木讷。本篇第22章讲了孔子关于“言”的告诫，应谨记。“祸从口出”“是非是说出来的”后世民间多有教训。敏于行：是讲做事要勤勉、认真、勤快，说做就做、认真负责、勤勤恳恳、雷厉风行。

**孔子说：“一个有修养的人说话要严谨、慎重，做事要勤勉、认真、勤快。”**

## 25. 德不孤必有邻

**【原文】** 子曰：“德不孤，必有邻。”

**【解读】** 本篇第1章讲里仁为美，择仁而居，篇末第25章讲德不孤必有邻，美好的有仁德的社会环境不光靠择，更靠造。谁造，大家造。大家从自己开始，从自家开始，“我欲仁，斯仁至矣”，所以孔子说德不孤必有邻。你有道德，行仁德，周围的人都会追随你，“主忠信，无友不如己者”，都会向你看齐。己有善德，必有善邻。里仁，一个美好的、有仁德的社会环境就这样出来了。这一章的意思似与第1章相呼应。

**孔子说：“有仁德的人不会孤单，必有好的邻居相伴。”**

## 26. 事君数斯辱矣

**【原文】** 子游曰："事君数，斯辱矣；朋友数，斯疏矣。"

**【解读】** 子游：孔子的优秀学生，孔门十哲之一。数：过从太密、交往频繁、琐屑庸俗。事君数：臣事君以忠，事上以敬，这是有距离的、有名分等级的。在君王面前随随便便、没大没小、出入频繁、言行琐屑庸俗是有违礼义的。朋友数：按孔子的一贯思想，朋友之间主忠信，朋友之间最重要的以诚相待、以信相守，过分的亲密、交往频繁、言行琐屑庸俗、无礼义、无节度是不好的。

**子游深得孔子要义，所以说："侍奉君王过于频繁琐屑，会招来羞辱；与朋友过从太密，言行琐屑庸俗，关系不会长远，而会疏远。"**

这也是社会生活中的实际情况，与上（上级）来往、与朋友交往要有礼有节有度，有距离才有美，庄重守礼，要矜持才有尊严，核心是忠诚待人、守礼义，不要琐屑庸俗。

# 公冶长　第五

本篇二十八章，还是夫子谈仁。记述夫子对古今诸多人物的评价。孔子看人眼光独到，语言率性，看本质，看人品，更看重“仁心仁德”，把仁看作做人的最高境界，不轻易以仁嘉许。

## 1. 子谓公冶长

**【原文】**子谓公冶长：“可妻也。虽在缧绁之中，非其罪也。”以其子妻之。

**【解读】**公冶长：姓公冶，名长，字子长，孔子的学生，七十二贤人之一。不知何事曾被羁押。妻：作动词用，嫁给他做妻子。缧绁（léi xiè）：捆绑人的绳索，指羁押在监狱。以其子妻之：子，孔子的女儿。把自己的女儿给他当妻子。

**孔子在谈到公冶长时，说：“可以把女儿嫁给他做妻子，尽管他曾被羁押在监，但不是他的罪过。”于是就把自己的女儿嫁给公冶长做妻子。**

孔子看人择婿不看表象，而看重内在的品德，公冶长德才兼备，好学不仕，被羁押不是他的错，而是另有原因（据说是因为他通鸟语）。孔子仁厚，睿智。

## 2. 子谓南容

**【原文】**子谓南容："邦有道，不废；邦无道，免于刑戮。"以其兄之子妻之。

**【解读】**南容：孔子的学生。姓南宫，名适（kuò），字子容，言语谨慎是其特点，有"南容三复白圭"之说，见《先进第十一》。邦有道：指国家贤人当道，政治清明。邦无道则反。废：废黜。刑戮：刑是刑罚，戮是杀戮，受处罚刑戮。

**孔子谈到南宫子容时，说："子容这个人呀，国家政治清明的时候他会受到任用，不会被废黜；国家政治昏暗时，他也能保全自己，不受刑戮。"于是孔子把自己的侄女嫁给子容做妻子。**

审时度势，以夺进退。《诗》云："既明且哲，以保其身。"子容有德有才，孔子很赞赏这种心存仁德，大智大才，言语谦让又能中庸权变的人。

## 3. 子谓子贱

**【原文】**子谓子贱："君子哉若人！鲁无君子者，斯焉取斯？"

**【解读】**子贱：孔子弟子，鲁国人，姓宓（fú），名不齐，字子贱，曾任单父宰，能仁民、举贤，常以贤者为师，故成君子仁德。若人：此人，即指子贱。斯焉取斯：第一个"斯"是指代子贱；第二个"斯"是指代君子仁德的品格，他从哪里学得的这些君子仁德的品格呢？

**孔子评论子贱说："子贱这个人真是个君子啊！如果鲁国没有君子，他从哪里学得这些君子仁德的品格呢？"**

孔子这段话有两层意思。一是高度评价子贱君子之仁德。二是鲁国是周公礼仪之邦，君子之邑，贤人君子多，子贱常以贤者为师，故终能成其仁德君子。

## 4. 赐也何如

**【原文】** 子贡问曰："赐也何如？"子曰："女，器也。"曰："何器也？"曰："瑚琏也。"

**【解读】** 孔子评价人标准在心，言语率性。标准就是仁和礼，说起话来很率直任性，也很幽默、耐人寻味。

**子贡问孔子说："先生您认为我怎么样？"孔子回答："你，是个东西。"子贡又问："是什么东西？"孔子说："是个好东西，就是宗庙的瑚琏。"**

这段话经我一翻译，有点忍俊不禁了，但我估计孔子和子贡对话时的状态很轻松，子贡听到孔子一连评价了子长、子容、子贱，就问问孔子怎么评价自己，孔子正高兴才说了这段很幽默风趣的话。但这段对话细想起来又是很有道理的，言之有据。子贡，孔门十哲之一，不仅有口才，而且有干才，很能任事，出任过鲁国、卫国宰相，政绩斐然。还能经商理财，号称儒商之祖。孔子在《先进第十一》中就讲了子贡善经商，理财是奇才。子贡确实堪称贵皿大器。但在孔子眼里子贡还不全，还没有达到"君子不器"的境界。

## 5. 雍也仁而不佞

**【原文】** 或曰："雍也仁而不佞。"子曰："焉用佞？御人以口给，屡憎于人。不知其仁，焉用佞？"

**【解读】** 雍：孔子的优秀学生，孔门十哲，以德行著称。姓冉，名雍，字仲弓。佞：有口才，能说会道。御：对付、控制。御人以口给：伶牙俐齿与人争辩，对付控制别人。屡憎于人：往往被人厌恶。

**有人说："冉雍这个人有仁德，但口才不好。"孔子说："为什么一定要口才好呢？伶牙俐齿与人争辩，往往会被人厌恶。不知道仲弓是不是很有仁德，有了仁德何必一定还要口才呢？"**

"巧言令色，鲜矣仁""君子欲讷于言而敏于行"，孔子一向不看好佞。

## 6. 子使漆雕开仕

**【原文】** 子使漆雕开仕。对曰："吾斯之未能信。"子说。

**【解读】** 漆雕开：孔子很优秀的学生，姓漆雕，名开，字子若，有才德，好学不仕。是漆雕氏儒的开创者、宗师（儒家八大门派之一），著有《漆雕子十三篇》，阐述了天命人性、"天理""人欲"，主张性相近，性本善的人性论。仕：出仕做官。吾斯之未能信：斯，这个，指当官；之，对于；未能信，没有自信、信心。说：同悦，高兴。

**孔子叫漆雕开去做官。漆雕开回答说："我对做官这个事没有信心。"孔子听了非常高兴。**

漆雕开有志于做学问，不愿去做官。并且说，对于做官，做不做得好没有信心。这是很谨慎，很谦虚的态度。孔子听了非常高兴。我理解孔子高兴主要因为两点，一是子若态度谨慎，出言谦让，这符合礼的要求。孔子一向不齿那些"言之不怍""其言不让"，大言不惭的人。二是孔子希望自己的学生学好了去做官，推行自己的政治理想和方法，复礼归仁。但是孔子也反对学生追求功名利禄，很推崇那些重修身、重学问、轻仕进的君子。比如孔子说："三年学，不至于谷，不易得也。"（《泰伯第八》）多年志于学，而不去做官，很难能可贵。听到漆雕开不愿去做官，当然很高兴。可见在孔子那里还没有“官本位”，中国文化的官本位大概自唐宋而兴盛，至以后而成痼疾。

## 7. 道不行　乘桴浮于海

**【原文】**子曰：“道不行，乘桴浮于海，从我者其由与？”子路闻之喜。子曰：“由也好勇过我，无所取材。”

**【解读】**道：指孔子的思想学说、政治主张。无所取材：材应是裁度，不知道怎样裁度。

**孔子说：“我的思想学说、政治主张在诸夏各国行不通，那我就乘木筏到海外去，可能只有子路一个人跟随我吧？”子路听了非常高兴。孔子又说：“子路啊，你的勇敢大大超过我，但是你遇事还不知道恰当地审视裁度。”**

孔子这段话不知是什么时候讲的，大概是游说了不少诸侯之后的叹息：我的政治主张无人接受啊，我乘桴出海到东夷诸国去吧，跟随我的可能只有子路啊。这一声长叹，让性情耿直的子路听到了，以为老师真要带他出海，高兴得不得了。于是孔子又说：“子路啊，你的勇敢大大地超过我，但你不知裁度。听到风就是雨啊。”师生二人很有趣。

孔子矢志于道，对诸夏行道已经没有太多信心了，于是子欲居九夷，子羡夷狄之有君，子欲乘桴浮于海。栖栖者丘也，汲汲者鲁中叟也，孔子志于道，据于德，依于仁，百折不挠，矢志不渝，其精神不朽。

## 8. 子路仁乎

**【原文】**孟武伯问：“子路仁乎？”子曰：“不知也。”又问。子曰：“由也，千乘之国，可使治其赋也，不知其仁也。”

"求也何如?"子曰:"求也,千室之邑,百乘之家,可使为之宰也,不知其仁也。"

"赤也何如?"子曰:"赤也,束带立于朝,可使与宾客言也。不知其仁也。"

**【解读】** 子路、冉求、公西赤都是孔子很优秀的学生,各有专才,各有性格。但当孟武伯问他们三个人是不是很有仁德,孔子均只评价他们的才干而不以"仁"来嘉许他们。可见在孔子看来,仁是一个人道德修养的最高境界,是理想的完美的品德和人格。

**这段话的意思是:孟武伯问:"子路算得上仁吗?"孔子说:"不知道。"孟武伯又问一遍,孔子说:"子路这个人啊,可让他在千乘大国负责军事。至于是不是达到了仁的境界,我就不知道了。"**

**孟武伯又问:"那冉求怎么样呢?"孔子回答:"冉求啊,他的管理干才可以在千户之邑、百乘之家担任宰臣。至于是不是达到了仁的境界,我就不知道了。"**

**孟武伯继续问:"公西赤怎么样?"孔子说:"公西赤啊,仪表出众,长于外交辞令,他的人才和专长可以让他穿上礼服在朝廷上接待外宾与外宾交流。至于是不是达到仁的境界,我就不知道了。"**

## 9. 子谓子贡

**【原文】** 子谓子贡曰:"女与回也孰愈?"对曰:"赐也何敢望回?回也闻一以知十,赐也闻一以知二。"子曰:"弗如也。吾与女弗如也。"

**【解读】** 孰愈:谁更强些。望:及,赶上。弗如也:不如,赶不上。

**孔子对子贡说:"你与颜回,哪个强些?"子贡回答说:"我子**

**贡哪里敢望其项背啊，颜回听到一个道理能够悟出十个道理。我呢，听到一个道理只能悟出两个。”孔子说：“你确实不如他，我和你都不如他。”**

孔子对子贡的举一反三的学习理解能力是很赞赏的，“告诸往而知来者”。但是对颜回的评价更高。

## 10. 宰予昼寝

**【原文】** 宰予昼寝。子曰：“朽木不可雕也，粪土之墙不可圬也。于予与何诛？”子曰：“始吾于人也，听其言而信其行，今吾于人也，听其言而观其行。于予与改是。”

**【解读】** 宰予：字子我，亦称宰我，鲁国人，孔门十哲之一，以言语著称。曾随孔子周游列国。挨批的时候多，但还是敢问敢讲。昼寝：白天睡觉。圬（wū）：粉刷。与：语气词。于予与何诛：对于宰予再责备有何用呢？言不可教也。于予与改是：从宰予这件事我改变了“听其言而信其行”。

**这段话的意思是：宰予白天睡大觉。孔子很反感，就说：“腐朽的木头不能再雕刻了，污秽的泥墙没必要再粉刷了。对于宰予这种人我再责备教训他有什么用呢？”**

**孔子又说：“起初我对别人，听他说的就相信他做的。现在我对别人听了他说的还要观察他怎么做。我是从宰予这个人而改变的。”**

孔子责宰予甚严，简直是怒斥宰予：朽木不可雕也，宰予不可教也！孔子教学生要勤奋，要“学而时习之”“学而不厌”，严师出高徒。实际上宰予是听得进批评的，也不计较老师语重词严。宰予还经常与孔子讨论问题，批评没有少挨，但宰予是很不错的，孔门十哲之一，言语科的高才生，特别可贵的是，即使挨批，在孔子身后宰予还十分尊崇老师孔子。他说：“以予观乎

夫子，贤于尧舜远矣。”（《孟子》）

## 11. 枨也欲焉得刚

**【原文】**子曰：“吾未见刚者。”或对曰：“申枨。”子曰：“枨也欲，焉得刚？”

**【解读】**申枨：姓申名枨，字周。即《史记·仲尼弟子列传》中之申党，孔子的学生，贤人之一。

**孔子说：“我没有见过刚正不阿，刚毅不屈的人。”有人说：“申枨啊！”孔子说：“申枨私欲太重，哪里能刚正不阿，刚毅不屈呢？”**

刚：刚正不阿，刚毅不屈，这是很宝贵的品格。具备这种品格的人不多，孔子很推崇这种品格，认为是近于仁的美德。孔子说：“刚、毅、木、讷，近仁。”“壁立千仞无欲则刚”，没有私欲才有刚正、刚毅，无私才无畏，无畏才有刚正。

## 12. 吾亦欲无加诸人

**【原文】**子贡曰：“我不欲人之加诸我也，吾亦欲无加诸人。”子曰：“赐也，非尔所及也。”

**【解读】子贡说：“我不愿意别人强加于我的，我也不愿意强加于别人。”孔子说：“子贡啊，这不是你所能做到的。”**

“我不欲人之加诸我也，吾亦欲无加诸人”，这是“己所不欲，勿施于人”的白话版，是孔子以仁爱之心待人的原则，是一种很先进的健康的以人为本的人文情怀。《圣经》中有耶稣箴言：“无论何事，你们愿意人怎样待你，你也要怎样待人。”这句话是西方现代伦理学的黄金定律。而孔子的表述比西方的早得多，“已所不欲，勿施于人”“已欲立而立人，已欲达而达人”可以称得上是处理人际关系的金科玉律，深刻、全面，可遵照、可操作，有普适性。

孔子又说：子贡很难做到。这大概是指子贡经商理财，经商自有其道，不可能完全这样做吧。

## 13. 夫子之文章可得而闻也

**【原文】**子贡曰：“夫子之文章，可得而闻也；夫子之言性与天道，不可得而闻也。”

**【解读】**子贡贴夫子近，常侍左右，挨批也不离。孔子逝世，别人守孝三年，他守了六年，因此子贡很了解他的老师，很理解他的老师，很崇敬他的老师。子贡这段话说的是真实情况。**“老师关于古代文献的文化知识，关于诗书礼乐的学问，我们听到了、受教了，但是老师关于人性和天道的论述，我们没有听到。”**

孔子授徒，教的是诗、书、礼、乐，讲的是进德修身、做人做事做学问。学而、为政、崇礼、守仁、文、行、忠、信，贴近社会现实生活，贴近每一个人。至于天道宇宙本体、人性、形而上的论述很少。但是我以为孔子对天道、人性的看法是很有圣哲思维的。“性相近”“五十而知天命”“不知天命无以为君子也”，还有他的中庸思想堪称伟大的辩证法。特别是他读《易》韦编三绝，为《易》作传，传辞中的天道人性的哲学思想至今仍熠熠生辉。难怪子贡惋惜“夫子之言性与天道，不可得而闻也。”

## 14. 未之能行　唯恐有闻

**【原文】**子路有闻，未之能行，唯恐有闻。

**【解读】**子路为人正直忠诚，勇于任事，敏于办事，说干就干，雷厉风行。“子路无宿诺”（《颜渊第十二》），这一句话把子路的这种风格表述得淋漓尽致。

**子路听到一件事，还没办，又担心有新的任务。**有这样的紧迫感，当然闻风而动、雷厉风行了，这就是子路。

## 15. 孔文子何以谓之文

**【原文】**子贡问曰：“孔文子何以谓之‘文’也?”子曰：“敏而好学，不耻下问，是以谓之‘文’也。”

**【解读】**孔文子：姓孔，名圉（yǔ），卫国大夫，谥号“文”。是以：因此。不耻下问：虚心地向地位低下的人请教。

**子贡问孔子说：“孔文子这个人，凭什么称他为‘文’呢?”孔子回答说：“既聪明又勤奋好学，不耻下问，因此称他为‘文’。”**

勤奋好学、不耻下问，孔子一直践行和提倡这种精神。孔子入太庙每事问，就是榜样。

## 16. 子产有君子之道四焉

**【原文】**子谓子产：“有君子之道四焉：其行己也恭，其事上也敬，其养民也惠，其使民也义。”

**【解读】**子产：春秋时郑国的宰相，姓公孙，名侨，字子产，郑穆公之孙，经历简公、定公、献公、声公，为相20余年。

**孔子评论子产说：“子产具有君子的四种道德品行：他严于律己，行为谦逊恭谨，他侍奉国君忠心竭力，他养护人民慈爱实惠，**

**他役使人民符合道义恰如其分。”**

太史公司马迁记：声公五年，郑相子产卒，郑人皆哭泣，悲之如亡亲戚。子产者，郑成公少子也，为人仁义爱人，事君忠厚。孔子尝过邦，与子产如兄弟云。及闻子产死，孔子为泣曰：“古之遗爱也。”（《史记·郑世家第十二》）

子产说过：“为政必以德，毋忘所以立。”他为相20余年。以礼治政，仁义爱人，为郑国的生存和发展做出了巨大贡献。

《左传》还记载了子产最著名的主张，即“不毁乡校”“郑人游于乡校，以论执政”，有人建议予以取缔，不让那些人聚到一起议论批评朝政。但子产说：“夫人朝夕退而游焉，以议执政之善否。其所善者，吾则行之，其所恶者，吾则改之，是吾师也，若之何毁之？我闻忠善以损怨，不闻作恶以防怨。岂不遽止，然犹防川，大决所犯，伤人必多，吾不克救也。不如小决使道，不如吾闻而药之也。”作为执政者，邦国卿相对待群众议政批评能有如此胸襟、如此见识和立政为民、广开言路、纳谏如流的民主精神，至今仍然十分可贵。郑国人都说“子产仁人”，子产是为政以德、以礼治政、仁义爱民的典范。这也是孔夫子高度评价子产“有君子之道四焉”的原因。

## 17. 晏平仲善与人交

**【原文】**子曰：“晏平仲善与人交，久而敬之。”

**【解读】**晏平仲：齐国贤相，名婴，世称晏子，平是谥号，曾辅齐灵公、庄公、景公。其严于律己，节俭力行，敢于直谏，长于辞令，擅与人交往，有卓越的外交才能。晏子使楚是千古佳话。他比孔子长28岁，对孔子颇有微词。在孔子35岁的时候，齐景公问政于孔子，孔子对曰：“君君，臣臣，父父，子子。”公曰：“善哉……”（《颜渊第十二》）齐景公对孔子很赞赏并准备任用他，但晏子却进言说，孔丘这些儒说得好却不会做，特别是礼仪繁琐，祭祀时对死者的礼太多太繁，是浪费，反对任用孔子。齐景公只好对孔子说“吾老矣，不能用也”。

晏子不知孔子，但**孔子高度赞扬晏子：“晏平仲擅长与人交往，交往时间越久，越会尊敬他。”**“人不知而不愠”，孔子真君子也！

## 18. 臧文仲居蔡

**【原文】**子曰：“臧文仲居蔡，山节藻棁，何如其知也？”

**【解读】**臧文仲：鲁国大夫，姓臧孙，名辰。居：收藏，藏于居所。蔡：指蔡地的大龟壳，祭放在天子庙堂里的灵物。山节：镌刻着山岳的斗拱。藻棁（zhuó）：画着水草的梁上短柱。

**孔子说：“臧文仲的房子里收藏着来自蔡地的大乌龟壳。房子的斗拱上镌刻着山岳图案，梁上短柱上画着水草纹饰。这个人的聪明不知怎么回事？”**

私家屋里收藏天子庙堂的灵物——蔡地的大乌龟壳，房柱斗拱镌刻山岳图案，梁上短柱画水草纹饰。这都是僭制越礼，是很不明智的行为。

## 19. 子张问仁

**【原文】**子张问曰：“令尹子文三仕为令尹，无喜色；三已之，无愠色。旧令尹之政，必以告新令尹。何如？”子曰：“忠矣！”曰：“仁矣乎？”子曰：“未知，焉得仁。”

“崔子弑齐君，陈文子有马十乘，弃而违之。至于他邦，则曰：‘犹吾大夫崔子也。’违之。之一邦，则又曰：

‘犹吾大夫崔子也。’违之。何如？”子曰：“清矣。”曰：“仁矣乎？”曰：“未知，焉得仁？”

**【解读】** 子文：姓斗，名谷於菟，字子文。官为楚国令尹，相当于宰相。崔子：齐国大夫崔杼，曾杀死齐庄王。陈文子：齐国大夫。

**子张问孔子：“令尹子文多次任楚国令尹，没有喜形于色，多次被罢免也没有怨恨的表现。他当政时的有关法令政事，必定认真负责地告诉新来接替他的令尹，您看这样的人怎么样？”孔子说：“忠于职守啊！”子张问：“可以算是仁了吗？”孔子说：“还不知道（就这一点）怎么算得上仁呢？”**

**子张又问：“崔子杀了齐庄公，陈文子有四十匹马都不要了，离开了齐国。到了别的国家，他说：‘这里的当权者跟我们齐国弑君的崔子一样无道。’于是走了。又到一个国家，他又说：‘这里的当权者和吾国大夫崔子一样。’他又离开了。这个陈文子怎么样？”孔子说：“清高啊！”子张又问：“算得上仁吗？”孔子说：“不知道，怎么算得上仁呢？”**

孔子的“仁”的标准似乎太高了、求人也太苛全了。子文，楚国贤相，忠于职守，不为三任而喜，不为三废而怨，去任时交接班还那么认真，高风亮节，恪尽职守，光凭这一点还不算仁；清者陈文子恶不仁者，不与那些无道之君、无道之臣相混，光凭这一点也不能许之以仁。孔子的评价是对的，因为仁的核心是仁爱待人。

## 20. 三思而后行

**【原文】** 季文子三思而后行。子闻之曰：“再，斯可矣。”

**【解读】** 季文子：鲁国执政大夫，鲁桓公的少子季友之孙，字行父，谥号文。

**季文子每办一件事，都要经过反复考虑后才行动，孔子听说后说："思考再次就可以了。"**

三思而后行，已是千古名言，重大决策、重大行动要深思熟虑。"虑而后能得""好谋而成"这也是孔子的一贯主张。这里对季文子讲这句话，应是有特定意义的，大概季文子行为谨慎，有点优柔寡断，畏首畏尾，故说："再，斯可矣。"行为谨慎小心，深思熟虑是必要的，但应避免临事优柔寡断，犹豫不决，畏首畏尾。

## 21. 邦有道则知　邦无道则愚

**【原文】** 子曰："宁武子，邦有道，则知；邦无道，则愚。其知可及也，其愚不可及也。"

**【解读】** 宁武子：姓宁，名俞，武是谥号，春秋卫国大夫，辅卫文公、成公。文公有道，成公无道，外为晋国所攻，内有元恒之乱，逃亡于陈国，后被晋国俘虏，宁武子尽心竭力，不避艰险，到处周旋，行为痴执，其忠若愚，最终保全了自己，也帮助成王得以不死、回国复位。则愚：不是装糊涂只顾保全自己，而是忠心耿耿，大智大勇，其中也包括韬光养晦的一些机敏和策略，如宁武子货医薄鸠救成王。《三国志·荀彧荀攸贾诩传》曹操称赞荀攸："公达外愚内智，外怯内勇，外弱内强，不伐善，无施劳，智可及，愚不可及，虽颜子、宁武不能过也。"我想这是对宁武子"其愚不可及也"比较准确的诠释。

**原文的意思是：孔子说：宁武子这个人，在相文公的时候，文公有道，国家昌明，他兢兢业业做事，很正常地发挥他的聪明才智。在成公时，成公无道，国家外忧内患，宁武子忠心耿耿，不避艰险，**

**不显不露，到处周旋，其行若痴，其忠若愚。宁武子在平常时候的智慧大家都还赶得上，但是在特殊情况下，他的那种对国家对君主的忠心耿耿、外愚内智、外怯内勇、外弱内强、不显不露的“愚”是大家赶不上的。**

朱熹《四书集注》也是这样的注释：“宁武子，卫大夫，名俞。按《春秋传》武子仕卫，当文公、成公之时。文公有道而武子无事可见，此其知之可及也。成公无道，至于失国，而武子周旋其间，尽心竭力，不避艰险。凡其所处，皆知巧之士所深避而不肯为者，而能卒保其身以济其君，此其愚不可及也。”

## 22. 子在陈

**【原文】**子在陈，曰：“归与！归与！吾党之小子狂简，斐然成章，不知所以裁之。”

**【解读】**陈：春秋时的陈国。孔子当时在陈国，孔子周游列国之后期已感到各国诸侯不用其道，于是想回鲁继续授徒传道，又当季康子召冉求回鲁任用，有感而发，说了这段话：**“回去吧！回去吧！我家乡的那些弟子，胸怀进取大志而言行粗率简单，虽然文章洋洋洒洒、文采斐然，但不知怎样节度自己，我得回去裁教他们。”**

## 23. 子曰伯夷、叔齐

**【原文】**子曰：“伯夷、叔齐不念旧恶，怨是用希。”

**【解读】**伯夷、叔齐：商末诸侯孤竹君的两个儿子，孤竹君死后，两兄弟相互让位、出逃。周武王灭商纣，他们认为自己是商朝遗民，耻食周粟，隐居首阳山，采薇而食，最后饿死在首阳山上，千古圣贤，以圣之清者称之，孔子很崇拜。不念旧恶：不计较别人以前的仇怨。是用：因此。

**孔子说："伯夷、叔齐不计较别人过去的仇怨，因此他们心中的怨恨就很少。"**

不忘旧恩，不念旧恶，以仁厚之心待人，自己心里自然无怨无碍。

## 24. 孰谓微生高直

**【原文】**子曰："孰谓微生高直？或乞醯焉，乞诸其邻而与之。"

**【解读】**微生高：鲁国人，姓微生，名高，耿直之士。醯（xī）：醋。

**孔子说："谁说微生高这个人直爽呢？有人向他讨点醋，当时他自己家里没有，他不说而是向邻居要些醋给人家。"**

我不知道，孔子为什么对这样一件好事，却指责微生高不直爽。也许因为夫子的直，是诚直，从内心的真诚出发，讲老实话是很重要的一点。但这种事寻常百姓之间经常发生的，正是民风美善之处。

## 25. 巧言令色足恭　丘亦耻之

**【原文】**子曰："巧言、令色、足恭，左丘明耻之，丘亦耻之。匿怨而友其人，左丘明耻之，丘亦耻之。"

**【解读】**左丘明：鲁国人。与孔子同时代，与孔子互相仰慕，是先秦著名的史学家、文学家，著《左传》《国语》，尊为史祖文宗。

**孔子说："花言巧语，一副讨好献媚的样子，左丘明认为是可耻的，我也认为是可耻的。内心埋藏着对人家的怨恨，表面上还表示**

**友好，这种人左丘明认为可耻，我也觉得可耻。”**

孔子和左丘明同好恶，怀仁尊礼是他们共同的志趣。提倡为人正直坦诚，表里言行如一。

## 26. 孔子与弟子言志

**【原文】** 颜渊、季路侍。子曰：“盍各言尔志?”子路曰：“愿车马衣轻裘，与朋友共，敝之而无憾。”颜渊曰：“愿无伐善，无施劳。”子路曰：“愿闻子之志。”子曰：“老者安之，朋友信之，少者怀之。”

**【解读】** 这一章记述了孔子和他的两个优秀弟子的言志，生动地反映了他们内心世界的高尚和纯洁。

**颜渊、子路和孔子在一起。孔子说：“何不谈谈自己的志向呢?”子路说：“我愿意把自己的车马和好衣服与朋友共享。弄坏了也不后悔抱怨。”颜渊说：“我希望自己做到不炫耀自己的长处，也不表白自己的功劳。”子路说：“希望听听老师的志向。”孔子说：“我希望老年人老有所养、安享晚年，我希望朋友之间坦诚交往，互尊互信，我希望多多地关心年轻人，让壮有所用、幼有所长。”**

## 27. 能见其过而内自讼

**【原文】** 子曰：“已矣乎！吾未见能见其过而内自讼者也。”

**【解读】** 自省知过、知过自讼，悔悟深切，必能改过。这是孔子强调学生弟子们要严于律己，注重修身的自觉。“吾未见……”句是强调律己修身、知过自讼难。

**孔子说："完了！我没有看到过一个能发现自己的缺点、错误，而又能自责的人。"**

孔子的语气、用心是强调，但言过了，知过自讼的人应该还是有的。

## 28. 不如丘之好学

**【原文】**子曰："十室之邑，必有忠信如丘者焉，不如丘之好学也。"

**【解读】孔子说："即使只有十户人家的小地方，也一定有像我一样忠实诚信的人，只是没有像我这样好学的。"**

孔子言之不讳，当仁不让。其勤奋好学，博学好问，一生"学而不厌"，无人可及，不愧为千古学者之师。

# 雍也　第六

本篇三十章，中心内容是仁德，主要是讲仁德的修为，还旌表了以颜回为代表的一些贤人君子的仁德典范。

## 1. 雍也可使南面

**【原文】**子曰："雍也可使南面。"

**【解读】**雍：孔子的学生，孔门十哲之一，以德行见闻，姓冉，名雍，字仲弓。南面：古时以坐北面南为尊，天子诸侯、卿相听政时都南面而坐，可使南面的意思是：可以让（他）担任卿相。

孔子识人任人很重德行，很看重冉雍。前篇《公冶长第五》记载，孔子曾高度评价"雍也，仁而不佞"，有仁德，不花言巧语，仁厚沉稳，有君子的人格修养。因此**孔子说："冉雍啊，可以让他担任卿相一类的重任去治理国家。"**

## 2. 子桑伯子可也简

**【原文】**仲弓问子桑伯子。子曰："可也，简。"仲弓曰："居敬而行简，以临其民，不亦可乎？居简而行简，无乃大简乎?”子曰：“雍之言然。”

**【解读】**子桑伯子：鲁国人，事迹不详。据说。孔子见过子桑伯子，子桑伯子有学问、人好，居行简约，孔子说他“质美而无文”，无文则野。孔子见他目的是想改变他，让子桑伯子注意适当的文表修饰，而子桑伯子见孔子之后，评价孔子是“质美而文繁”，孔子有仁德，有君子的美好品质，但太繁文缛节、太讲究，子桑伯子想改变孔子“欲说其去文”，减少孔子的繁文缛节。

简：简约，办事直截了当，干脆利索。居敬：居处言行庄重、认真、恭谨有礼，孔子认为这是君子修养的重要要求，如：“君子不重则不威”“临之以庄则敬”“敬事而信”等。无乃：反问语气，难道不。

**仲弓（冉雍）问子桑伯子这个人怎么样，孔子说：“可以，他行事简约不繁琐。”仲弓说：“自身庄重恭谨，办事简洁利索，这样来和老百姓打交道，不也很可以吗?但是自身不庄不敬，行事马马虎虎，一副无所谓的样子，那不就太简陋粗鄙了吗?”孔子说：“雍呀，你说的正是这样。”**

临民之道，在老百姓面前，首先是敬。“使民如承大祭”“敬事而信”“使民以义”，其次是办事要简洁利索不要搞繁文缛节，端牌子，摆谱，搞形式主义。要“惠而不费”，办事要直接让老百姓得实惠，而不要劳民伤财。周公曾说：“政不简不易，民不有近，平易近民，民必归之。”（《史记·鲁周公世家第三》）孔子肯定“居敬而行简、以临其民”。

这一章也讲了质与文，内容和形式的关系。文为质表，形式为内容服务，适当的文饰和形式是必要的，但是过于文饰就华而不实，只讲形式，虚而无果，要有“度”，更要真诚，“居敬”是核心，对事业的真诚，对百姓（事业主体）的忠诚是最重要的。为文而文，为形式而形式，还不如子桑伯子的“简”来得质朴纯真!

## 3. 有颜回者好学　不迁怒不贰过

**【原文】**哀公问："弟子孰为好学？"孔子对曰："有颜回者好学，不迁怒，不贰过。不幸短命死矣。今也则亡，未闻好学者也。"

**【解读】**迁怒：即迁怒于人，把自己的无妄之怨恨和怒气发泄到别人身上。贰过：不诚实，掩饰自己的过错，下次又犯同样的错误。

颜回：是孔子最优秀的学生，孔门十哲之首，以德著称，是孔子最推崇的仁人君子，是孔子理想君子人格的代表，只活了 29 岁就死了。颜回死，孔子悲恸长叹："噫，天丧予，天丧予！"

**鲁哀公问孔子："在您的学生中，哪一个最好学呢？"孔子回答说："颜回好学，他从不把怨恨和怒气发泄于人，对自己的过失从不掩饰，也不重犯同样的错误。不幸他短命死了。现在的学生中没有了，我还没听说过谁像颜回那样好学呢。"**

孔子称赞颜回好学，举其"不迁怒，不贰过"的品格，而不是闻一知十的学问，值得我们思考。重君子仁德人格的培养，先学做人，再做学问，是孔子一贯的思想。我记得小时候发蒙上学，我母亲送我出门只叮咛一句话："要学好啊！"把学好人、学好的人品当作首要蒙正啊！今读孔子"好学"一章，我想"好学"即"学好"，首先是"学好"，莘莘学子尤应领会此中深意。

## 4. 君子周急不继富

**【原文】**子华使于齐，冉子为其母请粟。子曰："与之釜。"请益。曰："与之庾。"冉子与之粟五秉。子曰：

“赤之适齐也，乘肥马，衣轻裘。吾闻之也，君子周急不继富。”

**【解读】**子华：即公西赤，孔子的弟子。冉子：即冉子有，名求，孔子的弟子，长于政事，十哲之一。

釜、庾、秉都是古代容器计量单位。古代容器的基本计量单位是升，然后是斗、斛、石。十升为一斗，十斗为一斛，五斛为一石。六斗四升为一釜；二斗四升为一庾；十六斛为一秉。

**公西子华出使齐国去了，冉有为子华母亲请求给点粟米。孔子说：“给她一釜吧。”冉有请求再增加一点，孔子说：“那就再给她一庾吧。”冉有最后给了他五秉之多。孔子（不满意）说：“子华出使齐国乘高头大马拉的车，穿着轻软暖和的衣服。我听说过，君子周济那些急需帮助的人而不帮助有钱人富上加富。”**

这一章记述了孔子对冉求给子华母亲过多的粟米不满意，表达了孔子济贫不帮富的思想。“君子周急不继富”，周急雪中送炭，不搞锦上添花。

## 5. 原思辞粟

**【原文】**原思为之宰，与之粟九百，辞。子曰：“毋！以与尔邻里乡党乎！”

**【解读】**原思：孔子的弟子，姓原，名宪，字子思，家境贫寒，曾做孔子的管家。为之宰：做孔子的家宰。

**原思当孔子家的总管，孔子给他九百斗粟，原思辞而不受（觉得太多了），孔子说：“别，不要推辞，把这些粟拿去分给你的乡亲吧！”**

这一章和上一章联系起来理解，上章说子华肥马轻裘比较富裕，其母请粟，冉求加了又加，不合适，孔子不满意。原思家贫，担任孔子的家臣，孔子与粟九百，原思觉得多了推辞不受，孔子坚持给他，并要他把这些粟分给他的乡亲。仁爱孔子，君子品格历千古还如此鲜活。崇拜！

## 6. 犁牛之子骍且角

**【原文】**子谓仲弓曰："犁牛之子骍且角，虽欲勿用，山川其舍诸？"

**【解读】**犁牛：犁田的牛，即耕牛，这里暗喻仲弓的父亲是劳苦的农民。骍且角：指牛有红色的毛皮，端正的犄角，喻冉雍仲弓德才兼备，品格高尚。

**孔子在评价冉雍（仲弓）时说："耕牛的犊子一身红色的皮毛，长着端正的双角，虽然不想用它去祭祀，山川之神难道会舍弃它吗？"**

本篇之首章，孔子曾肯定地说过，"雍也可使南面"，仲弓德才兼备，可以为卿相治理国家。本章又进一步说，仲弓虽出身于贫农之家（犁牛之子），但"骍且角"秀外慧中，道德高尚，才学出众，国之大器，非用不可。"虽欲勿用，山川其舍诸？"孔子十分推崇他的优秀弟子冉雍。

## 7. 回也　其心三月不违仁

**【原文】**子曰："回也，其心三月不违仁，其余，则日月至焉而已矣。"

**【解读】**回：颜回。三月不违仁：仁是君子的完美人格品德，爱人、知人、敬人、恕人、己所不欲勿施于人、立人、达人是仁；恭、宽、信、敏、惠是仁；一匡天下、博施于民是仁；修己安人、修己安百姓是仁。仁体现于一言一行，关键是以仁爱之心待人。三月不违仁：是指长时间、恒久为仁、守仁、不违仁，何其难也，颜回能做到，而其他的人，坚守一天都难（日月至而已矣）。

**孔子说："颜回的心恒久不背离仁德，其余的人只能一朝一夕短时间做到而已。"**

## 8. 由也果　于从政何有

**【原文】** 季康子问："仲由可使从政也与？"子曰："由也果，于从政乎何有？"曰："赐也可使从政也与？"曰："赐也达，于从政乎何有？"曰："求也可使从政也与？"曰："求也艺，于从政乎何有？"

**【解读】** 季康子：季孙肥，鲁国大夫，鲁哀公时掌执国政。也与：疑问语气"吗"。果：任事果敢力行。何有：哪里有，很适合。达：明白人，通达事理。艺：通六艺，有学问，多才多艺。

**这段话的意思是：季康子征求孔子的意见，"子路这个人，可以让他去从政吗？"孔子说："子路这个人为人耿直，任事果敢力行，让他去从政哪里有啊！"又问："端木赐（子贡）可以从政吗？"孔子说："子贡明白人，通达事理，让他去从政太适合不过了！"又问："冉求可以让他去从政吗？"孔子说："冉求通六艺，有学问，多才多艺，让他从政哪里有啊！"**

孔子知人，了解他自己的学生很透彻，评价子路、子贡、冉求很中肯。孔子培养学生的目的就是立德树人，让他们"克己复礼""治国平天下"，他常常积极举荐他的学生去从政。

## 9. 闵子骞辞费宰

**【原文】**季氏使闵子骞为费宰。闵子骞曰："善为我辞焉！如有复我者，则吾必在汶上矣。"

**【解读】**季氏：即季孙氏，鲁国权门。闵子骞：孔子的学生，孔门十哲之一，姓闵，名损，字子骞，是个很有性格的人，《史记·仲尼弟子列传》记载，他不做大夫的家臣，不食昏君的俸禄。费：季氏的采邑。汶：汶水，汶上是汶水以北，齐国之地。

**季氏差人请闵子骞做他封邑费地的总管。闵子骞对差使说："请你好好地替我推辞吧，如果再来召我的话，那我肯定逃到汶水以北的齐国去了。"**

闵子骞有风骨，优而不仕，不做大夫的家臣，不食昏君的俸禄。

## 10. 伯牛有疾

**【原文】**伯牛有疾，子问之，自牖执其手，曰："亡之，命矣夫！斯人也而有斯疾也！斯人也而有斯疾也！"

**【解读】**伯牛：姓冉，名耕，字伯牛，以德行著称，是孔门十哲之一。有疾：患恶疾，不治。自牖执其手：牖是窗户，按古代的礼节，病重时有尊上来看视，家里必须把病人移床睡在南面的窗户下，以迎尊上进屋探视，孔子认为不敢当，也不便麻烦其家人，故只在窗口伸手进去握住病人的手，据说伯牛患恶疾有传染性，濒死。孔子执其手，可见师生情重。

**伯牛患恶疾不治，孔子去探视他，在窗口紧紧地握住伯牛的手永诀伯牛。孔子悲痛地说："失去你，这真是命啊！这样好的人，竟**

**会得这样的病！这样好的人，竟会得这样的病！”**

## 11. 贤哉回也

**【原文】**子曰：“贤哉，回也！一箪食，一瓢饮，在陋巷，人不堪其忧，回也不改其乐。贤哉，回也！”

**【解读】**箪：古代盛饭食的竹筐子。

**孔子赞叹：“颜回多么贤德啊！一竹筐饭，一瓜瓢水，住在破陋的小巷子里，别人都不能忍受那种贫困和忧愁，而颜回“贫而乐”以贫为常，以苦为乐。多么高尚贤良的品德啊，颜回！”**

孔子最喜欢夸赞颜回，曾称赞回的聪颖，“回也不愚”“回也闻一知十”，称赞颜回的仁，“回也，其心三月不违仁”，称赞颜回的品德修养“不迁怒、不贰过”，这里又盛赞颜回“贫而乐”“人不堪其忧，回也不改其乐”的君子人格，颜回是孔子树立的完美理想人格的高标，十哲之首，复圣千古。

## 12. 非不说子之道　力不足也

**【原文】**冉求曰：“非不说子之道，力不足也。”子曰：“力不足者，中道而废，今女画。”

**【解读】**冉求：本是孔子的得意门生之一，孔子称赞他“求也艺”。在这里冉求却提出了一个让老师批评的问题。说：通悦，喜欢、爱好。今女画：自己划定自限，停止前进。

**冉求说：“不是我不喜欢先生的学说思想啊，我是能力达不到。”孔子毫不客气地批评他：“你不是能力达不到，能力不够的话，只是走到半路走不动了，而你是畏难情绪作怪，自己划定自限，停止**

前进。”

批评是最好的教育。冉求能精通六艺，孔子经常的批评教育是功不可没的。

## 13. 子谓子夏

**【原文】**子谓子夏曰：“女为君子儒，无为小人儒。”

**【解读】**子夏：即卜商，文学见长，孔门十哲之一。儒：先秦时期是指熟悉诗书礼乐、从事礼乐活动的文化人、学者。

**孔子对子夏说：“你要做一个有修养的、具备君子品格操守的学者，而不要做没有修养、人品不好的文化人。”**

孔子教人总是重品德操守，有文化无操守就是小人儒，孔子教导学生谨戒，要“为君子儒，无为小人儒”。

## 14. 女得人焉尔乎

**【原文】**子游为武城宰。子曰：“女得人焉尔乎？”曰：“有澹台灭明者，行不由径，非公事，未尝至于偃之室也。”

**【解读】**子游：姓言，名偃，字子游，文章博学，孔门十哲之一，受业后为武城的地方长官。

澹台灭明：姓澹台，名灭明，字子羽，后也从师孔子，博学、为人正派，从不搞歪门邪道。“行不由径”是形容澹台灭明为人做事光明磊落不走歪门邪道。

**子游担任了武城的地方长官。孔子问子游：“你在那里得到贤德**

**之才了吗？”子游说：“有一个叫澹台灭明的，他为人正派、光明磊落，处事行正道，不为公事从不到我家里来。”**

行不由径，非公事，不入长官之室，自古就是这个标准。串门子、拉关系就是歪门邪道，仲尼耻之，我亦耻之。

## 15. 孟之反不伐

**【原文】**子曰：“孟之反不伐，奔而殿，将入门，策其马，曰：‘非敢后也，马不进也。’”

**【解读】**孟之反：鲁国的大夫，是位有贤德的人，从不夸耀表功，这一章就是讲孟之反的品德的。鲁哀公十一年（公元前484年），鲁国与齐国打仗，鲁军大败而溃退，孟之反殿后掩护大军撤退。当大军全部撤回进入城门时，他故意催鞭策马，还说：“不是我有意殿后，而是马跑不快。”这种见危险就上，见荣誉就让的品德，孔子给予了高度的评价，专门讲给他的弟子们听，为弟子们树立榜样。夫子教人，不只传六艺，更讲古往今来现实生活中的贤人君子的道德模范，本篇用了很多章节，旌表这些人和事，意在教学生成君子儒，成为一个高尚的人，有道德的人。

**孔子说：“孟之反从不夸耀自己，大军败退的危险时刻，他主动留作殿后掩护大军撤退。快进城门的时候，他还故意催鞭策马说：‘不是我主动殿后的啊，是我的马跑不快。’”**

## 16. 祝鮀之佞

**【原文】**子曰：“不有祝鮀之佞，而有宋朝之美，难乎免于今之世矣。”

**【解读】**这是孔子评价祝鮀维系卫国安全、免于危难的重要作用。

祝鮀：卫国大夫，字子鱼，治宗庙，分管祭祀，忠于职守，有口才。据《左传》记载，曾陪卫灵公会盟，表现了极好的口才和极高的外交才能，为卫国取得了地位。《宪问第十四》，孔子还说过卫灵公无道，而卫国尚能不丧，主要得益于三个人，“仲叔圉治宾客，祝鮀治宗庙，王孙贾治军旅。”可见祝鮀在孔子的心目中是个德才兼备的贤人。宋朝：宋国的公子朝，在卫国为仕，有色相，常滋事生非。

**孔子说：“卫国假如没有祝鮀那样好口才（又忠于职守又善于外交）的大夫，而只有宋朝那样相貌好却以色滋事生非的人，在今世诸侯纷争的形势下，恐怕是难免于灾祸了。”**

## 17. 何莫由斯道也

**【原文】**子曰：“谁能出不由户？何莫由斯道也？”

**【解读】**户：是大门，出门必经大门。何莫：为何不，怎么就不，很深沉愤慨的反问。斯道：这条正道，指孔子提倡的仁者之道，立身治世之道，礼之门、义之道。

**孔子说：“谁能走出屋而不经过大门呢？而人怎么就不经礼义之门，走仁者之道呢？”**这是孔子对当时人们对其学说、思想、道，不理解、不自觉、不践行，不尊礼崇义的慨叹。

“夫义，路也；礼，门也。惟君子能由是路，出入是门也。”孟子这句话进一步阐述了孔子的意思。在孔府、文庙等地有“礼门义路”的门匾，典即出于此。

## 18. 文质彬彬然后君子

**【原文】**子曰：“质胜文则野，文胜质则史。文质彬彬，然后君子。”

【解读】质：本质。这里是指人的内在品德和学养。文：文饰、文采，这里是指人的仪表、态貌、言谈举止。野：粗野陋俗。史：本指掌管文书的史官和官样文章，这里指装腔作势、浮华虚伪。彬彬：是指质与文，内在的良好品德学养和外表仪态言行完美统一的状态。

**孔子说：“一个人内在品德学养好，但不注意仪表、修饰和言谈举止，也会显得粗野陋俗；如果内在品德学养不怎么样，却装腔作势、派头十足，就会像官样文章一样，空洞无物、华而不实。只有既有内在良好的品德和学养，又适当地注意自己的仪表和言谈举止，才会是一个文质彬彬的君子。”**

本篇第2章，孔子评论子桑伯子也讲了这层意思。

孔子把文与质的问题讲给他的学生们听，目的是教育他的学生既要注意内在品德学问的修养，也要注意外在仪表、言谈举止的规范，只有这样才能成为人格、学养俱佳的君子。

## 19. 人之生也直

【原文】子曰：“人之生也直，罔之生也幸而免。”

【解读】直：正直。罔：坑蒙拐骗，不正直。

**孔子说：“正直的人可以平安一生，欺罔之人，虽也立世，那是一种侥幸（欺罔总是要患祸的）。”**

孔子认为为人必须正直、正派。他多次说到“直”，如“以直报怨”“举直错诸枉”等。直，是人立身于世的基本道德要求。但直也要以学养为涵，以礼法为约，不可任性。

## 20. 知之者不如好之者

**【原文】**子曰："知之者不如好之者，好之者不如乐之者。"

**【解读】**之：本章的"之"字是个代词，指代学问、礼乐仁义之道。知：学习了解、领会。好：从思想接受喜欢、爱好。乐：乐于，是指乐于此学问，乐于此道。

**我理解，孔子的这句话的意思是："对于学问，对于礼乐仁义之道，学习领会它，不如自觉爱好接受它；爱好它，不如以做学问、践行礼乐仁义之道为乐。"**

据载，孔子曾拜访苌弘，苌弘称赞孔子有圣人仪表，谦虚好礼，孔子回答说："我怎么敢当呢，我只不过是爱好礼乐的人。"可见孔子希望他的学生对仁义之道，对礼乐、对他的思想学说好之乐之。

## 21. 中人以上可以语上也

**【原文】**子曰："中人以上，可以语上也；中人以下，不可以语上也。"

**【解读】**中人：中等才资的人。语：讲授。上：比较深奥的知识和学问。

**孔夫子主张因材施教，因此孔子说："中等以上才资的人，可以给他们讲授深奥的知识和学问。中等才资以下的人，不可以讲授深奥的知识和学问。"**

## 22. 樊迟问知

**【原文】** 樊迟问知。子曰："务民之义，敬鬼神而远之，可谓知矣。"问仁，曰："仁者先难而后获，可谓仁矣。"

**【解读】** 樊迟：姓樊，名须，字子迟，孔子的学生。知：是明智、聪明。务：致力，从事。先难后获：赴难在先，吃苦在前，获取在后，享受在后。

樊迟多次请教孔子"仁"和"知"，孔子的回答都非常简洁而经典。如樊迟问仁，子曰："爱人。"问知，子曰："知人。"可见爱人和知人是联系在一起的，核心是人，爱人才能知人，只有知人才能更好的爱人，遂人之欲，尽人之性，务人之义。

孔子对樊迟这次的问仁问知又回答得贴切而经典。

**樊迟问什么是明智，孔子说："致力于做好对人、对人民有意义有利益的事，对虚妄的鬼神敬而远之，这就可以说是明智的。"樊迟又问什么是仁，孔子说："有仁德的人总是在危难之时挺身先上，一事当前，吃苦在前，获取在后，这可以说是仁了。"**

## 23. 知者乐水　仁者乐山

**【原文】** 子曰："知者乐水，仁者乐山；知者动，仁者静；知者乐，仁者寿。"

**【解读】** 孔夫子一时兴起，用诗一般的语言来论述知与仁，很精彩。知：即智，智者通达灵动如水，上善若水，水利万物而不争，君子之风。仁：

仁者修己安人，坚守仁德，厚重不迁，岂不如山。山，崇高、博大、厚重，君子之格。

所以孔子说：**“智慧的人喜欢灵动的水，仁德的人喜欢厚重的山，智者长于变通，仁者安于守道，智者快乐无忧，仁者恒绵长久。”**

## 24. 齐一变至于鲁

**【原文】**子曰：“齐一变，至于鲁；鲁一变，至于道。”

**【解读】**在孔子的思想中，鲁国比较近于周王之道，因鲁为周公之后，崇礼尚仁，是君子之邦。齐国较功利，崇霸轻礼，但齐究竟有太公遗风，只要稍微改变一下，就可以达到鲁国的水平，鲁国再改变一下，就可以达到周公先王之道的水平。孔子汲汲复汲汲，就是想复周公之王道啊！

因此，**孔子说：“齐国变革一下，就会达到鲁国的治政水平，鲁国再变革一下，就会实现周公先王治政的王道了。”**

## 25. 觚不觚

**【原文】**子曰：“觚不觚，觚哉！觚哉！”

**【解读】**觚（gū）：孤音，古代盛酒的器皿，按礼制原是上圆下方，有四条棱，后改成圆形没有棱了，孔子不满意这一改动，认为有悖古制之礼。

**孔子愤然而曰：“觚不像个觚，这哪里是觚啊！这哪里是觚啊！”**

我认为孔夫子是睹物借题，愤慨于当时礼崩乐坏，君不像君，臣不像臣。告诫弟子们谨守先王之道，克己复礼。

## 26. 君子不可罔

**【原文】** 宰我问曰："仁者，虽告之曰'井有仁焉'，其从之也？"子曰："何为其然也？君子可逝也，不可陷也；可欺也，不可罔也。"

**【解读】** 宰我：即宰予，字子我，是个很聪明、能言善辩但比较调皮的学生，以言语见长，是孔门十哲之一，不太循规蹈矩，曾白天睡大觉，而被孔子骂为"朽木不可雕也"，但他敢向孔子提一些相反甚至刁钻的问题，比如关于守孝三年的质疑。这里提的"井有仁"又是刁钻甚至有挑战老师"何莫不由斯道""见仁即履"教条的意思。敢发表不同意见的学生不多，宰予算是一个。井有仁焉：是个假命题，是仁，不是人，是宰予设题挑战、戏谑孔子的。陷：设套陷害。罔：愚弄、戏弄。

**宰予问孔子，说："有仁德的君子假如有人告诉他'井中有仁'，他会求仁而进入井中吗？"孔子生气地说："为什么这样呢？有仁德的君子可以为求仁而死，但不能被人陷害，他可以被欺骗，不能被愚弄！"**

## 27. 博学于文　约之以礼

**【原文】** 子曰："君子博学于文，约之以礼，亦可以弗畔矣夫！"

**【解读】** 弗畔：不会违背、不会背离。畔，通叛，即违背、背离。矣夫：语气强化，即"了啊！"

**孔子说："君子广博地学习文献典籍和知识，用道德礼法的规范**

**约束自己，那也就不会背离君子仁德之道了啊！”**

夫子教学生的宗旨或者目的就是教学生成为精通六艺、尊道守礼、志于道、据于德、依于仁、游于艺的君子，进而可以克己复礼、治国平天下。这是孔子对弟子们的要求。

## 28. 子见南子

**【原文】**子见南子，子路不说。夫子矢之曰：“予所否者，天厌之！天厌之！”

**【解读】**南子：卫灵公的夫人，貌美而行为不端，名声不好，当时灵公年迈，新君为卫灵公嫡孙辄。辄年幼，实际为南子秉国，孔子见南子的目的是试着游说让卫国守先王之礼，行先王之道。

学生子路，性刚直，认为老师去见有淫乱名声的南子有辱师名，故很生气。孔子虽然文质彬彬实际也是性情中人，为证自己的清白就当着子路的面指天发誓（矢之曰）：“假若我做了不好的事，天厌弃我吧！天厌弃我吧！”

一位师道至尊的老师在学生面前指天发誓。一是说明老师的诚挚认真，二是说明老师与学生关系平等真诚，《论语》把孔子这样的言行如实记录也证明《论语》的真实可信。

君子以诚为贵！

**原文可译为：孔子去见南子，子路很不高兴。孔子对天发誓说：“如果我的行为不端，天厌弃我吧！天厌弃我吧！”**

## 29. 中庸之为德其至矣乎

**【原文】**子曰：“中庸之为德也，其至矣乎！民鲜久矣。”

**【解读】**中庸：是哲学范畴的方法论，是孔子思想学说的重要组成部分，可谓孔子心法，是最早的辩证法。

中庸：折中、调和、两点论。中，有不偏不倚、中正的意思，也有和谐统一、中和的意思；庸，是日用不变。中庸是人们日常不变的常理，是为人处事的道德境界和思想方法。“礼之用和为贵，先王之道，斯为美，大小由之”是《论语》阐述“中庸”的章节，“和”是中庸的最高境界，最好的“度”。

子思以《中庸》立说，全面阐述孔子思想提出了“中和”“时中”的概念：“喜怒哀乐之未发，谓之中；发而皆中节，谓之和。中也者，天下之大本也；和也者，天下之达道也，致中和天地位焉，万物育焉。”中和，天下至理，可弥六合，可育万物。又说：“君子中庸，小人反中庸。君子之中庸也，君子而时中，小人之反中庸也，小人而肆无忌惮也。”君子时时处处守中正平和，小人则肆无忌惮，为所欲为。《易》（含《易经》《易传》）更是全面系统地将中庸之道演绎为“时中”，有学者说：易道深矣！一言以蔽之曰：“时中。”所以孔子说：“中庸之为德也，其至矣乎！”

然而，中庸平常不易之理，说起来容易做起来难，所以人们很难长久地（时时、处处、事事）坚守实行。人们总是少点辩证思维，少点辩证法。

**孔子说：“中庸作为为人行事的重要原则和方法，作为一种道德准则，是至高无上的啊！但是人们很少能真的坚守和实行。”**

## 30. 己欲立立人　己欲达达人

**【原文】**子贡曰：“如有博施于民而能济众，何如？可谓仁乎？”子曰：“何事于仁！必也圣乎！尧舜其犹病诸！夫仁者，己欲立而立人，己欲达而达人。能近取譬，可谓仁之方也已。”

**【解读】**何事：何止是，反问语气。其由病诸：其，代词，指上文“博施济众”之事，要做到博施济众，还会心有余而力不足呢。能近取譬：近，近自己之身之心，近取其身，以自己的身心感受出发取譬于人，推己及人。

**子贡说：“假如有人博爱于民、广济天下、给广大的老百姓带来好处实惠，怎么样？能称得上是仁人吗？”孔子说：“能这样何止是仁人，简直是圣人了！尧舜要做到也还心有余而力不足呢！有仁德的人啦，自己想有所建树而立世，也要帮助别人有所建树而立世，自己想成名闻达，也要帮助别人成名闻达。近取其身，将心比心，推己及人，可以说是实现仁的方法和途径。”**

孔子这里比较明确具体地讲了仁，不再是抽象的概念，仁是什么，博施于民，广济天下百姓是仁、大仁，此仁之大端。近取其身，将心比心，推己及人，己欲立立人，己欲达达人，己所不欲勿施于人，此仁之发轫，仁者之心从这里出发，“能近取譬，可谓仁之方也已”。

# 述而　第七

本篇三十八章，主要记述孔子志行。如果说《为政第四》章的“吾十有五志于学”可以看作是圣人七十余年的心路历程和人生感悟，那么本篇三十八章就可以看作是作为伟大思想家、教育家的孔子一生的缩影。“述而不作，信而好古”“学而不厌，诲人不倦”“志于道，据于德，依于仁，游于艺”“不义而富且贵，于我如浮云”“发愤忘食，乐以忘忧，不知老之将至”等记述集中反映了孔子的理想信念、思想境界、精神风貌、道德情操。因此本篇值得认真地读、反复地学，千古至圣先师，仰之弥高！

## 1. 述而不作

**【原文】**子曰：“述而不作，信而好古，窃比于我老彭。”

**【解读】**述：叙述、讲述、传述。作：制作、创作。

述而不作，这是孔子自己说的。这里有两层意思：一是表明自己对上古文献典籍、文化传统、先王之道、礼乐制度的信仰、尊崇和宣讲、传述、传播的责任；二是表述自己一生主要是：“祖述尧舜，宪章文武”，是述，是宣传传述先王之道、古代文献典籍和文化传统，而不是标新立异，创立自己的什么学说和思想。孔子删诗书、定礼乐、传《易经》、修春秋都是述，不是作。因为一切的一切，孔子都是在忠实地宣扬、传承传播先王之道。正因为这样，孔子为古代文献的保存和传播做出了杰出的贡献。

信：信念、信仰。好：喜好、尊崇。“信而好古”和“述而不作”要联在一起来解读。孔子对古代文献典籍、文化传统、先王政治，如“天下为公”“为政以德”“尚礼崇仁”，有着崇高的信仰，把“天下为公”的大同社会作为自己的政治信念和理想，对古籍文化、诗书礼乐十分的喜爱和尊崇，一生“好古，敏以求之”。“信”“述”这是圣人对古代文化思想的信仰与担当。

窃：私下、自谦的语气。比于我老彭：自己私下里把自己比作老彭。比于我，即比我于。老彭，殷商时的一位贤大夫，好述古代典籍和古代文化事迹。

**孔子说：“我一生主要是讲述、传播古代文献典籍和先王之道，而不是创制新学说、新思想。我喜爱、尊崇、信仰古代的文献典籍和先王之道，我私下里把自己比作殷商时述而好古的老彭。”**

## 2. 学而不厌　诲人不倦

**【原文】**子曰：“默而识之，学而不厌，诲人不倦，何有于我哉？”

**【解读】**默而识（zhì）之：（把学过的知识）默默地记在心里。识，通志，记住。学而不厌：勤奋学习而不满足。厌，通餍，饱；不厌，即不饱足。

何有于我哉：自叹之句，倒装，于我何有哉，至于我自己有什么呢，只是“默而识之，学而不厌，诲人不倦”而已，是自我肯定中带有自谦。

**孔子说：“把学过的知识默默地记在心里，不断勤奋学习而不满足，努力教诲我的学生而不倦怠。对于我自己（除此）还有什么呢？”**

如此而已，太平常了，圣人自谦。

如此而已，太伟大了，万代师表。

## 3. 是吾忧也

**【原文】** 子曰："德之不修，学之不讲，闻义不能徙，不善不能改，是吾忧也。"

**【解读】** 德之不修：讲品德修养，是君子立身第一要务，不加强品德修养，孔子第一忧。

学之不讲：讲习、研讨、求学养之精进，学不经常讲习研究则不精进，孔子第二忧。

闻义不能徙：徙是迁移、驱赴、见义勇为、见善则趋，听到符合道义的事不趋赴不积极去做，这是孔子第三忧。

不善不能改：不善，不对的地方，缺点错误，有缺点错误不能及时改正，这是孔子第四忧。

修德、讲学、赴义、改过，能做到这四个方面，君子之品德学养就可以具备了。孔子四忧，忧自己不能修养成为一名人格完善的君子，可见孔子日省乎己，要求自己极其的严格和高度的自觉。更忧弟子，希望他的弟子经常按四个方面来检讨自己，进德修身，修己安人。

**孔子说："品德不加以修养，学问不勤于讲习，听闻符合道义的事，不积极地去做，自己有缺点不及时改正，这些都是我忧虑的啊！"**

## 4. 子之燕居

**【原文】** 子之燕居，申申如也，夭夭如也。

**【解读】** 燕：通闲。燕居即闲居。申申如也：怡然舒坦的样子。夭夭如也：轻松畅快的样子。

孔子不汲汲乎名利富贵、退朝闲居也怡然舒坦，甚至“饭疏食，饮水，曲肱而枕之，乐亦在其中矣”。君子坦荡荡啊。因此，**孔子退朝闲居在家，也怡然舒坦、轻松和畅。**

## 5. 久矣吾不复梦见周公

**【原文】** 子曰：“甚矣吾衰也！久矣吾不复梦见周公！”

**【解读】** 这是孔子英雄迟暮的慨叹。甚矣吾衰矣！我垂暮老了啊！

周公：此文之周公是周公旦，文王之子，武王之弟，成王之叔，灭商兴周功勋卓著，后摄政成王，巩固强大了周王室的统治，建立完善了周代的治政制度和“礼乐文明”。孔子非常尊崇周公的为政和“礼乐文明”，“信而好古”“敏以求之”，从小就刻苦学习周代流传下来的六艺等文献典籍，认为周代社会是尽善尽美的礼乐文明社会，仰慕、追梦周代、周公，一生颠沛流离，宣讲传播先王之道，梦想恢复周公时代的礼乐文明，他神往周代，常常梦里见到周公。

孔子经十四年之游说诸侯，却“礼崩乐坏”，无以回天，衰朽之年回到鲁国，梦想破裂，仰天长叹：**“我垂暮老了啊！我好久没有梦到周公了！”**

## 6. 志于道

**【原文】** 子曰：“志于道，据于德，依于仁，游于艺。”

**【解读】** 这是圣人自表，也是夫子教人。

志于道：道，是先王之道，“礼乐文明”之道。志，矢志不渝地信仰和坚持。

据于德：君子品德的修为和坚守。

依于仁：依循遵照仁的要求。依，依循、遵照。仁，即孔子学说思想的核心，是周代礼乐文明的核心价值观。

游于艺：上三条是讲人品道德的修养，游于艺是讲治学、做学问，对于六艺典籍要刻苦钻研、潜心学问、浸润其中，达到掌握六艺、融会贯通、游刃有余的境界。

**孔子说："矢志不渝地信仰和坚持先王之道，坚定不移地修为和据守君子仁人的品德，时时处处依循和遵照仁的要求办事，潜心学问、刻苦钻研六艺典籍。"**

## 7. 自行束脩以上　吾未尝无诲焉

**【原文】** 子曰："自行束脩以上，吾未尝无诲焉。"

**【解读】** 这是孔子的入学招生的章程，有教无类从这里开始。

束脩（xiū）：脩，是干肉；束脩，十条干肉，是菲薄的钱礼。自行束脩以上，这点学费实在是太菲薄，强调"自行"，不在收费之多少，而在拜师受教之自愿。

**孔子说："只要自愿带着些少干肉来拜师求教，我从来没有不给他教诲的。"**

孔子办教育，主要是传道授徒，传述先王之道，教学生"文、行、忠、信"，"志于道、据于德、依于仁、游于艺"，有教无类，办教育是夫子对社会责任的担当。

还有学者说，自行束脩以上，不是交干肉，而是年满十五岁以上，束带修饰自愿报名上学的，孔子来者不拒、有教无类，义教更伟大了。

## 8. 不愤不启

**【原文】** 子曰：“不愤不启，不悱不发。举一隅不以三隅反，则不复也。”

**【解读】** 这是孔子启发式教学方法的自述，“不愤不启，不悱不发，举一反三”充分调动学生的积极性、主动性，这些原则和方法至今仍为教学方法之圭臬。

不愤不启：愤，奋发，学生有了一种想弄懂某问题的奋发之热情和渴望。启，点拨、开导。

不悱不发：悱，想表达某件事但还找不到合适的词语却又急切表达时的心理状态。发，启发。

举一隅不以三隅反：隅，是某问题、某知识的一点、一方面。三隅反，举一反三。孔子教学很看重触类旁通，举一反三的学生，如颜回、子贡。

**孔子说：“教学生时，讲某一问题不到他急切想弄明白又还不明白的时候，我不去点拨开导他；他想表述一件事物，不到急于找到合适的语言而不得的时候，我不去启发他；教给他某知识的一个方面或某一点，他不能举一反三的，不再重复了。”**

## 9. 子食于有丧者之侧

**【原文】** 子食于有丧者之侧，未尝饱也。

**【解读】** 有丧者：家里有丧事的人。未尝：从来没有。

**孔子在有丧事的人家里吃饭，从来没有吃饱过。**

这里记述的是一件很平常的事。说明孔子极富同情心，人有丧，同悲戚。也说明孔子守礼恭谨，古之礼制有“丧者哀戚，不可饱食于侧”的说法。

## 10. 子于是日哭　则不歌

【原文】子于是日哭，则不歌。

【解读】于是日：在这一天。

**孔子在吊丧的这一天哭泣过，那他在这一天里就不唱歌了。**

孔子重丧祭之礼，《礼记·曲礼上》有“哭日不歌”之规定，孔子谨从。此章和上章一样记述了孔子仁厚崇礼的君子之行。

## 11. 用之则行　舍之则藏

【原文】子谓颜渊曰：“用之则行，舍之则藏，惟我与尔有是夫！”子路曰：“子行三军，则谁与？”

子曰：“暴虎冯河，死而无悔者，吾不与也。必也临事而惧，好谋而成者也。”

【解读】用之则行，舍之则藏：用，任用；行，一展抱负，行先王之道。舍，不被任用，藏，隐去不仕。有是：能这样。是，指上文之“行、藏”。

暴虎冯（píng）河：暴虎，徒手搏虎。冯河，徒步涉河，可谓勇猛之至。

这段话涉及孔子对颜回、子路不同的态度和评价，体现孔子志行和因人劝教的思想和方法，很有意思。

**孔子对颜回说：“用我，我就一展抱负，力行先王之道；不用我，就退隐而独善，能这样做的，只有我和你啊！”**

**子路说：“那么，夫子您带兵打仗，和谁去呢？”**

**孔子说：“那徒手搏虎、徒步过河，死都无惧无悔的人，我是不**

**与他共事的。要和我共事的必须是临事小心谨慎、善于筹谋而能成功的人。”**

“临事而惧，好谋而成”，千古名言。

在孔子的心里，颜回是一个完美仁德品格的人。因此，他又一次称赞颜回“用行舍藏”“唯我与尔”。子路一向为人耿直、任事果敢、勇猛无惧，常常敢于直言于夫子。听夫子夸回，有点不服气，说：“带兵打仗，您和谁去？”子路的话外之意，“那只有我了吧”，但孔子认为应趁此教导一下生性果敢、勇而少谋的弟子。于是说：“那徒手搏虎、徒步过河，死都无惧无悔的人，我不和他共事。与我共事的必须是临事小心谨慎、善于筹谋而能成功的人。”我想子路听了夫子的话，一定如冷水浇头，又一定如醍醐灌顶，夫子的品德，夫子的教人之道，跃然纸上。

## 12. 从吾所好

**【原文】**子曰：“富而可求也，虽执鞭之士，吾亦为之。如不可求，从吾所好。”

**【解读】**而：是假设连词，如、如果。执鞭之士：春秋时为执鞭随从或执鞭门卫，地位低贱。

**孔子说：“如果财富可以正当求得的话，就算做一个执鞭的职事，我也愿意去做。如果不能正当地求得财富，那么我还是从我所好。”**

夫子所好，道也，得君行道，一辈子的追求。上章，孔子“用行舍藏”，本章不求富贵只好其道，再现孔子心志，君子高风。

## 13. 子之所慎　齐　战　疾

**【原文】**子之所慎：齐、战、疾。

**【解读】**《左传》成公十三年记载："国之大事，在祀与戎。"齐：是斋的通假字。祭，礼仪之大事，斋是斋戒，祭祀之前洁净身心，以示对祭祀活动恭敬谨慎。战：系国之安危，国之大事。疾：是疾病，关人之生死，人之大事。

**孔子所谨慎认真的事是：斋戒、战争、疾病。**

祭祀、战争、疾病三件大事，夫子慎之，夫子高明。

## 14. 三月不知肉味

**【原文】**子在齐闻《韶》，三月不知肉味，曰："不图为乐之至于斯也！"

**【解读】**《史记·孔子世家》记："孔子适齐，为高昭子家臣，欲以通乎景公。与齐太师语乐，闻《韶》音，学之，三月不知肉味，齐人称之。"

《韶》：传说为舜时乐章，为舜帝作。不图：没想到，意料之外。

**孔子在齐国的时候，与齐国乐师讨论音乐，听到舜所作的《韶》的乐章很美，孔子就认真地学《韶》三月，陶醉其中，竟忘记了肉的美味。他感叹说："没想到舜之《韶》乐竟如此之美妙！"**

孔子对音乐的喜好和造诣达到了很高的境界，《论语》其他章节也有记载。

## 15. 夫子为卫君乎

**【原文】**冉有曰："夫子为卫君乎？"子贡曰："诺，吾将问之。"

入曰："伯夷、叔齐何人也？"曰："古之贤人也。"

曰："怨乎？"曰："求仁而得仁，又何怨？"出曰："夫子不为也。"

**【解读】**这里记述的是卫灵公去世、其孙辄继位后的事，卫君是指卫灵公之孙蒯辄卫出公。正是卫国多事之秋，出公之父聩想借晋国之力回国与其子争君位，子与父皆不仁不义。孔子仁德之君子当然不会介入他们父子的不仁之争。

**冉有问子贡："夫子会帮助卫君吗？"子贡说："啊！我将去问问他。"**

**子贡进去问孔子："伯夷、叔齐是怎样的人呢？"孔子回答说："他们是古代的贤人啊！"子贡又问："他们互让君位而逃隐于首阳山，心里有怨恨吗？"孔子回答说："他们所追求的是仁德，他们得到了仁德，还有什么怨恨呢？"**

**子贡出来后，对冉有说："夫子不会帮助卫君。"**

孔子依仁崇仁，十分崇敬伯夷、叔齐互让君位的仁德，不会介入卫君父子不仁不义的君位之争。知夫子者子贡也，子贡设问聪明之极、妙不可言，孔子志行依仁为取舍溢于言谈之中。

## 16. 不义而富且贵于我如浮云

**【原文】**子曰："饭疏食，饮水，曲肱而枕之，乐亦在其中矣。不义而富且贵，于我如浮云。"

**【解读】**读此章，可见圣人操守。周游列国不在求仕、求富贵，而在祖述尧舜，复先王之礼，行先王之道，再苦再穷也乐在其中。

饭疏食：吃粗粮。饮水：喝凉水。曲肱而枕之：弯着胳膊当枕而睡，贫简之极。

**孔子说："吃粗粮，喝凉水，弯着胳膊当枕头而睡，乐也在其中。用不正当的手段去博取富贵，富贵对于我来说就如同天上的浮云一般。"**

## 17. 五十以学易　可以无大过矣

**【原文】**子曰："加我数年，五十以学易，可以无大过矣。"

**【解读】**《史记·孔子世家》记载：孔子晚而喜《易》，序《彖》《系》《象》《说卦》《文言》。读《易》，韦编三绝。曰："假我数年，若是，我于《易》则彬彬矣。"

加：即假，借给。大过：大的过错。

**孔子说："再给我几年时间，回到五十岁时就学习《易经》，可以做到不犯大的过错了。"**

孔子感叹，读《易》恨晚。"假我数年，若是，我于《易》则彬彬矣。"大概是同一个意思。"再给我几年，若能好好地学习《易》，那么我就可以把《易》的文辞与义理能统一地清楚地理解了。"

孔子学研《易》十分认真，十分深入，他为《易经》作传，凡十篇，号称《十翼》，侧重于从义理上解读《易经》，把一部象数筮卜之书上升到了哲学层面。

孔子说："圣人之作《易》也，观变于阴阳而立卦，发挥于刚柔而生爻，和顺于道德而理与义，穷理尽性而至于命。"

又说："圣人之作《易》也，将以顺性命之理，是立天之道曰阴与阳，立地之道曰柔与刚，立人之道曰仁与义。"

孔子从天道、地道、人道出发读《易》，提出了比较系统的哲学命题，很有唯物辩证的思想和方法：如"一阴一阳之为道"，阴阳互根、对立统一、刚柔相济、物极则反、趋时尚中、执中守正、天人合一、裁成辅相等等。“《易》与天地准”“《易》其至矣乎”都是孔子从哲学义理层面说的。

孔子为《易经》作传，使成《周易》，成就了《周易》群经之首、哲学之典、文化之祖的地位。因此《汉书·易文志》说“《易》道深，人更三圣，世历三古”。三圣三古为：上古，伏羲；中古，文王、周公；近古，孔子。

## 18. 子所雅言

**【原文】**子所雅言，《诗》《书》、执礼，皆雅言也。

**【解读】**雅言：周王室认可的普通话，官方通行语言。

**孔子使用官方语言的情况是：诵读《诗》《书》、主持礼仪都使用官方语言。**

## 19. 不知老之将至

**【原文】**叶公问孔子于子路，子路不对。子曰：“女奚不曰：其为人也，发愤忘食，乐以忘忧，不知老之将至云尔。”

**【解读】**叶公：名沈诸梁，字子高，楚国叶地的县宰。女奚不曰：你为什么不说。女奚：女，即汝、你；奚，为什么。

这记述的是孔子周游列国途径楚国叶地的事。其时孔子已年过六十。孔子自评：学而不厌，诲人不倦，常常废寝忘食，祖述尧舜、厉行王道、栖栖汲汲，明知不可而为之，充满自信和乐观，老而弥坚。

**叶公向子路打听孔子的为人，子路没有回答。（子路不善言辞，怕说不准，要是子贡就会说）孔子说：“你为什么不说呢：他的为人**

**啊！发奋学习而弘道，连吃饭都忘了，快乐时忧愁都忘了，连自己马上就要垂垂老矣都不知道了。就这样嘛。”**

## 20. 好古　敏以求之者也

**【原文】**子曰：“我非生而知之者，好古，敏以求之者也。”

**【解读】**好古：与前第1章“信而好古”的“好古”是同一意思，崇尚喜欢古代文献典籍。敏：勤勉。

**这又是孔子自评。孔子说：“我并不是生而知之的，我只是崇尚喜好古代文献典籍，勤勉不怠、不断努力学习、研究学问的人啊！”**

## 21. 子不语怪力乱神

**【原文】**子不语怪、力、乱、神。

**【解读】**怪：怪异、违反常理的事。力：暴力。乱：悖乱、违礼乐之常伦。神：神鬼迷信。

**孔子不谈论怪异、暴力、悖乱和鬼神。**

非礼勿言也。

## 22. 三人行必有我师焉

**【原文】**子曰：“三人行，必有我师焉。择其善者而从之，其不善者而改之。”

**【解读】**千古一言，至今家喻户晓。

**夫子谦虚好学，万世师表，孔子说："三人同行共事，我的同事同行者一定有我值得学习引以为师的人或地方，我选择他的善良的德行和学养专长学习仿效，他们当中不好的地方，我引以为戒，改正我身上同样的缺点和错误，择不善而改。"**

## 23. 天生德于予

**【原文】**子曰："天生德于予，桓魋其如予何！"

**【解读】**桓魋（tuí）：宋国司马，桓公之后故称桓魋，孔子批评过他，有过节。

《史记·孔子世家》载："孔子离开曹国到达宋国，与弟子们在大树下演习礼仪，宋国的司马想杀掉孔子，把大树砍了，弟子们说"我们快点走吧！"**孔子说："上天既然把传播礼乐和美好道德的使命赋予了我，桓魋他能把我怎么样呢！"**

天生德于予，历来的解释是上天赋予我这么完美的品德，我以为应是上天赋予我宣传弘扬礼乐仁德的使命，因为孔子从来都说：仁德和学养是学修而来，而不是上天赐予。

## 24. 吾无行而不与二三子者

**【原文】**子曰："二三子以我为隐乎？吾无隐乎尔。吾无行而不与二三子者，是丘也。"

**【解读】**二三子：指几个弟子。

孔子是个非常坦诚的人，诲人不倦，何曾隐，行为端正有何隐。但夫子学问渊博，诸弟子学而不可及，以为夫子还有什么奥义诀窍没有告诉他们，故设是问。

**孔子说："你们这些学生以为我对你们还有什么隐瞒和保留吗？没有，我没有任何保留啊！我没有什么不告诉你们的，这就是我孔丘啊。"**

## 25. 子以四教　文　行　忠　信

**【原文】**子以四教：文、行、忠、信。

**【解读】**这章记述孔子教学生的主要内容。

**孔子从四个方面教育学生：典籍文献、道德修为、为人忠诚、遵守信用。**

## 26. 得见君子者　斯可矣

**【原文】**子曰："圣人，吾不得而见之矣；得见君子者，斯可矣。"

子曰："善人，吾不得而见之矣；得见有恒者，斯可矣。亡而为有，虚而为盈，约而为泰，难乎有恒矣。"

**【解读】**孔子提倡老老实实做人，持恒守常。湘西乡下夸一个人好，叫"这个人过得旧"，"过得旧"与"恒"相近，就是为人老老实实、质朴平常，但他的为人经得起时间考验，不因地位财富变化而改变为人之态度，这是一种基本的操守。

圣人：在孔子的心目中，只有尧、舜、禹、汤、文、武、周公。

善人：品德完美的人，具有完美的君子品格。

亡而为有：亡，无，什么都没有，没有却装作有。这里指财富。虚而为盈：指学问，胸无点墨却装作满腹文章。约而为泰：本来简单粗野，却装作派头十足、泰然有仪。约，简单、粗野；泰，泰然有仪，有派头。

**孔子说："圣人我见不到，能见到君子就可以了。"**

**孔子说："善人我见不到，能见到老老实实、执恒守常有操守的人就不错了，（那些）什么都没有却装作很富有，胸无点墨却装作满腹文章，简单粗野却装作泰然有仪、派头十足，这样的人很难说他是老老实实、持恒守常有操守。"**

## 27. 子钓而不纲

**【原文】** 子钓而不纲，弋不射宿。

**【解读】** 纲：是网上的纲绳，这里指网。弋（yì）：用带生丝的箭。宿：归宿的鸟。

**孔子钓鱼而不用网捕鱼，孔子射鸟，但不射宿巢的鸟。**

孔子善良仁厚之心可鉴。

## 28. 多闻　择其善者而从之

**【原文】** 子曰："盖有不知而作之者，我无是也。多闻，择其善者而从之，多见而识之，知之次也。"

**【解读】** 不知而作：不了解情况而主观臆断。

知之次也：这就是了解情况掌握实际知识的方法和途径。次，是次第、依次、途径。

**孔子说："常常有不了解情况（无知）就主观臆断的人，我没有这样的毛病，多听听（各方面的意见）选择其中正确的意见加以**

**接受，多看看实际情况，留心一点，记在心里。一听二看这就是了解情况求得真知的次第和方法。"**

不知为不知，不能不知而作，不能下车伊始就哇啦哇啦直说怎么办。一听二看，悉心调查研究，择善而从。

## 29. 与其进也　不与其退也

**【原文】**互乡难与言，童子见，门人惑。子曰："与其进也，不与其退也，唯何甚？人洁己以进，与其洁也，不保其往也。"

**【解读】**互乡：地名，这里指代这地方的人。难与言：不好说话、不好打交道。此处的"与"是连接词，即和。"与其进也"的"与"为动词，赞许肯定之意。保：抓住不放、计较。

**互乡这地方的人不好打交道。一个互乡的年轻人来见了孔子，学生们很诧异，大惑不解。孔子说："我这是赞许他的进步，不让他退步啊，这有什么呢，你们恶之何甚？人家怀着一颗洁身改错、以求进步的心来，我赞许他的诚恳不计较他的过去。"**

孔子宽厚长者之心，教人从仁之志，虽圣人何追！

## 30. 我欲仁　斯仁至矣

**【原文】**子曰："仁远乎哉？我欲仁，斯仁至矣。"

**【解读】**孔子对颜回说："为仁由己，而由人乎哉？"仁者心之德，求诸己何远之有，心有仁德，必行仁义。

**孔子说："仁离我们很远吗？我们自己想行仁，仁就来了。"**

修仁德从自己做起，行仁义从自己做起，仁本于心。

## 31. 昭公知礼乎

**【原文】** 陈司败问：“昭公知礼乎？”孔子曰：“知礼。”

孔子退，揖巫马期而进之，曰：“吾闻君子不党，君子亦党乎？君取于吴，为同姓，谓之吴孟子。君而知礼，孰不知礼？”巫马期以告。子曰：“丘也幸，苟有过，人必知之。”

**【解读】** 这则小故事展现了孔子守礼、自谦的品格。

**陈国的司寇问孔子：“鲁昭公知礼吗？”孔子说：“知礼。”孔子出去了。这个陈司寇便向孔子的学生巫马期行了揖礼，与巫马期借步说话。陈司寇说：“我听说君子无所偏袒，怎么孔子也偏袒呢？鲁昭公娶夫人于吴国，吴国与鲁国同为姬姓，君夫人应叫吴姬，可鲁昭公为掩人耳目叫吴孟子，如果说鲁昭公知礼，那谁不知礼呢？”巫马期把这些话转告了孔子。孔子说：“我孔丘真是幸运啊！只要有错，人家就一定能指出来。”**

实际上，鲁昭公以知礼著称，孔子对其是肯定的。陈司败此处是挑衅孔子，也是挑衅鲁君，专揭其短而发问。在春秋时同姓不婚已不是定规，鲁公无可指责。且“臣不可言君亲之恶，为讳者礼也”。孔子不是偏袒，因为陈司败并未问君婚之事，既算孔子有意不言，为尊者讳也合礼，孔子亦无可指责。但即便这样，当陈司败不客气地批评孔子，孔子还很谦恭坦白“丘也幸，苟有过，人必知之”。闻过则喜，够崇高的了。

## 32. 子与人歌而善

【原文】子与人歌而善，必使反之，而后和之。

【解读】孔子爱好音乐，为诗谱曲，造诣极高，学唱歌很投入。

**孔子和别人一起唱歌，如果唱得好，就一定请他再唱一遍，然后自己跟着一起唱。**

## 33. 文　莫吾犹人也

【原文】子曰："文，莫吾犹人也，躬行君子，则吾未之有得。"

【解读】文：指文化知识，诗、书、礼、乐等文献典籍。莫：大概、估摸揣测之意。犹：此处作"如"解。

**孔子说："在文献典籍文化知识方面我大概和别人差不多，但是严格地践行君子的仁德品行我还没有做到。"**

夫子十分重视躬行君子品德，自谦未之有得。

## 34. 圣与仁则吾岂敢

【原文】子曰："若圣与仁，则吾岂敢！抑为之不厌，诲人不倦，则可谓云尔已矣。"公西华曰："正唯弟子不能学也。"

【解读】抑：表语气转折，只不过是、抑或只是。

**孔子说："说我是圣和仁，我怎么敢当呢！只是学而不厌，诲人**

**不倦，不过如此而已。”公西华说：“这正是我们弟子们学不到的呀。”**

孔子从不以圣人自诩，而以君子自期，其学问和君子人格的修为，在学生的心里永远是“高山仰止、景行行止”，虽不能至，心向往之。《子罕第九》有颜渊的慨叹“仰之弥高，钻之弥坚”，老师永远是我们不可超越的高标。

但是孔子以谦为德，始终不渝。把这一章和上一章连起来读，更能彰显圣人的谦虚。

## 35. 子路请祷

**【原文】**子疾病，子路请祷。子曰：“有诸?”子路对曰：“有之。《诔》曰：‘祷尔于上下神祇。’”子曰：“丘之祷久矣。”

**【解读】**祷：祈祷，敬祈鬼神。《诔》：一种祭文，这里指祈祷的文章。上下神祇：即天地神明。

**孔子病得很严重，子路请求向鬼神祈祷乞求保佑。孔子问：“有这样的事吗?”子路回答：“有啊，《诔》文上说替你向天神地祇祈祷。”孔子说：“我早就祈祷过了。”**

这等常见民间的求神拜鬼的事都记在《论语》里，足显经典的平易和真实。孔子不信鬼神，“未能事人，焉能事鬼”“获罪于天，无所祷也”“子不语怪、力、乱、神”，这里又是一个生动的事例。子路关心老师，其情可感，老师不信鬼神，婉言谢绝。

## 36. 与其不孙也　宁固

**【原文】**子曰：“奢则不孙，俭则固。与其不孙也，宁固。”

**【解读】**奢则不孙：奢者，财大气粗，骄奢而不遵礼，气傲而不敬人，不礼让谦逊。俭则固：贫穷而俭约的人常比较恭谨，甚至有些寒酸、拘谨、固陋。

**孔子说：“奢者，财大气粗，多半骄奢而不遵礼，不恭谨谦逊。贫穷俭约的人，则显得寒酸拘谨，甚至有些固陋。但是与其骄奢而不遵礼，宁可俭约而恭谨固陋。”**

一句话，夫子反奢倡俭，“与其不孙也，宁固”，立场态度十分鲜明。韩非子说：“常以俭得之，以奢失之。”（《韩非子·十过》）“历览前贤国与家，成由勤俭败由奢”，义山一句震古烁今。

## 37. 君子坦荡荡　小人长戚戚

**【原文】**子曰：“君子坦荡荡，小人长戚戚。”

**【解读】**“君子喻于义”，以道义为依归，秉德无私、光明磊落、天地可参，当然心胸坦荡。“小人喻于利”，小人于蜗角虚名、蝇头小利斤斤计较、患得患失、小肚鸡肠、心胸狭窄、放不下想不开，当然忧郁戚戚。

**孔子说：“君子胸怀宽广、心气坦荡，小人患得患失，总是忧郁戚戚。”**

这实际上是孔子心灵的表白，和前章“乐以忘忧，不知老之将至”有相通之处。

## 38. 子温而厉　恭而安

**【原文】**子温而厉，威而不猛，恭而安。

**【解读】**弟子们眼里、心里的老师何其可敬可亲！万世之师，千古之范。

温而厉：温和中有严厉。威而不猛：威严庄敬而不气势汹汹。恭而安：神态恭谨、平和安详。

**孔子温和而严厉，威严可敬但不可怕，神态恭谨而又平和安详。**

这是弟子们的亲身感受，对老师十分崇敬。

# 泰伯　第八

《泰伯》共二十一章，主要讲礼让仁孝之德、圣贤君子之风，特别强调“笃信好学，守死善道”，“士不可以不弘毅”，“仁以为己任”。高度赞扬尧、舜、禹三位上古圣贤之君天下为公、礼让仁厚、刻苦任劳、矢志为民的美德。

## 1. 泰伯其可谓至德也已矣

**【原文】**子曰：“泰伯，其可谓至德也已矣。三以天下让，民无得而称焉。”

**【解读】**泰伯：周朝祖先古公亶父周太王的长子。有两个弟弟，一为仲雍，一为季历，季历有子姬昌（即后来的周文王）。传说周太王预见姬昌德才出众，想打破传长继位的惯例，把王位传给季历以便将来传给姬昌。泰伯也觉得姬昌有圣德，父亲的想法是正确的，为了让父亲的想法实现，他邀仲雍一起出走到荆蛮，自号句吴，立为吴泰伯，后来成为吴国始祖。这样，周太王死后传位给季历，后来传位给姬昌。

三以天下让：泰伯出走荆蛮，自愿不作周太王继承人，此为一让。太王死后，泰伯不回奔丧，让季历顺利接替，此为二让。季历死后，泰伯还是不回来，让姬昌接替，此为三让。民无得而称焉：老百姓找不到适当的言辞来赞美泰伯的圣德。

孔子赞美泰伯三让天下为崇高的政治品德。

**孔子说：“泰伯的政治品德可以说是非常崇高的，他三让天下，老百姓简直找不到适当的语言来赞美他。”**

## 2. 恭而无礼则劳

**【原文】**子曰：“恭而无礼则劳，慎而无礼则葸，勇而无礼则乱，直而无礼则绞。君子笃于亲，则民兴于仁，故旧不遗，则民不偷。”

**【解读】**恭、慎、勇、直都是美德，但也要以礼为规范、为裁度，持礼守正，否则也成弊病犯错误。劳：累，劳累。葸（xǐ）：畏缩拘谨，胆小怕事的样子。乱：胆大妄为、违礼作乱。绞：急躁粗野，出语伤人，行为粗鲁。

笃于亲：“仁者人也，亲亲为大”，仁者爱人，爱从自己的亲属开始以至于博爱。笃于亲就是对自己的亲属感情笃厚。

故旧不遗：故旧，老朋友。不遗，不遗忘，不遗弃。民不偷：人与人之间感情不淡薄、不冷漠。偷，淡薄、冷漠。

**这一章可译为：孔子说：只注意恭敬勤谨却不以礼裁度，就会感到很累；只知道谨小慎微，而不以礼裁度，就会显得拘谨畏缩；只凭勇敢不怕事，而不以礼裁度，就会胆大妄为甚至犯上；只凭自己直性子脾气，而不以礼裁度，就会行为粗鲁甚至恶语伤人。**

**作为君子对自己的亲戚忠诚爱护，感情笃厚，则老百姓当中就会兴起仁爱之心，仁厚之德。君子对自己的故旧朋友，讲感情不忘恩不遗弃，那么人与人之间就不会感情淡薄、人情冷漠。**

## 3. 曾子有疾

**【原文】**曾子有疾，召门弟子曰：“启予足！启予手！

《诗》云：‘战战兢兢，如临深渊，如履薄冰。’而今而后，吾知免夫！小子！”

【解读】曾子有疾，有可能是比较重的外伤，从前后理解而猜测。

**曾子受了很重的伤，把弟子召集到面前说：“哎，请抬起我的脚看看，请抬起我的手看看。《诗》中讲‘战战兢兢，如临深渊，如履薄冰’，处处要小心谨慎啊，现在我知道处处小心的道理了，可以免于这样的伤害了！小子们！”**

## 4. 君子贵乎道者三

【原文】曾子有疾，孟敬子问之。曾子言曰：“鸟之将死，其鸣也哀；人之将死，其言也善。君子所贵乎道者三：动容貌，斯远暴慢矣；正颜色，斯近信矣；出辞气，斯远鄙倍矣。笾豆之事，则有司存。”

【解读】孟敬子：鲁国大夫，仲孙捷，孟武伯之子，鲁国世袭权门。

君子所贵乎道者三：是指君子待人接物的时候有三点值得特别注意：一是样子，容貌；二是脸色；三是言语，要谦恭有礼，诚恳忠信。

**曾子重病，孟敬子来探望他。曾子对孟敬子说：“鸟之将死，其鸣也哀。人之将死，其言也善。（我以将死之人给你讲几句体己的话，希望你听得进。）君子（您是有地位的人）在待人接物的时候有三点值得特别重视：容貌要和气，样子要谦恭，要远离骄横和傲慢；脸色要庄敬，态度要真诚可信；说话的措辞和语气要彬彬有礼，避免粗俗无礼。至于祭祀方面的礼仪，则有主管祭祀的官吏负责。”**

## 5. 有若无　实若虚　犯而不校

**【原文】**曾子曰："以能问于不能，以多问于寡，有若无，实若虚，犯而不校。昔者吾友尝从事于斯矣。"

**【解读】**吾友：据说是指颜回。这一章是曾参赞美颜回谦虚礼让的美德懿行。

**曾子说："有能力的人向能力差的人请教，知识丰富的人向知识少的人请教，有学问却像没有学问一样，满腹经纶却像一无所有一样，别人冒犯自己也不计较。我过去的一位朋友经常这样做。"**

谦虚礼让，孔子倡为君子之德，学生颜回、曾参等发扬光大。

《易》专设一卦为"谦"，谦恶盈，谦有益，谦卦六爻皆吉。"谦：亨，君子有终。""谦虚使人进步"，人一生都应保持谦虚的品德。

## 6. 临大节而不可夺也

**【原文】**曾子曰："可以托六尺之孤，可以寄百里之命，临大节而不可夺也。君子人与？君子人也！"

**【解读】**六尺之孤：是指十五岁以下的死去父亲的孤儿。这里指尚未成年而继君位的年幼君主。百里之命：百里代一个国家，一个国家的命运。大节：国家生死存亡的紧急关头、危难之际。

**曾子说："可以把年幼的孤儿托付给他，他忠心耿耿，摄政辅王，可以把国家的前途命运交付给他，在国家面临生死存亡的危难时刻，他坚贞不屈，维护国家利益。这样的人可以称为君子吗？可以称为君子啊！"**

我想这一段实际上是曾子赞扬周公的。周武王建立周王朝二年即病死，其时周朝甫立，局面不稳，其弟周公旦受托辅孤成王姬诵，姬诵当时还只十三岁，周公忠心不二，“一沐三握发，一饭三吐哺”，排内忧，征外患，建礼乐之治，为成康之治奠定了基础。周公德才节操以及对礼乐文明的贡献为孔子及其弟子顶礼膜拜，也为千秋万代树立了君子人格和忠臣良宰的德操榜样。

上古有周公，后世有孔明，前后出师表，千古忠臣心。

## 7. 士不可以不弘毅

**【原文】** 曾子曰：“士不可以不弘毅，任重而道远。仁以为己任，不亦重乎？死而后已，不亦远乎？”

**【解读】** 曾子得孔子真传，有很多千古不朽的论断和名言。“士不可以不弘毅”“任重道远”“死而后已”为学人士子励志之名言。弘毅：志向远大，意志坚毅。

**曾子说：“学人士子不可不志存高远，意志坚毅，因为你们任重道远。以仁行天下（宣扬仁德，实行仁政）为己任，这不是很重大而艰巨的责任吗？死而后已（要为此奋斗终身），不也是很久远吗？”**

## 8. 兴于《诗》　立于礼　成于乐

**【原文】** 子曰：“兴于《诗》，立于礼，成于乐。”

**【解读】** 兴于《诗》：《诗》在孔子的心目中有很高的地位，可以兴感发而动真情，可以作教化而行仁善，可以鉴为政而主忠信。在《为政第二》第2章有“《诗》三百，一言以蔽之，曰：‘思无邪。’”诗至纯、至真、至诚，可作为人为政之鉴。又说：“小子何莫学夫诗？诗可以兴，可以观，可以群，可以怨。迩之事父，远之事君。”还对其子孔鲤说过：“不学《诗》，无以言”，所以孔子说兴于诗。

立于礼：礼，社会之纲常，人伦之规矩，为人修身立世的道德规范。立于礼，治政做人做学问皆要循礼尊礼守礼。“不学礼，无以立。”

成于乐：乐，周公礼乐文明的重要组成部分，有“乐者，天地之和也”（《礼记·乐》），和为乐之本，有中正和谐之气。所以乐以传教，乐以成性，和成万物，这就是成于乐。

孔子说兴于诗、立于礼、成于乐，内涵丰富，旨在宣传和弘扬周公之道，行礼乐之教，建设有道德、讲伦理、和谐有序的礼乐文明。

## 9. 民可使由之

**【原文】**子曰：“民可使，由之；不可使，知之。”

**【解读】**使：任用，役使，要老百姓去做某件事。由：由的词意较多。这句中可能是顺随，遵从，也可解为用、任用。之：代词，代指民。知：告诉，使……明白。也可以解释为去了解民情把情况弄明白。

民可使，由之：老百姓，可以任用、“役使”，要充分尊重他们的自由，让他们去做。不可使，知之：老百姓不好任用、“役使”，可能有原因。一是不知道你要他做什么怎么做，那么你要去教他们，告诉他们，让他们明白（知之于民）。二是他们对你下达的任务有不同的看法，那你应该去调查研究，听听他们的意见，自己搞明白，然后好好地沟通（自己知之）。

**那么，孔子这句话的意思就是：老百姓好使，就顺随老百姓的意思任用他们；老百姓不好使，就要去弄明白是什么原因，和他们沟通。让他们明白“做什么，为什么，怎样做”。**

对孔子这句充满百姓情怀、群众意识的千古名言，古往今来，学者文人几乎都误读了。错误地读成了“民可使由之，不可使知之”，“老百姓可以让他们照着我的意思去做，不可以让他们知道为什么要这样做”。正因如此，“文革”时，孔子蒙受不白之冤，被口诛笔伐。

我反复地读这一句，并联系《论语》中孔子关于“使民”的若干论述，为这一千古名言正义。

《颜渊第十二》载孔子说：“出门如见大宾，使民如承大祭”，强调使用老百姓，要心怀恭敬和严肃，如祭天地祖神，使民是很慎重的大事，老百姓就是天，使民要敬。孔子曾高度评价子产郑国为相有君子之道四，“行己也恭，事上也敬，养民也惠，使民也义”。为卿相要为老百姓谋利益，给老百姓实惠，使用老百姓要有节制，要适当相宜。《学而第一》记有孔子告诫他的学生“道千乘之国，敬事而信，节用而爱人，使民以时”。领导管理一个国家要爱惜民力，使用老百姓服劳役要注意农时。孔子对于使用老百姓去打仗，也说：“善人教民七年”，要经过正规的军事训练才能上战场，若不训练就是糟践老百姓的生命，“以不教民战，是谓弃之”。《子路第十三》记述：孔子去卫国的路上，冉有驾车，一路上看到卫国人口多，孔子说：“百姓真多啊！”冉有说：“百姓这么多怎么办？”孔子说：“富之。”（使他们富起来。）冉有又问：“富了又怎么办？”孔子说：“教之。”（教他们知识和礼义道德。）可见孔子爱民之深，“富民”“教民”之切。孔子使民的思想和他敬民爱民的思想是一致的，是一以贯之的。一位仁义爱民的孔子绝不会有“不可使知之”的愚民而役的言语。

孔子还说过：“上好礼，则民易使也。”领导者、管理者好礼，尊礼守仁，则老百姓听话好使用。老百姓不可使，多是领导者的责任。“只有落后的领导，没有落后的群众”。老百姓不可使，首先要弄明白是什么原因，使得合不合礼、合不合义、合不合群众的利益，然后告诉他们“做什么，为什么，怎样做”。从群众中来，到群众中去，做好群众工作，群众自觉性起来了，“好使了”。

## 10. 好勇疾贫　乱也

**【原文】** 子曰："好勇疾贫，乱也；人而不仁，疾之已甚，乱也。"

**【解读】** 疾贫：厌恶贫困。乱也：会出乱子。疾之已甚：疾是痛恨，疾恶如仇。之：代词，代指"人而不仁"。已甚：过于，太强烈了。

**孔子说："一个好勇（胆子大不怕事）的人如果非常厌恶自己的贫困，那会出乱子。一个人过于痛恨不讲仁义的人也会出乱子。"**

这是孔子给弟子们讲的。前面曾高度赞扬颜回贫不移志、安贫乐道的精神，提倡君子固穷，安贫乐道。如果一个人好勇，又不能安贫乐道，还特别厌恶自己的贫困，很不安分，那不盗即抢，肯定出乱子。这是孔子从反面教育弟子要守礼，要"安贫乐道"。

别人不行仁德，不讲仁义，可以教化，但不可强迫，只能慢慢教育他们、等待他们的觉悟。苛责于人，甚至痛恨太过，走极端去残酷斗争，恐怕也会出乱子，也不符合中庸之为德的恕人之道。

孔子教弟子周备入微。

## 11. 骄且吝不足观也

**【原文】** 子曰："如有周公之才之美，使骄且吝，其余不足观也已。"

**【解读】** 如有周公之才之美：即使有周公旦那样大的才能。使：如果。骄：骄傲自大。吝：小气吝啬，故步自封。

**孔子说："一个人即使有周公那样大的才能，如果他骄傲自大，**

**胸心狭窄，故步自封，那其余的也就乏善可陈了。”**

孔子教导他的学生，本事再大也不能骄傲，“骄傲使人落后”。

## 12. 不至于谷不易得也

**【原文】**子曰：“三年学，不至于谷，不易得也。”

**【解读】**至：为了，想得到，指学习的目的。谷：即俸禄，指当官的俸禄。

**孔子说：“学习了三年（几年）不想去当官领俸禄。这样的人难得啊！”**

孔子教学生，主要是教学生修君子之仁德，做一个人格完美的君子，当官不当官不是目的，学不为功名利禄。

孔子说过“用之则行，舍之则藏”，“邦有道，谷；邦无道，谷，耻也”，“天下有道则见，无道则隐”，“邦有道，则仕；邦无道，则可卷而怀之”，求官是有原则的。他的学生中有原宪，学问好，可仕而不仕，闵子骞避仕不做大夫的家臣，不食昏君的俸禄，拒做费城宰。孔子赞扬他们。本章声言，学不为功名，多年刻苦学习不是为做官，很难得、很可贵。“官本位”“读书当官论”不在孔学！

## 13. 笃信好学　守死善道

**【原文】**子曰：“笃信好学，守死善道。危邦不入，乱邦不居。天下有道则见，无道则隐。邦有道，贫且贱焉，耻也；邦无道，富且贵焉，耻也。”

**【解读】**笃信：坚定信念信仰。笃，坚定不移。“信而好古”与“笃信好学”同义。善道：先王之道，德政礼治。危邦：乱邦，是指那些礼崩乐坏，不行仁德，政局不稳的诸侯国。见：通现，入仕做官。隐：退隐不仕。

这一章和有关章节如本篇第 7、12 章联系起来读，彰显夫子坚定的政治信念和立场。“士不可以不弘毅”，“仁以为己任”，不为个人的进退、见隐、贫富贵贱，只为笃信好学、守死善道、死而后已。

**孔子说：“坚定信念，勤奋学习，用生命捍卫先王之道和君子做人的原则。那些礼崩乐坏、不行仁德、政局不稳的诸侯国不进去、不居留。天下行先王德政礼治，政治清明，可以入世从政；不行先王之道，则退隐不仕。邦国政治清明，你还贫穷（是你不勤劳没本事）则是你的耻辱；邦国政治昏乱，你用不正当的手段谋得富贵，也是耻辱。”**

## 14. 不在其位不谋其政

**【原文】**子曰：“不在其位，不谋其政。”

**【解读】**《易·艮卦》象辞曰：“艮，兼山。君子以思不出其位。”

**孔子说：“不在那个为政的职位上，就不要去谋划参与那个职位上的政事。”**

君子思不出其位，夫子处处以君子自期，以君子自牧。

## 15. 洋洋乎盈耳哉

**【原文】**子曰：“师挚之始，《关雎》之乱，洋洋乎盈耳哉！”

**【解读】**师挚之始：大师挚奏响序曲。师挚，鲁国音乐大师，大师挚。《关雎》之乱：乱是结尾之章。古代很多诗词歌赋结尾皆为“乱曰”。

**孔子说："鲁国音乐大师挚奏响序曲，最后是《关雎》合奏，声音美妙，旋律和畅、悦耳悠扬、洋洋洒洒，久久地在耳边回荡。"**

这是孔子自述他听音乐演奏的感受，孔子好礼乐，对音乐的欣赏水平和创作水平都是极高的。

## 16. 狂而不直

**【原文】** 子曰："狂而不直，侗而不愿，悾悾而不信，吾不知之矣。"

**【解读】** 狂：此处之狂应与"狂狷"之"狂"同义（《子路第十三》）。狂狷，意为爽快正直。狂，作爽快、激进解。爽快激进的人一般正直，而这里却说"狂而不直"。侗（tóng）：憨，幼稚，无知的样子。愿：老实厚道，憨人多厚，叫憨厚。这里却说憨而不厚、"侗而不愿"。悾（kōng）：诚恳的样子。看起来诚恳却不守信，"悾悾不信"。

**孔子说："爽快激进却不正直，憨态可掬却不厚道，看起来诚恳却不守信。这样的为人我看不明白，不可理解。"**

孔子讲为人，批评这种"狂而不直，侗而不愿，悾悾而不信"的两面人，伪君子。

## 17. 学如不及　犹恐失之

**【原文】** 子曰："学如不及，犹恐失之。"

**【解读】** **孔子说："学习好像追赶什么，生怕赶不上一样，赶上来了又怕掉队。"**

孔子给弟子讲做学问，要有紧迫感，不断学习，不断更新知识，不学就会落后。要持之以恒，知识在于积累，默然识之，时而习之。否则"学则不固”“犹恐失之”。学海无涯，知识无穷，特别是当今号称知识爆炸时代，知识更新的周期短，一天不学习就会落伍。做学问的必须要有紧迫感、危机感。“学如逆水行舟，不进则退。”

## 18. 舜禹之有天下而不与

**【原文】** 子曰：“巍巍乎！舜、禹之有天下也，而不与焉。”

**【解读】** 而不与焉：不把天下与己，即不把天下占为己有，以“天下为公”不谋取私利。与，这里作动词用。

**孔子说：“真伟大啊！舜和禹拥有天下，却以天下为公，一点也不谋取私利。”**

因为孔子最崇尚和梦想的就是尧、舜、禹时代的天下为公而不是家天下。天下者天下人之天下，君子只是服务于天下而不是享有天下。

## 19. 大哉尧之为君也

**【原文】** 子曰：“大哉！尧之为君也。巍巍乎！唯天为大，唯尧则之。荡荡乎！民无能名焉。巍巍乎！其有成功也。焕乎！其有文章。”

**【解读】** 唯天为大：只有天最大。唯尧则之：则之，像，比效。之，代指天。只有尧可比效于天。焕乎其有文章：尧留下了光辉灿烂的礼乐典章。

**孔子说：“尧作为君主真的伟大崇高啊，世上最大的是天，只有尧可以比效于天。博大悠远啊，老百姓真的无法用言语来赞美他，多么伟大啊，他的功劳。多么光辉灿烂啊，他留下的礼乐典章。”**

孔子赞尧，其言辞情感无以尚之。

## 20. 周之德　其可为至德也已矣

**【原文】**舜有臣五人而天下治。武王曰："予有乱臣十人。"孔子曰："才难，不其然乎？唐虞之际，于斯为盛。有妇人焉，九人而已。三分天下有其二，以服事殷。周之德，其可谓至德也已矣。"

**【解读】**舜有臣五人：舜为君时有贤臣五人，即禹、稷、契、皋陶、伯益。予有乱臣十人：武王有治乱之臣十人，即周公、召公、太公、毕公、荣公、太颠、闳夭、散宜生、南宫适以及太姒（武王母亲）。才难：人才难得。唐虞之际，于斯为盛：唐尧虞舜之后，武王之时，人才最为昌盛。三分天下有其二：是说周文王时，华夏地分九州，文王得了六州，是天下的三分之二。以服事殷：服服帖帖、恭恭敬敬地做殷的臣子。

**舜有五位贤臣，天下治理有序。武王说："我有治理天下的大臣十名。"孔子说："人才难得啊，不是这样吗？唐尧虞舜之后，以至武王之时，人才最昌盛。武王有治乱之臣十人，其中还有一位女的。天下九州，文王得了六州，三分天下有其二，但文王仍然向殷俯首称臣，恭恭敬敬。周文王的这种谦恭守礼的品德，可以说是达到了最高的境界了。"**

这一章主旨不是赞人才之昌盛，而是高度评价周文王谦恭守礼的美德。至于以后商纣无道，武王伐纣，是因商纣残暴，天怒人怨。武王伐纣得天心民意，孔子亦有褒奖。

## 21. 禹　吾无间然矣

**【原文】**子曰："禹，吾无间然矣。菲饮食而致孝乎鬼神，恶衣服而致美乎黻冕，卑宫室而尽力乎沟洫。禹，吾无间然矣。”

**【解读】**间然：挑剔，批评。菲饮食：很简单的饮食。类于孔子的“饭疏食，饮水”，可能还差一些，可能包括生食野菜。黻（fú）冕：祭祀时的礼服和礼帽。卑宫室：低矮破旧的屋子作为宫室。尽力乎沟洫（xù）：尽力兴修水利沟渠。沟洫，水道沟渠。

**孔子说：“禹，太完美了。我对他无可挑剔了。他吃极差的饮食，却努力把祭品办得很丰盛。他自己的衣服穿得很差，却把祭祀的礼服和礼帽做得很讲究。他的宫室极其破旧简陋，却尽力（包括集中财力）兴修水利沟渠。大禹啊，您太完美了，我无可挑剔了。”**

连续四章盛赞尧、舜、禹三位上古圣贤之君。尧，执政70来年，让位于舜，开禅让之先河，德高望重，广开言路，倾听民声，设谏言之鼓、诽谤之木，严于律己，宽以待人，居住简陋，衣食粗疏，人民倾心敬仰，睦九族而和万邦，其仁如天。所以孔子称赞为“大哉尧之为君也”。

舜，号称中华道德之祖，以孝德知闻于天下。“父顽、母嚣、弟傲、以孝蒸蒸、克谐”，“辟四门，明四目，达四聪”，广泛听取人民的意见，把为民谋衣食当作第一要务，夙夜在公，执政50年，死在南巡的路上。孔子说：“巍巍乎，舜禹之有天下，而不与焉”，天下为公，夙夜在公，一心为民，从来不为自己谋取私利。

禹，几千年来，中华世世代代谁人不知大禹，谁人不知大禹治水！禹跋山涉水，面对滔天洪水，思日孜孜，乘四载、凿三巴，疏浚河道，日夜奔波，手足胼胝，尽力乎沟洫，历十三载，三过家门而不入，终于洪水循于道，归于海，四岳咸服，九州乃成。“吾无间然矣”，崇敬之情五体投地，何间之有？“民无能名焉”，盘古开天至今仍为中华民族最伟大的治水英雄。

# 子罕　第九

《子罕第九》共三十一章，主要记述孔子的道德、人品、情操。记述孔子教诫学生进德修身、读书求学、精进不懈。

## 1. 子罕言利与命与仁

**【原文】**子罕言利与命与仁。

**【解读】**罕：少，罕言，很少讲。与：这里是动词，认可、赞许。

**原文的意思是：孔子很少讲个人利益，认可、遵从天命，赞美、推许仁德。**

孔子对于义与利、贫穷与富贵有很正确的阐述，“君子喻于义”“不义而富与贵，于我如浮云”等，罕言利是对孔子品格的描述。

与命：认可并遵从天命。“五十而知天命”，知性、知命、知天、尽心、诚意，儒家学问修养的最高境界，孔子多有阐述。“不知命无以为君子也。”

与仁：孔子赞美和推许仁德，《论语》章章皆是，以仁为本是孔子思想的核心。

## 2. 大哉孔子

**【原文】**达巷党人曰：“大哉，孔子！博学而无所成名。”子闻之，谓门弟子曰：“吾何执？执御乎？执射乎？吾执御矣。”

**【解读】** 达巷党人：达巷里的人。博学而无所成名：孔子学识十分渊博、精通六艺，没有办法用一技之长来称道他。无所成名：与“大哉！尧之为君也。巍巍乎！唯天为大，唯尧则之。荡荡乎！民无能名焉”中“无能名焉”是同样的表述方法。

**这一章的意思应是：达巷党人说：“真伟大啊！孔子学识太渊博、多才多艺，没有办法用某方面的一技之长来称道他了。”孔子听到这个话以后，对他的学生们说：“我专长什么呢？驾车？射箭？我是专长驾车吧。”**

这一章表述了两层意思，一是人们高度称道孔子的博学多才。二是孔子谦虚。“有若无，实若虚”，听到夸奖只说自己就是驾车的专长，会赶马车。

## 3. 吾从众　吾从下

**【原文】** 子曰：“麻冕，礼也；今也纯，俭，吾从众。拜下，礼也；今拜乎上，泰也。虽违众，吾从下。”

**【解读】** 麻冕：用麻织作的祭祀礼帽，较贵。纯：黑色的丝，指用黑丝织作的礼帽，便宜、节省。拜：指臣子见君王的拜礼，礼的规定是堂下堂上各拜一次。今拜乎上：现在省掉堂下那一次，只在堂上拜。

**孔子说：“祭祀戴麻织的礼帽符合礼的规定，如今大家改用戴黑丝作的礼帽，更节省又不违礼，我赞同大家的做法。臣子见君王先在堂下拜，升堂再拜，这是礼的规定。现今大家都只在堂上拜，有慢于礼。虽然我和大家的做法相违，还是主张先在堂下拜，然后再在堂上拜。”**

孔子守礼是很严格的，但又是有权衡的。麻冕、丝冕均合礼，丝冕便宜节省，他从丝冕。拜，二拜一拜，二拜为敬，一拜为慢，应坚持二拜。孔子说过“无适也，无莫也，义之与比”，孔子于礼，守而不泥，义之与比。

## 4. 子绝四

**【原文】** 子绝四：毋意，毋必，毋固，毋我。

**【解读】** 子绝四：孔子在以下四个方面做得非常好，绝，是非常好。毋：即无、不。意：通臆，主观臆断、“不知而作”。必：必定，这句中是“绝对化”的意思，一定是一定不是，一定是这样，一定不是那样，偏必偏执，绝对化地看问题，走极端。固：固执，固执成见、固执己见。我：以我为中心，只看到我，只想到我，只有我，和“无我”是根本对立的。

**孔子在以下四个方面做得非常好：不凭空猜测、主观臆断，不偏必于一端搞绝对化，不固执成见、一意孤行，不自私自大、自以为是。**

这一段估计是弟子们对孔子优秀思想品格和为人处事方法的称赞。夫子“绝四”根本的一条是“毋我”。

关于“孔子绝四”，现代著名的新儒家徐复观和毛泽东主席有过一段精彩的对话。1943 年，徐作为国民党少将联络官驻延安联系八路军，他常与毛泽东讨论历史和国学。一次他问毛主席：孔学里有哪些好东西。毛主席回答：“有，博学之、审问之、慎思之、明辨之、笃行之。”徐赞并接着说：“还有子绝四。”毛主席点头赞许。

“子绝四”是孔子的人生智慧，代表了孔子优秀的思想品质和思维方法，领袖和学者一致赞美。

## 5. 子畏于匡

【原文】子畏于匡。曰："文王既没，文不在兹乎？天之将丧斯文也，后死者不得与于斯文也；天之未丧斯文也，匡人其如予何？"

【解读】子畏于匡：是指孔子离开卫国去陈国，经过匡，因为孔子长相有点像阳虎，匡地人曾遭阳虎暴掠，恨阳虎，匡地的人误将孔子拘囚五天。畏，即围、拘押、囚禁。

后死者不得与于斯文也：我孔子就不会掌握文王时的文化典籍了。后死者，是孔子自称。与，动词，作掌握解。

**本章的意思是：在匡地孔子被人拘押了。说："文王死了以后，文王时的文化典籍不是在我这里吗？上天若是消灭这种文化，那我就不会掌握这些文化典籍了；上天若不消灭这种文化，那匡人能把我怎么样呢？"**

孔子很自信，"天生德于予，桓魋其如予何"，他总是以自己的道德和责任说事，有道德、有崇高的历史责任和担当，我怕什么呢？天不丧斯文，孔子相信人格义理之天。

## 6. 吾少贱　故多能鄙事

【原文】大宰问于子贡曰："夫子圣者与？何其多能也？"子贡曰："固天纵之将圣，又多能也。"

子闻之，曰："大宰知我乎？吾少也贱，故多能鄙事。君子多乎哉？不多也。"

**【解读】** 大宰：即太宰、宰相，不知何国何人，但是真人真事，只是其人不可考。与：欤，疑问句。君子：本章是指那些地位高的人。

**太宰问子贡："孔夫子不是位圣人吗？为什么还有那么多小技艺呢？"子贡回答说："这本是上天使他成为圣人，又让他多才多艺的呀。"**

**孔子听到他们对话之后，说："太宰了解我吗？我年少的时候很贫贱，所以学会了很多平常的劳动技能和技艺。那些有地位的君子有这么多技能技艺吗？不会这样多。"**

这一章表现了孔子谦虚和坦诚的品格，不以"天纵将圣"自居，而是坦诚地表白：吾少也贱，多能鄙事。孔子不是贵族，不是出身于奴隶主、封建地主家庭，孔子没有社会地位。毛泽东主席在 1958 年与人谈话时，非常生动地讲到了这一点："孔夫子当时也没有什么地位，他当过吹鼓手，后来教书。他虽然当过官，在鲁国当司法部长，鲁国当时只有十几万人口，相当于我们县政府的司法科长，他还做过管钱的小官，相当于我们农业社的会计，可是他却学会了许多本领。"

学习孔子、理解孔子也要从他的社会地位去认识，存在决定意识，没有他对社会特别是对社会底层老百姓的了解，他不会有那样伟大的思想和那样高尚的品德。

## 7. 吾不试　故艺

**【原文】** 牢曰："子云：'吾不试，故艺。'"

**【解读】** 牢：孔子的弟子、子牢。试：任用、录用。

**子牢讲："孔子说：'我没有被录用做官，所以我学到了很多的技能技艺。'"**

孔子再一次回答"何其多能也"之问，实事求是，很实在，很坦诚。

## 8. 我有知乎哉　无知也

**【原文】** 子曰："我有知乎哉？无知也。有鄙夫问于我，空空如也。我叩其两端而竭焉。"

**【解读】** 叩：叩问、询问。两端：正反、前后、始末，多方面。竭：问到底了就搞明白了。鄙夫：下层的实际工作者、劳动者。

**孔子说："我很有知识吗？我真的无知！有一个乡下人请教于我，我对他问的问题一片空白，一点也不知道。我就反过来询问他，从问题的来龙去脉、正反、前后、多方面了解，仔细地问到底，才找到答案，把问题搞明白了。"**

这是一个真实的孔子，谦虚、坦诚、不耻下问。《述而第七》"子曰：'盖有不知而作之者，我无是也。多闻，择其善者而从之。'"不知道就是不知道，不随便猜测杜撰，而是多听听各方面的情况，接受正确的有益的东西。本章就是一个实际的例子。

## 9. 凤鸟不至河不出图

**【原文】** 子曰："凤鸟不至，河不出图，吾已矣夫！"

**【解读】** 凤鸟不至：古代传说，凤凰是吉祥的神鸟，凤鸟临空，预示天下太平，政治清明。河不出图：这是河图洛书的传说，传说上古伏羲时代黄河有龙马驮八卦图出现，预示圣明君主出世，天下清明。

**孔子说："凤凰不见来，河图不见出，天下清明无望，我所追求的先王之道已经不可能实现了啊！"**

仰天长叹，天不与时，无力回天。

## 10. 子见齐衰者

**【原文】** 子见齐衰者、冕衣裳者与瞽者，见之，虽少，必作；过之，必趋。

**【解读】** 齐衰者：穿丧服的人，指正服丧者。冕衣裳者：衣冠楚楚的贵族。瞽者：盲人。作：起身。趋：小步快走，恭敬的样子。

**孔子见到服丧的人，衣冠楚楚的贵族、盲人，一见到就会有礼貌地站起来；从他们身边经过时，一定会很恭谨地小步快走几步。**

孔子好礼，时时处处以礼为约。有时也过，见那衣冠楚楚的贵族，那么小心恭谨干什么，“恭而无礼则劳”太累了吧。

## 11. 仰之弥高　钻之弥坚

**【原文】** 颜渊喟然叹曰：“仰之弥高，钻之弥坚。瞻之在前，忽焉在后。夫子循循然善诱人，博我以文，约我以礼，欲罢不能。既竭吾才，如有所立卓尔。虽欲从之，未由也已。”

**【解读】** 仰之弥高：抬起头看夫子的道德学问，越看越高。钻之弥坚：越深入地钻研夫子的学问，越是深不可及，奥理无穷。博我以文：用文献典籍教我，使我知识广博。如有所立卓尔：在我的前面好像还是矗立着一个高高的目标。

**颜渊感叹说：“老师的道德学问仰之弥高，学之无穷，出神入化，‘瞻之在前，忽焉在后’学生们总是跟不上。老师对我们循循善诱，用文献典籍教我们，使我们学问广博，用礼乐的道德规范约束**

**我们，使我们尊礼守礼，让我们学不能止，欲罢不能。即使我们竭尽全力，夫子的道德学问永远是我们前面的高标。我们虽然想跟上去，却没有办法达到啊！”**

在学生颜渊的心目中，夫子的道德学问永远是不可逾越的高标，永远的丰碑。

## 12. 子疾病　吾谁欺

**【原文】** 子疾病，子路使门人为臣。病间，曰：“久矣哉，由之行诈也！无臣而为有臣。吾谁欺？欺天乎！且予与其死于臣之手也，无宁死于二三子之手乎！且予纵不得大葬，予死于道路乎？”

**【解读】** 周礼对葬礼有严格的规定，大夫治丧，由家臣治礼，孔子一介寒士，没有家臣，也不能由家臣治丧。子路出于对夫子的尊敬，想由学生称当家臣。

病间：病稍好转的间隙期。吾谁欺：倒装，吾欺谁。

**孔子病重，子路让学生称当家臣准备为孔子治丧。孔子病稍好转间隙时，知道了这件事，很生气地说：“策划准备好久了吧，仲由这种欺骗行为！本来没有家臣，也不应该有家臣，而有了家臣，我欺骗谁呀？欺骗天吗？我与其死在家臣们手里，还不如死在你们这些学生手里啊！我即使享受不到卿大夫的葬礼，难道会死在路上没人安葬我吗？”**

孔子守礼诚实，不准子路和学生们慕虚荣搞这些违礼的排场。孔子虽然地位低下，为一介寒儒（教书先生），但不慕虚荣，愿意死在学生们的身边，由学生们安葬。位卑德崇，千古一儒。

## 13. 有美玉于斯

**【原文】**子贡曰："有美玉于斯，韫椟而藏诸？求善贾而沽诸？"子曰："沽之哉！沽之哉！我待贾者也！"

**【解读】**韫：藏。沽：卖、出售。

**子贡说："这里有一块美玉，用一个精美的匣子藏起来呢？还是找一个识货的商人卖掉呢？"孔子说："卖掉吧，卖掉吧！我在等待识货的商人呢！"**

这是子贡和孔子一段用隐喻的对话，子贡以"有美玉于斯"隐喻德才兼备的老师，用"韫"还是"沽"隐言问老师，您这么有德才，是"避世而藏"，还是"入世而行"。孔子聪明之极，听明白了，回答为："沽之哉，沽之哉！我待贾者也！""用之则行，舍之则藏"，"邦有道，则仕；邦无道，则可卷而怀之"，行先王之道以澄天下，本是孔子的理想和志向，只是良禽择木，贤臣择主而已。

## 14. 子欲居九夷

**【原文】**子欲居九夷。或曰："陋，如之何？"子曰："君子居之，何陋之有？"

**【解读】**夷：指未开化的荒蛮之地。陋：简陋粗俗。

**孔子想到九夷这个没有开化的荒蛮之地去。有人讲，"那里落后，您去那里怎么行呢？"孔子说："我们有道德有文化的人去开化它，怎么会粗俗落后呢？"**

孔子处在那个诸侯纷争的华夏之地，思想一直是很矛盾的，自己满腹经纶，崇尚先王圣贤的文化道德，一心想克己复礼施仁于天下，然无人听他，无人用他。“凤鸟不至，河不出图，吾已矣夫”，慨叹之余想出走九夷，去开化蛮荒一展抱负。这里也暴露了孔子这样的知识分子的弱点，有识才无雄才，有思想无大略。

## 15. 乐正《雅》《颂》

**【原文】**子曰：“吾自卫反鲁，然后乐正，《雅》《颂》各得其所。”

**【解读】**孔子于鲁哀公十一年（公元前 484 年）冬，从卫国返回鲁国，结束了他 14 年周游列国游说诸侯的行程，有点沮丧，但回到鲁国，做了两件彪炳历史的大事：一是继续教育学生，二是整理删定《诗》《书》《易》《礼》《乐》和编撰《春秋》，为中国文化乃至世界文化做出了不朽的贡献。本章之言“乐正，《雅》《颂》各得其所”就是记述的孔子整理删定《诗》《乐》并为《诗》谱乐曲。

**孔子说：“我从卫国回到鲁国，把《乐》和《诗》整理好，并为《诗》谱乐曲，把《雅》和《颂》编排到正确的地方。”**

## 16. 出则事公卿　入则事父兄

**【原文】**子曰：“出则事公卿，入则事父兄，丧事不敢不勉，不为酒困，何有于我哉？”

**【解读】**勉：尽力、勤勉。酒困：酗酒、沉湎于酒，因嗜酒误事。何有于我哉：我有哪些。

**孔子说：“在外以忠以敬服侍公卿，在家里以孝以悌服侍父兄，**

**办丧事不敢不尽心勤勉，不嗜酒而误事，这些我做到了哪一样呢？”**

孔子律己极严，事上以忠敬，事父兄以孝悌，办丧事尽心勤勉至礼，不嗜酒，更不因酗酒误事，时时处处提醒自己，君子修身做人，从每一件小事做起。

## 17. 子在川上曰　逝者如斯夫

【原文】子在川上曰：“逝者如斯夫！不舍昼夜。”

【解读】**孔子站在大河边上，面对日夜奔流的滔滔江水，浩然长叹：“时光就像这江水啊，日夜不停地奔流而去。”**

韶华易逝，人生苦短，夫子浩叹，心情深沉，内涵丰富，常常唤起的是人们对时间对生命的珍惜。但我以为还应有更丰富的内涵。

两千多年后的一位伟人在武汉横渡万里长江，极目浩瀚天宇，奋臂滚滚波涛，豪情万丈，高声吟咏：“子在川上曰，逝者如斯夫！”我想此时此刻、此情此景，伟人咏叹的绝不是光阴易逝、生命苦短，而是伟人心中的另一种境界：宇宙浩大、无始无终、无穷无尽。巍巍乎，唯天为大，浩浩乎，江流千古。只有伟人的胸怀才会如此博大雄浑，这里有伟大的宇宙观、历史观、人生观，只有伟人才真正读懂了孔子。

## 18. 未见好德如好色者

【原文】子曰：“吾未见好德如好色者也。”

【解读】好色：喜欢美色。这是人的自然之性，先天的，天赋的。好德：崇尚美好的道德，这是人的社会之品格，后天的，靠修养。

**孔子感叹：“我没有见过崇尚爱好美德像爱好美色一样的人。”**

喜爱美色是人之天性，性相近，人多如此。崇尚爱好美德是后天之养，是品格，是后来之习，习相远也。“我未见好仁者，好仁者无以尚之”，崇高的道德系于高尚的人，要努力学养修身，才会成为一个高尚的人。

## 19. 止　吾止也

**【原文】**子曰：“譬如为山，未成一篑，止，吾止也。譬如平地，虽覆一篑，进，吾往也。”

**【解读】**为山：堆土成山。一篑：一筐土。平地：覆为平地。

**原文的意思是：孔子说：“无论是做学问还是做事，就譬如堆土成山一样，只差一筐土停下来，山未堆成（怪谁呢），是因为自己停下来了。又譬如平地，虽然才开始倒下一筐土，只要我继续干下去，就可以把土覆平。”**

做学问干事业，成败在于自己是否能持之以恒，坚持到底。读书学习不可浅尝辄止，干事业修德操不能有始无终，只能进，不能止。荀子《劝学》言“学不可以已”“学教有终”“学至乎礼然后止”，也讲了同样深刻的道理。

## 20. 语之而不惰者　回也

**【原文】**子曰：“语之而不惰者，其回也与！”

**【解读】**语之：给他讲课、给他说道。

这是孔子赞扬学生颜回听课很认真，学习从不懈怠，激励弟子们向颜回学习。

**孔子说：“听我讲课而从不懈怠的，大概只有颜回一个人吧！”**

## 21. 吾见其进　未见其止

**【原文】**子谓颜渊曰：“惜乎！吾见其进也，未见其止也。”

**【解读】孔子评价颜回说：“太可惜啊！他死早了，我只看到他不断地学习，不断地进步，没有见过他懈怠松劲，停滞不前。”**

## 22. 苗而不秀者有矣

**【原文】**子曰：“苗而不秀者有矣夫！秀而不实者有矣夫！”

**【解读】**苗：庄稼长成苗。秀：庄稼开花。实：结果实。

**孔子说：“庄稼长苗却不开花，是有的吧！开了花却不结果也是有的吧！”**

庄稼从播种发芽成苗到开花结果这是成长的过程，是完美的完成。庄稼如此，人之为学修身也一样，要不断精进、不断成长以至成熟，发蒙养正，立志于学，做人、做学问以至于成就一番事业，这是一个人成长过程，必须持之以恒、有始有终，中间若是停顿了、停止了，将一事无成。

19 章、20 章、21 章、22 章一连四章几乎都讲一个道理，读书为学、进德修身必须持之以恒、精进不懈，只能进，不能止，有始有终。

“苗而不秀”“秀而不实”，庄稼如此犹感惋惜，人若如此，情何以堪！

本章还暗含孔子对颜回的英年早逝、未能成就事业的惋惜之情。

## 23. 四十五十而无闻焉　斯亦不足畏也已

**【原文】**子曰：“后生可畏，焉知来者之不如今也？四十、五十而无闻焉，斯亦不足畏也已。”

**【解读】**后生：指青少年，来日方长，前程远大。闻：知名、无闻，不知名。焉：表疑问，怎么、哪里。

**孔子说："后生可畏，他们年轻有为前程不可限量，谁知道他们将来的成就不会超过现今的人呢？但是到了四十、五十岁还没有业绩和声望也就没多大期待了、不足畏了。"**

后生可畏，青年人最可期待，自古英雄出少年，但是韶华飞逝、人生易老，少壮不努力，任岁月消磨，四十、五十还一事无成、徒伤白发。这是夫子对青年的期待，又是夫子对学生的忠告。

## 24. 法语之言　改之为贵　巽与之言　绎之为贵

**【原文】**子曰："法语之言，能无从乎？改之为贵。巽与之言，能无说乎？绎之为贵。说而不绎，从而不改，吾未如之何也已矣。"

**【解读】**法语之言：训诫、告诫的话。巽与之言：恭维赞美的话。说而不绎：喜欢而不分辨。说，通悦，喜欢、高兴；绎是分析、分辨。

**孔子说："符合法度的批评告诫之辞，能不听从吗？听了就改为之可贵。恭维赞美的话，谁能听了不高兴？能分辨是非好歹才可贵。只管听了喜欢，而不分析辨别，听从了劝诫却不改正缺点，对这样的人我不知道如何了。"**

这可以讲是孔子告诫学生正确对待批评和赞扬。对待批评，自觉地接受批评，勇敢地改正缺点和错误；听到赞扬，甚至恭维，则要仔细分析辨别，头脑要清醒，不要得意忘形、忘乎所以、迷失自我。面对批评看到不足，面对恭维警惕失足。

## 25. 过则勿惮改

**【原文】**子曰："主忠信，毋友不如己者，过则勿惮改。”

**【解读】**这一章与前章有接续关系，重点是“主忠信”，过则勿惮改与“改之为贵”呼应。

**孔子说：“与人要坚持忠实诚信，忠信与友，朋友不会不如自己（人家也会守忠信），在这方面有缺点错误要勇于改正。”**

与人为善，忠信与友，坚守忠信，不要打折扣，有这方面的缺点一定要勇敢地及时地改正。

## 26. 三军可夺帅　匹夫不可夺志

**【原文】**子曰：“三军可夺帅也，匹夫不可夺志也。”

**【解读】**三军：春秋时三军是指前、中、后三军，现代是指海、陆、空三军，三军代表国家军队的整体。匹夫：普通男子。志：信念、志向、志气、心之所向。夺：易、改变、撤换。

**孔子说：“三军可以易帅换将，而人却不可以改变自己的信念和志向。”**

孔子用极其经典的对比语言警示弟子们要坚定信念、矢志不渝。志，心之所向，是人生努力、坚守的信念和目标。“男儿无志，钝铁无钢”，“有志者事竟成”，凡成大事者，必有坚忍不拔之志。“三军可夺帅也，匹夫不可夺志也”，这是孔子讲过的最高调的一句话，掷地有声。

## 27. 不忮不求　何用不臧

**【原文】**子曰：“衣敝缊袍，与衣狐貉者立，而不耻者，其由也与！‘不忮不求，何用不臧？’”子路终身诵之。子曰："是道也，何足以臧？"

**【解读】** 衣敝缊袍：敝，破旧；缊袍，滥棉絮、乱丝棉制作的棉袍子。狐貉：用狐皮、貂皮制作的皮袍子。不忮不求，何用不臧：选自《诗经·邶风·雄雉》。意思是"对富贵不嫉妒不贪求，有什么不好呢？"不忮，不企羡、不嫉妒；不求，不奢望、不贪求；臧，善、好。

**孔子说："穿着破旧的棉袍与穿着狐皮貂裘的人站在一起，不感到寒酸和丢人，这大概只有子路吧！《诗经》上说，'（见人富贵）自己不企羡不嫉妒，不奢望不贪求，不是很好吗？'"子路听了老师的赞扬，很得意，从此经常诵这两句诗，想以此为座右铭。孔子说："仅仅把这个作为进德修身之道，如何能成就完美的人格呢？"**

子路不慕虚荣，不贪富贵的品格，孔子给予很高的评价，但又指出仅此不足，还须努力。夫子教人真的是循循善诱、诲人不倦，君子修身必如琢如磨、日益精进。



## 28. 岁寒知松柏之后凋也

**【原文】** 子曰："岁寒，然后知松柏之后凋也。"

**【解读】** 这是千古名言。以松柏不畏严寒为喻，盛赞仁人志士贫贱不移、威武不屈、危难不改、坚贞不屈的崇高气节。"大雪压青松，青松挺且直。要知松高洁，待到雪化时"，这是气节崇高、才情盖世的陈毅元帅的诗句，诗如其人。岁寒知松柏，自有岁寒心。

**"岁寒，然后知松柏之后凋。"** 记住这句话吧，这样经典的语言，何言以译！

## 29. 知者不惑　仁者不忧　勇者不惧



**【原文】** 子曰："知者不惑，仁者不忧，勇者不惧。"

**【解读】** 知者：有智慧的人。知、仁、勇为孔子提倡的“三达德”，并曾自谦“我无能焉”。智慧的人知道义、晓事理、辨是非、即可不惑；有道德的人，知人爱人、以己及人、胸怀坦荡、求仁人悦、无怨无尤；勇敢的人，知耻知义、忘我无私、见义勇为，当然无所畏惧。

**孔子说：“有智慧的人不糊涂，仁德的人没有忧怨，勇敢的人无所畏惧。”**

## 30. 可与立　未可与权

**【原文】** 子曰：“可与共学，未可与适道；可与适道，未可与立；可与立，未可与权。”

**【解读】** 共学：一起学习。适道：走正道、仁德之道、学问之道、政治理想之道，一起走上正确的道路。适，走上。与立：建立事功，成就事业。与权：道法中庸、通权达变。

**孔子说：“可以一起学习，未必可以一起走上仁德理想的正确道路；一起走上了正确的道路，未必成就一番事业；事业上有了成就，又未必能一起达到穷天理、通权变的最高境界。”**

与共学，与适道，与立，与权，与权是最高境界。与权是指道法中庸、通权达变，究天人之际，通古今之变，知天、知礼、知人，道德学问达到自觉、自由，“从心所欲不逾矩”的境界。

## 31. 未之思也夫何远之有

**【原文】** “唐棣之华，偏其反而。岂不尔思？室是远而。”子曰：“未之思也，夫何远之有？”

**【解读】**读懂了第30章，就不难理解这一章的深刻含义了。“唐棣之华，偏其反而，岂不尔思？室是远而。”这是一首缠绵的爱情诗，**“棠棣花啊，随风翩翩摇曳，多么美丽啊，我怎么不思念你啊？只因为我家离得太遥远了。”**孔子很有意思地加了一句“未之思也，夫何远之有”：**怕是没有思念吧，如果真的思念，有什么遥远呢**？孔子读诗，读出其中的哲理，孔子引诗常以其哲理示人，这一章就是这个意思。弟子们，学习、适道、立世、通权变、进德、修身、齐家、治国、平天下，那是一条多么美妙而光辉的道路啊，但是何其遥远、何其艰辛、何其漫长！然而只要你们“笃信好学、守死善道”、矢志不渝、坚持不懈、“夫何远之有”。这一章放在《子罕第九》之结尾，寓意深刻，意味深长。

# 乡党　第十

原为二十七章，我把第 8 章与第 9 章合并了，故只二十六章。本篇主要记述孔子的行为举止和仪表，从日常饮食起居、与家乡父老邻里交往到朝廷庙堂活动都有记载，反映夫子时时处处守礼崇仁，谦虚谨慎。

## 1. 孔子于乡党　恂恂如也

**【原文】**孔子于乡党，恂恂如也，似不能言者。其在宗庙朝廷，便便言，唯谨尔。

**【解读】**于乡党：在家乡父老面前。恂恂（xúnxún）如也：恭敬顺从的样子。便便（piánpián）：说话条理清晰，声音朗朗。

**孔子在家乡父老面前，非常恭敬温顺，就像不会讲话的样子。在朝廷宗庙之上说话条理清楚，声音朗朗，但也很谨慎。**

## 2. 与下大夫言　侃侃如也

**【原文】**朝，与下大夫言，侃侃如也；与上大夫言，訚訚如也。君在，踧踖如也，与与如也。

**【解读】**下大夫、上大夫是朝廷官分级别，卿相为上大夫，而下为下大夫。孔子时为司寇，属下大夫。侃侃（kǎnkǎn）：温和但比较轻松。訚訚（yínyín），和颜悦色，态度谦恭。踧踖（cù jí）：恭敬，有点谨小慎微。与与：是形容走路的步态，慢、稳，彬彬有礼。

**孔子在朝廷，同下大夫交谈，温和而轻松，和上大夫交谈，恭敬而又谨慎，有君王在的时候，孔子则更加恭恭敬敬，谨小慎微了，走路的步子也彬彬有礼了。**

朝堂之上，等级森严，礼要体现等级次序，孔子言行遵礼，一点也不敢怠慢造次。

## 3. 君召使摈　色勃如也　足躩如也

**【原文】**君召使摈，色勃如也，足躩如也。揖所与立，左右手，衣前后，襜如也。趋进，翼如也。宾退，必复命曰："宾不顾矣。"

**【解读】**摈：接待礼宾的官员。勃如：神情严肃庄重。足躩（jué）如也：走路也快起来。揖所与立：给同作傧相的人作揖致礼，左右致意。衣前后，襜（chān）如也：作揖时衣摆前后摆动，但要注意幅度，保证衣摆不乱。趋进，翼如也：趋步往前走像鸟翼展开显得轻松自如的样子。宾不顾矣：宾客没有回头了，走远了。顾，回顾。

**国君召孔子去作傧相接待贵宾，孔子立即神情庄重严肃起来，并且走路也快起来了，他向两旁的人作揖，左右拱手，衣裳前后摆动，但整齐不乱。快步向前走的时候轻松自如。贵宾告退后，他必定向国君汇报说："客人们已经走远了。"**

作傧相是礼之大事，容貌、举止要庄重严肃，又要恭谨适度，不能拘谨呆滞，孔子自己做得恰到好处。

## 4. 立不中门　行不履阈

**【原文】**入公门，鞠躬如也，如不容。

立不中门，行不履阈。

过位，色勃如也，足躩如也，其言似不足者。

摄齐升堂，鞠躬如也，屏气似不息者。

出，降一等，逞颜色，怡怡如也。

没阶，趋，翼如也。

复其位，踧踖如也。

**【解读】**阈（yù）：门槛。过位：大臣向君主报奏事项，要走过来到君主面前。摄齐升堂：向堂上走上台阶要提起衣服的下摆。逞颜色：放松，舒展开来。

这一整章，讲的入公门、上朝下朝的全过程的礼节。

**孔子走进朝廷的大门，就谨慎恭敬起来了，恭谨到仿佛没有容身的地方一样（这就叫诚惶诚恐，战战兢兢，畏就是敬）。**

**站立时不站在门中间，过门时不踩门槛。**

**走过君主的座位，毕恭毕敬，小步加快，压低声音。**

**向堂上走时，提起衣服下摆，小心翼翼，屏住气息。**

**下朝走出来，下了一级台阶，面色舒展，显得心情愉悦了。**

**下完了台阶，就快步向前走，像小鸟张开了翅膀一样。**

**回到自己的座位上，又显得谨慎恭谨。**

中国古代朝廷的这种礼仪一直延续下来了，但除了维系臣对君的当面诚惶诚恐，毕恭毕敬之外，没有任何实际意义。到唐代有位有名的诗人叫岑参的用诗记载了这种上朝和他对上朝礼仪的厌恶。“联步趋丹陛，分曹限紫微。

晓随天仗入，暮惹御香归。白发悲花落，青云羡鸟飞。圣朝无阙事，自觉谏书稀。”恐怕羡鸟飞的不止在唐代，孔子时代就有了，请看“没阶，趋，翼如也”。这不是羡鸟飞吗？仪式毕，趋如鸟飞。

## 5. 执圭　鞠躬如也　如不胜

**【原文】** 执圭，鞠躬如也，如不胜。上如揖，下如授。勃如战色，足蹜蹜，如有循。

享礼，有容色。

私觌，愉愉如也。

**【解读】** 圭是一种玉器。国君派使臣出使，圭作为国君的信物示于人。执圭：即是持节出使。不胜：拿不动。圭虽轻若重，表示对圭的敬重，使命的重大。足蹜蹜（sùsù）：脚步细碎拘谨。私觌（dí）：以个人身份相交往。

孔子出使他国，举行典礼时捧着圭恭恭敬敬，捧圭似乎不胜其重的样子。向上举如作揖施礼，向下举如谨授与人，面色凝重，毕恭毕敬，脚步细碎拘谨，像循着一条直线向前走。

给他国国君奉送礼品的时候和颜悦色，从容不迫。

以个人身份与他国国君卿相会见时，轻松愉快，一点也不拘谨。

## 6. 君子不以绀緅饰

**【原文】** 君子不以绀緅饰，红紫不以为亵服。

当暑，袗絺绤，必表而出之。

缁衣，羔裘；素衣，麑裘；黄衣，狐裘。

亵裘长，短右袂。

必有寝衣，长一身有半。

狐貉之厚以居。

去丧，无所不佩。

非帷裳，必杀之。

羔裘玄冠不以吊。

吉月，必朝服而朝。

**【解读】** 衣服、服饰、佩戴，均有讲究，这也是礼。孔子时代很严格，但即使到了现代，穿衣服佩戴也要讲究，衣戴庄重得体是对人的尊重，不能太随便，特别是在正规场合，这是文明礼貌的体现。

绀（gàn）缬（zōu）：比较老的颜色，红而近黑，所以不以为饰，饰是镶边，领口、袖口、衣摆的边，因为礼服一般是黑色的，老色镶边不好。

亵服：居家休闲穿的衣服。

袗（zhěn）絺（chì）绤（xì）：袗即单衣。絺，细麻布作的单衣。绤，稍粗一点的麻布做的单衣。

缁：黑色。素：白色。麑（ní）：小鹿。

亵裘长：居家休闲时穿的皮衣可以长一点，暖和一些。

短右袂（mèi）：右边的袖子短一点，方便做事。

狐貉之厚以居：居，坐垫。

帷裳：上朝或祭祀时穿的礼服，用整幅布作。整幅布作礼服，多余的边角要折叠，缝好，以免脱缝。

羔裘玄冠不以吊：吊，是吊丧。羔裘玄冠是正规礼服，上朝吉服，不用作吊丧。

吉月：每月的初一。

**君子不用绀色和缬色的布做衣服的镶边。红色和紫色的布不做**

家居休闲的衣裳。

夏天，穿麻布单衣，但外出时必须加外衣。

黑色衣服配紫羔皮袍，白色衣服配麑裘，黄色衣服配狐裘。

居家穿的皮袄要长一点，右边的袖子要短一些。

睡觉必须穿睡衣，它的长度应是一身半。

冬天的坐垫用厚一点狐貉皮来做。

除了服丧，平时什么佩饰都可以戴。

不是上朝或祭祀穿的礼服，若用整幅布作，多余的边角一定要裁掉。

羔羊皮袍和黑色礼帽不可以穿戴去吊丧。

每月初一，一定要穿着上朝的正装去上朝。



## 7. 齐　必有明衣　布

**【原文】**齐，必有明衣，布。

齐必变食，居必迁坐。

**【解读】**齐：即斋，这里是指斋戒，大的祭祀之前必须斋戒。必有明衣，布：斋戒沐浴的时候，要穿布做的浴衣。变食：改变平素的饮食，不饮酒，不吃荤。居必迁坐：居住要从内室迁到外室，不与妻妾同房。

斋戒之礼很严格，现在很多宗教仪式也有斋戒的规定。

斋戒沐浴的时候，一定要穿用布做的浴衣。

斋戒期间，一定要改变平素的饮食，不饮酒，不吃荤；居住要从内房迁到外室，不与妻妾同房。

## 8. 食不厌精　脍不厌细



**【原文】**食不厌精，脍不厌细。食饐而餲，鱼馁而肉败，不食。色恶，不食。臭恶，不食。失饪，不食。不时，不食。割不正，不食。不得其酱，不食。肉虽多，不使胜食气。唯酒无量，不及乱。沽酒市脯，不食。不撤姜食，不多食。

祭于公，不宿肉。祭肉不出三日。出三日，不食之矣。

**【解读】**这是夫子讲食品卫生的，讲的是一些饮食的注意事项，很有食品卫生的科学道理。

食不厌精，脍不厌细：这是文章起题的一句话，可惜历来被人误读。“粮食不嫌舂得精白，鱼肉不嫌做得精细”，好像夫子生活很追求奢侈。其实本意是“食不在精，脍不在细，关键是饮食要讲卫生”。接下来就仔细地分述了食品卫生的要求。读《论语》理解孔子，要把握两点。一是要把握夫子之道，一以贯之。孔夫子一贯不追求居食的奢侈，他说：“君子食无求饱，居无求安。”（《学而第一》）还说：“士志于道，而耻恶衣恶食者，未足与议也。”（《里仁第四》）并且很乐于过“饭疏食，饮水，曲肱而枕之”的生活。粗粮为食，冷水当饮，乐在其中。这样的孔子怎么会追求奢侈的生活，“粮食舂得越精白越好，鱼肉做得越精细越好”呢？

二是读孔子的讲话，要看他的语境，要把一句话完整地理解，抓住其中心思想。这一句接下来是哪些粮食不能吃、哪些鱼不能吃、哪些肉不能吃，食不可多、酒不可醉等等。另外在孔子的语境中，“不厌”还出现在“学而不厌”（《述而第七》）中，不厌是不满足。因此，我解读这一章为：“食不在（不满足于）精，脍不在（不满足于）细。关键在讲究食品卫生。”

饐（yì）而餲（ài）：食物久放而变了馊味。馁：鱼腐烂。失饪：烹调不当。不时：不当时，指存放过久或不是新鲜时令食品。割不正：大概是指切割鱼肉有一定的规矩，切割有违规矩就是违礼。也可能就是平素说的切得不干净不利索。胜食气：吃超量。

**食不在精，脍不在细（关键是讲究食品卫生）。食物放久了变了馊味，不能吃；鱼腐败了，肉变质了，不能吃；食物颜色不正常，有了气味，可能是变质了，不能吃；没有烹饪或者烹饪不当不能吃；食品存放过久，不当时令，不新鲜，不能吃；肉切得不干净不利索，吃起来不放心，不能吃；调味品放得不适当，不能吃。**

**宴席上肉食虽然丰盛，但不要吃过量。**

**酒可不限量，却不能喝醉而失态失礼。**

**街市上不正规的店铺买来的酒和肉脯（卤肉类）不能吃。鱼肉加点姜可以吃，不要多吃。**

**参加大的祭祀活动分得的熟肉，不能过夜，过夜了不能吃。自家祭祖的熟肉，最多只能存三天，过了三天便不能吃了。**

当你完整地读完这章后，一定会明白，孔子是在讲食品的卫生常识，而不是挑食奢侈。大哉夫子，博学多才。

## 9. 食不语　寝不言

**【原文】**食不语，寝不言。

**【解读】**这是一种文明，也是一种修养。

**吃饭的时候不交谈，入寝不说话。**

学生时代，老师就是这样要求我们的。

## 10. 虽疏食菜羹　必祭

**【原文】**虽疏食菜羹，必祭，必齐如也。

**【解读】**疏食菜羹：糙米饭，蔬菜菜汤。必齐如也：齐即斋，像斋戒一样虔诚，毕恭毕敬。

**即使是平素的糙米饭、蔬菜汤，也必先祭祖祭先人，而且必须像斋戒时一样虔诚、毕恭毕敬。**

## 11. 席不正　不坐

**【原文】**席不正，不坐。

**【解读】**席：坐席，古时席地而坐，用一张席子铺在地上。座位没摆正，席子没铺正，不落座。这也是礼数，行为恭谨的表现。

## 12. 乡人饮酒　杖者出　斯出矣

**【原文】**乡人饮酒，杖者出，斯出矣。

**【解读】**杖者：走路要扶杖的人，这里指年长的人，老人。

**在乡人饮酒礼仪的酒宴上，要等老人、年长的人都离席走出去了，（自己）才能离席走出去。**

这是礼，更是对长者老者的尊重。礼是敬，谦卑以尊人。

## 13. 乡人傩

**【原文】**乡人傩，朝服而立于阼阶。

**【解读】**傩（nuó）：古代的一种风俗，一种仪式，多见于巴楚之地，为迎神驱鬼除疫而举办。现存有傩戏，为非物质文化遗产，艺人戴面具，边唱边舞，也就是傩。

阼阶：东面的台阶。

乡里举办迎神驱鬼除疫的傩戏（舞）时，要穿上朝服（正装），郑重其事地站在东面的台阶上。

## 14. 问人于他邦

【原文】问人于他邦，再拜而送之。

【解读】这是一种拜送受托人的礼节。

孔子托人向其他邦国朋友送礼问候，在为被托付人送行时一定要行两次拜礼。

## 15. 康子馈药

【原文】康子馈药，拜而受之。曰："丘未达，不敢尝。"

【解读】康子：即季康子。达：弄明白，通达其理。

孔子很讲朋友之间的谦恭之礼而为事又十分谨慎、十分坦诚。

季康子送药给孔子，孔子接受并叩拜致谢。但是说："我对这个药理还没有弄明白，暂时还不敢吃。"

## 16. 厩焚

【原文】厩焚。子退朝，曰："伤人乎？"不问马。

【解读】小事情，大境界。"天地之间人最为贵。"仁爱孔子，人为第一。

孔子家的马棚失火烧了。孔子下朝回来，第一句话就问："伤着人没有?”不问马怎么样。

## 17. 君赐食　必正席先尝之

【原文】君赐食，必正席先尝之。君赐腥，必熟而荐之。君赐生，必畜之。

侍食于君，君祭，先饭。

【解读】腥：新鲜的肉。荐：敬奉祖先。先饭：君祭之后，自己先尝，对君王的安全负责。

孔夫子真是一位事上也敬、事君以忠、慎终追远、仁德好生的君子。

**君王赐给的食物，孔子一定怀着十分虔诚的心情摆正座位再吃。君王赐给他的新鲜肉，一定煮熟后先敬奉祖先。君王赐的活动物，他一定把它饲养起来。**

**侍奉君王吃饭，国君举行饭前祭礼之后，自己先把饭尝一下，确认没有食品卫生的问题，再请国君用，以确保国君的安全。**

## 18. 疾　君视之

【原文】疾，君视之，东首，加朝服，拖绅。

【解读】疾：孔子病了。东首：面朝东对着君王。绅：衣服上的带子。

**孔子病了，君主来看望他，孔子严格按礼的规定面朝东边躺着以迎君王，身上还加盖朝服，拖着衣服的带子。**

孔子处处注意对礼的遵从，对人的尊重，于细微处见精神。一事当前先想到别人。他病了，君王来看他，他十分认真地准备，生怕有不尊敬之处。学生伯牛病了，他怕麻烦打扰伯牛和他的家人，自己在窗外强忍着无限的伤悲，握着伯牛的手。孔子，好人啊！

## 19. 君命召

【原文】君命召，不俟驾行矣。

【解读】**君王有事召见，孔子不等车马备好，就自己赶去了。**

这是礼，君召臣，臣要立即走，不要等车；这也是忠，君召臣，定有急事，臣必须及时赶到。

## 20. 入太庙每事问

【原文】入太庙，每事问。

【解读】“入太庙，每事问。”曾在《八佾第三》篇中有记载。有人质疑孔子入太庙每事问，好像什么都不太懂，不知礼一样，孔子回答，那本身就是礼。《乡党第十》主要记孔子行为举止，“入太庙，每事问”是孔子崇礼好学，不耻下问的典型事迹。因为太庙不是寺院而是祖先历史功绩的陈列馆、纪念馆。先王祖宗的事迹、思想都有记载，这里有历史、有文化，慎终追远，学之不尽，留心处处有学问，所以孔子“入太庙，每事问”。

## 21. 朋友死无所归

【原文】朋友死，无所归，曰：“于我殡。”

【解读】归：归葬。殡：殡葬。

**有朋友死后，没有人安葬。孔子说：“由我来为他办理丧葬之事吧！”**

仁者之心，忠义与友。孔子是圣人，又是一个有情有义的平常人。

## 22. 朋友之馈

【原文】朋友之馈，虽车马，非祭肉，不拜。

【解读】朋友之交以义，车马相赠，通常之礼，不必拜，而送祭肉则非拜不可，因为祭肉是敬孝祖先的礼品，得到祭肉也应与友怀有同样慎终追远之心，孝敬祖先之情。

**朋友馈赠车马，不以贵重而拜谢，但是馈赠祭肉要以虔诚之心叩拜。**

孔子交友主忠信，相之以礼，与之以义，应引以为范。

## 23. 寝不尸 居不容

【原文】寝不尸，居不容。

【解读】**睡觉时，不要直挺挺地躺着像死尸一样；平常在家，不必那样神情严肃。**

孔子讲礼仪，无微不至，像一位仁厚老者，教学生连小事也不放过，一张婆婆嘴，诲人不倦。

## 24. 见齐衰者 虽狎 必变

【原文】见齐衰者，虽狎，必变。见冕者与瞽者，虽亵，必以貌。凶服者式之。式负版者。有盛馔，必变色而作。迅雷，风烈，必变。

【解读】孔子正颜色、动容貌，都按礼的要求，不是形式，而是表达内心的“仁、敬、谦、谨”，真的了不起。

齐衰者：指穿孝服的人。狎：亲近。亵：熟悉，常常遇见的。凶服者：穿丧服的人。式：即轼，车子前扶手的横木，用手扶轼欠身叫轼礼。负版者：背邦国图籍文书的人。

**孔子看见穿孝服的人，即使是平日很亲近的人，态度也一定变得严肃起来。看见戴着礼帽的人和盲人，就算常遇到很熟悉的，也一定表现得很有礼貌。**

**在车上，看到穿丧服的人，要用手扶车轼欠身行轼礼，表示恭敬和同情，遇见背负国家图籍文书的信使，也要行轼礼。**

**在盛大的宴席上，要起立以敬谢的仪态向主人致意。**

**遇到惊雷、大风，要心怀对上天的敬畏，严肃庄敬。**

## 25. 升车必正立执绥

**【原文】**升车，必正立，执绥。

车中，不内顾，不疾言，不亲指。

**【解读】**饮食起居行，都有一定之规，都要守礼。孔子在每一个细节上都为弟子树立了榜样。本章是专讲执御和乘车的规矩。

**孔子上车时，一定端端正正地站好，拉着扶手带子。在车上不左顾右盼，不说多话，不用手指东指西，别影响驾车。**

## 26. 色斯举矣

**【原文】**色斯举矣，翔而后集。曰：“山梁雌雉，时哉时哉！”子路共之，三嗅而作。

**【解读】** 色：野鸡翅膀的美丽颜色。共：拱手。嗅：野鸡鸣叫的声音。作：扑动着翅膀起飞。

“色斯举矣，翔而后集”，我也见到过多次，并且蹲在山坡上仔细地观察过，一座山坡上一般只有一只野鸡、不成群。春天，雌性野鸡在山坡上鸣叫起飞是为了求偶。雎雎鸣叫，声音响亮而清脆，一般在起飞时叫两三声，起飞后在低空盘旋很短，旋即落到山坡上的灌木丛或草丛中或庄稼地里。雄性野鸡听到叫声，看到低空盘旋的雌鸟，就会飞过来。自然之物，很美也很浪漫。孔子“少也贱”，肯定知道这些山野中的事。

孔子是学者，又是个很热爱生活的人，所谓“圣人”是后人加封的。他爱音乐、爱骑射，兴趣广泛，他与子路、曾点等学生讨论志向的时候，曾点说：“暮春者，春服既成，冠者五六人，童子六七人，浴乎沂，风乎舞雩，咏而归。”夫子喟然叹曰：“吾与点也。”（《先进第十一》）可见孔子很喜欢春天去欣赏野外的生动的自然景物。可以想象，春天，风和日丽，当夫子和子路走在山路上看到野鸡，嗅嗅然鸣叫，扑扑飞起，又愉快地落下，期待雄野鸡飞来，确实是一种很有兴味的事。

**野鸡扑动美丽的翅膀，飞起来在空中盘旋一阵后又落下来。孔子说：“山坡上的雌雉啊，你起飞鸣叫正是时候啊，正是时候啊！”子路也很高兴，向野鸡拱拱手，野鸡又雎雎地叫了两三声，扑动着美丽的翅膀又飞了起来。**

这一段的生动描述和我多次看到的野鸡鸣叫、起飞、求偶的景观一模一样。夫子欣赏自然景观、心情愉悦，情不自禁喊道：“山梁雌雉，时哉时哉！”体现孔子热爱自然、热爱春天生动活泼的景物，也许没有其他意思。或有，那就是“青云羡鸟飞”，羡慕山梁雌雉，春风得意，得其时也，暗叹自己天不与时，人不与遇。

# 先进　第十一

本篇共二十六章，主要记述孔子学生的德行和学问。体现了孔子的教育思想、原则和方法。

## 1. 先进于礼乐

**【原文】**子曰："先进于礼乐，野人也；后进于礼乐，君子也。如用之，则吾从先进。"

**【解读】**先进、后进：是相对于学习礼乐与做官的先后。野人：是出身于平民、无世袭官爵的人。君子：此处是指有地位有承袭官爵的贵族、卿大夫子弟。

**孔子说："先系统学习礼乐而后出任官职的，一般是没有爵位和官职的平民出身。在任官职而后在职或离职学习礼乐的，一般是卿大夫子弟或是在任官员。假如要我选用人才的话，我主张选用先系统地学习礼乐的人。"**

孔子重系统正规的礼乐学习，看重系统正规学习的士子，而不太看好"后进于礼乐"者，即那些有爵位有官职的在职"学习镀金"者。

## 2. 从我于陈蔡者

**【原文】**子曰："从我于陈、蔡者，皆不及门也。"

**【解读】**陈蔡：春秋时的诸侯国。史载：孔子周游列国曾受厄于陈蔡断粮七日，当时跟着他的有颜回、子路等，回到鲁国后，这些人中有的英年早逝，如颜回，有的做官去了，大都离开了孔子。弟子半零落，孔子回忆往事，悲从中来，不禁感叹唏嘘。

**"跟随我在陈国蔡国经危难、受饥饿的弟子们多已零落，都不在我身边了！"**

## 3. 孔门四科十哲

**【原文】**德行：颜渊、闵子骞、冉伯牛、仲弓；言语：宰我、子贡；政事：冉有、季路；文学：子游、子夏。

**【解读】**据《史记·仲尼列传第七》记载：孔子说过跟着他学习而精通六艺的弟子有七十七人，他们都是具有卓越才能的人。德行方面突出的：颜渊、闵子骞、冉伯牛、仲弓。擅长处理政事的：冉有、季路。语言方面：宰我、子贡。文章博学方面：子游、子夏。这就是后世学者们所称孔门四科十哲。

颜回：字子渊，孔子对他评价最高。学问、人品堪称弟子中之魁首。

闵子骞：姓闵，名损，字子骞。以孝著称，又有节操，"他不做大夫的家臣，不食昏君的俸禄"。

冉伯牛：姓冉，名耕，字伯牛。有德行，重疾，孔子很心痛。

冉雍：姓冉，名雍，字仲弓。出身贫贱，品德高尚，孔子多次高度评价。

以上四位皆以德行著称。

宰我：又叫宰予，字子我。口齿伶俐，擅长辞辩，虽然孔子曾批评他，但孔子还是肯定他在言语方面的天赋和特长。

子贡：姓端木，名赐，字子贡。很有学问，很有经济头脑，擅长理财，特别巧于辞令，长于外交，孔子很欣赏他。他对孔子也十分敬重。

宰我、子贡同列言语专才。

冉有：姓冉，名求，字子有。曾作季氏家臣之首。能把千户人家的城邑，百辆兵车的采邑的军政事物管理好。

季路：就是子路。姓仲，名由，字子路，又叫季路。性耿直，办事果敢干练。

冉有、季路以政事见长，孔子称赞。

子游：姓言，名偃，字子游。孔子认为子游博学，精通文献典籍。

子夏：姓卜，名商，字子夏。子夏博学多闻，悟性极高。孔子很欣赏他，曰："启予者商也，始可与言《诗》已矣。"

子游、子夏以学问见长。

## 4. 回也非助我也

**【原文】**子曰："回也，非助我者也，于吾言无所不说。"

**【解读】**说：通悦。

这是孔子对颜回的又一次赞美。《为政第二》第9章，孔子说："吾与回言终日，不违，如愚。退而省其私，亦足以发。回也不愚。"颜回闻一知十，聪慧过人，悟性极高，对孔子的言述默然识之，句句从心里喜欢、接受、崇信，对夫子的思想和学说坚信不疑。所以对夫子之言，"无所不说"。

孔子有见于此，当然高兴。但他还是想听到不同的意见，以促进自己的学习、思考，完善自己的学问和品行。因此也希望颜回对他有所批评。

**孔子说："颜回呀，你不是能给我启发帮助的人啊，你对我的言述只一味地喜欢、听从，从不提点点反面意见。"**

教学相长，有孔子这样的老师才有颜回这样的学生。

## 5. 孝哉闵子骞

**【原文】** 子曰："孝哉，闵子骞！人不间于其父母昆弟之言。"

**【解读】** 闵子骞幼时丧母，其父娶后妻，又生二子，继母虐待子骞，其父知道后要把后母赶走，子骞为后母求情，对父亲说："母在一子寒，母去三子单。"（留着母亲还只我一个人苦一点，赶走母亲我和两个弟弟都没有母亲了，何其孤单。）其情可感，父亲留下了后母。后母也十分感动，从此善待子骞犹如己出，成了慈母，传为佳话。这是孔子对子骞和闵家事迹的赞扬。

**孔子说："闵子骞真是孝顺啊！他的父母兄弟称赞他孝顺的话，别人无法质疑和挑剔。"**

## 6. 南容三复白圭

**【原文】** 南容三复白圭，孔子以其兄之子妻之。

**【解读】** 白圭，是一种珍贵的莹洁的白玉。《诗经·大雅》中有："白圭之玷，尚可磨也。斯言可玷，不可为也。"意思是白玉上的污点尚可以磨去，但说话不谨慎而出错，则无法挽回。南容，即南宫适，孔子曾多次赞扬，德才兼备，说话处事谨慎。南容三复白圭：就是说南容反复地背诵《诗经·大雅》"白圭之玷"章，经常提醒自己说话谨慎。

**南容经常反复地背诵《诗经》中关于"白圭"的句子，来告诫**

自己说话要谨慎。(孔子曾称赞南宫真是个君子啊，崇尚道德）孔子把侄女嫁给了他。

## 7. 季康子问

**【原文】**季康子问："弟子孰为好学?"孔子对曰："有颜回者好学，不幸短命死矣，今也则亡。"

**【解读】**《雍也第六》记述了哀公问的同一个问题，孔子作答："有颜回者好学。"颜回者，仁爱诚信，谦虚好学，严于律己，德行出众。好学不仅表现在博学多闻，更表现在进德修身上，孔子称赞有加。颜渊英年早逝，孔子十分悲痛和惋惜，"天丧予！天丧予!"

**季康子问："您的学生中谁最好学?"孔子回答："有一个叫颜回的最为好学，不幸英年早逝，现在没有那样好学的人了。"**

## 8. 颜路请子之车以为之椁

**【原文】**颜渊死，颜路请子之车以为之椁。子曰："才不才，亦各言其子也。鲤也死，有棺而无椁。吾不徒行以为之椁。以吾从大夫之后，不可徒行也。"

**【解读】**颜路：是颜渊的父亲。椁：古代有地位的人棺材有外椁内棺。

**颜渊去世后，颜渊的父亲请求孔子把车子卖掉为颜渊买一幅外椁。孔子说："有才的没有才的，都是我们各自的儿子（颜渊有才，孔鲤没有才)。我的儿子孔鲤死了，只有棺没有椁，我没有卖掉我的车为他购置外椁。因为我曾做过大夫，按礼制规定，是不可以步**

行的。”

孔子遵礼，礼法大于人情。

## 9. 颜渊死　天丧予

【原文】颜渊死。子曰：“噫！天丧予！天丧予！”

【解读】颜回英年早逝，孔子悲痛欲绝，几乎是呼天抢地的哭喊：“哎呀！老天爷您要我的命呀！您会要我的命呀！”

## 10. 颜渊死　子哭之恸

【原文】颜渊死。子哭之恸。从者曰：“子恸矣！”曰：“有恸乎？非夫人之为恸而谁为？”

【解读】圣贤道何以传？这样优秀的弟子死了，叫夫子如何不恸！

颜渊死了，孔子哭得极度悲痛。跟随孔子的人说：“您悲痛过度了！”孔子说：“是悲痛过度了吗？我不为这样的人悲痛又为谁呢？”

## 11. 颜渊死　门人欲厚葬之

【原文】颜渊死。门人欲厚葬之。子曰：“不可。”门人厚葬之。

子曰：“回也视予犹父也，予不得视犹子也。非我也，夫二三子也。”

【解读】回也视予犹父也，予不得视犹子也：颜回平素把我（孔子）当父亲一样，而我今天在葬你的礼节上没有把你和儿子孔鲤一样的对待。孔子对厚葬颜渊有愧疚感，因为违礼了。

**颜回死了，孔子的弟子们都要求厚葬颜回，孔子明确表示："不可以。"但是弟子们还是厚葬了他（有僭越礼制之嫌）。孔子愧疚地说："颜回啊，你把我当作父亲来看待，而我却没有能够把你当作儿子看待，让他们僭越礼制厚葬了你，不是我的本意啊！是你的同学们做的啊！"**

孔子视礼为一切行为的准则，情必须服从礼，遵从礼。孔子不是说过"发乎情，止乎礼"吗？此之谓也。

## 12. 季路问事鬼神

**【原文】**季路问事鬼神。子曰："未能事人，焉能事鬼？"曰："敢问死？"曰："未知生，焉知死？"

**【解读】**孔子重视现实人生，重视"务民之义"，说过"务民之义，敬鬼神而远之，可谓知也"。他对生者事之以礼，对死者葬之以礼、祭之以礼，对长辈死后的葬祭均是出于感恩、孝德和礼，而不是相信鬼神。因此当子路问人与鬼、生与死的时候，孔子回答得很剀切：不侍奉鬼神，先侍奉好现实生活中的人，不要讨论研究死而要更好地关注现实人生。

**子路问孔子如何侍奉鬼神。孔子说："还没有侍奉好现实生活中的人，怎么能讨论侍奉鬼神？"**

**子路又问："我冒昧地问老师，死是怎么回事呢？"孔子回答说："你对生都还没有搞清楚，怎么去弄明白死？"**

重视现实生活，重视现实生活中的人。

## 13. 闵子骞侍侧　訚訚如也

**【原文】**闵子侍侧，訚訚如也；子路，行行如也；冉有、子贡，侃侃如也。子乐。“若由也，不得其死然。”

**【解读】** 訚訚：正中平和、安详的样子。行行（hànghàng）：刚直。侃侃：轻松愉快。

**闵子骞侍立在孔子身旁，正中平和的样子，子路很刚强的样子，冉有、子贡愉快从容的样子。孔子很高兴。但又叹息说：“像仲由那样恐怕难尽天年。”**

老子曾说“木强则折”，还张口以舌子和牙齿作喻，说：牙齿刚强，舌子柔软，舌子还在，牙齿却早没了，“坚强者死之徒”。

太刚强不好，满招损，刚易折。孔子常为子路的勇敢刚强担心，曾有不少劝诫，如“好刚不好学，其蔽也狂”“临事而惧”的警示。峣峣者易折啊！孔子不幸言中，子路后来死于非命，子路死后，孔子十分悲痛。

孔子赞赏容貌仪态恭敬有礼、中正平和。

## 14. 鲁人为长府

**【原文】** 鲁人为长府。闵子骞曰：“仍旧贯，如之何？何必改作？”子曰：“夫人不言，言必有中。”

**【解读】** 鲁人：鲁国执政的人。长府：府库，官府的仓库。

**鲁国的执政者打算改建官府的仓库。闵子骞说：“维持原样，不好吗？为什么一定要重新改建呢？”孔子说：“闵子骞这个人不说则已，一说就切中要害，讲到点子上了。”**

“节用而爱人，使民以时”，孔子告诉学生这是“道千乘之国”的基本原则之一。节用财力，爱惜民力。闵损正是遵循夫子的思想而发表意见的，所以得到孔子的肯定。

## 15. 由之瑟奚为于丘之门

**【原文】**子曰："由之瑟，奚为于丘之门？"门人不敬子路。子曰："由也升堂矣，未入于室也。"

**【解读】**瑟：琴瑟，是一种比较高雅的弦乐乐器。升堂：入门、升堂、入室，大概是指学问的不同层次。升堂已达"可登大雅之堂"的水平了，入室，精深入微了。

**孔子说："仲由的瑟，为什么在我门口弹呢？"意思是仲由的音乐水平已相当高了，可以登堂了。但是同学都把孔子的话理解错了，以为是老师批评仲由，"你跑到我门口弹什么瑟，有点粗野"。本来，仲由为人耿直，说话办事都敢字当头，孔子批评过"野哉，由也"。因此同学们就以此瞧不起仲由。孔子感觉到了同学们的误会，于是解释说："仲由嘛，弹瑟的水平已经很不错了，已经达到升堂的水平了，只是还没有达到入室精深的水平。"**

孔子很喜欢子路、爱护子路，不能让其他学生误解自己的话而歧视子路。

## 16. 师与商也孰贤

**【原文】**子贡曰："师与商也孰贤？"子曰："师也过，商也不及。"曰："然则师愈与？"子曰："过犹不及。"

**【解读】**师：即子张，子张是比较优秀的学生，其言行在《论语》多有记载，《子张第十九》就记述了子张、子夏、子游等人的对话。在孔子的心里，子张很有学问，但算不上仁，有点偏激。子夏以文学著称，但为人拘谨、谨慎有余。

**子贡问孔子："子张和子夏哪一个更贤良一些？"孔子说："子张偏激了一点，子夏又拘谨了一点。"子贡又问："那么是子张强一些吗？"孔子说："过与不及是一样的啊！"**

孔子评价其弟子既客观又中肯，没有偏私。特别是有一点更可贵，孔子奉中庸"不过亦无不及"为至道至德，进德修身为人处事能守中道为贤。"中庸之为德也，其至矣乎。"（《雍也第六》）

## 17. 季氏富于周公

**【原文】**季氏富于周公，而求也为之聚敛而附益之。子曰："非吾徒也。小子鸣鼓而攻之，可也。"

**【解读】**季氏：鲁国权臣季康子。周公：是指周公黑肩等有钱有势的权臣，不是周公旦。求：冉求，即子有、冉有。

**季康子比好多有钱有势的权门还富有，但冉求还为他聚敛民财增加财富。孔子说："冉求不再是我的学生啊！你们可以大张旗鼓地批判他。"**

据《春秋左氏传·哀公十一年》记载，冉有为季氏家臣，为季氏用增加农民田赋的办法敛财，孔子劝过冉求，要度之以礼，待民以厚，敛从其薄。但可能是季氏坚持，冉有作为家臣，只能听主子的，没有听孔夫子的话。孔子十分气愤，告诉弟子们："冉求不再是我的学生了！你们可以鸣鼓而攻之。"

以仁为己任，仁民天下，博施济众，是孔夫子的理想。节用爱人，使民以时是他施政的重要原则。当然不能容忍他的学生搜刮民财为富可敌王的权臣敛财。孔子爱人之心、仁民之心可鉴日月，绝不是过去所说，孔子是奴隶主贵族、封建地主阶级的代表！

## 18. 柴也愚

**【原文】** 柴也愚，参也鲁，师也辟，由也喭。

**【解读】** 柴：高柴，字子羔，孔子的学生。参：即曾参。师：即子张。由：即子路。鲁：迟钝。辟：偏激。喭：莽撞。

这是孔子评价他的四位学生。

**高柴比较愚直，曾参比较迟钝，子张偏激，子路莽撞。**

孔子因人施教，首先了解学生的个性，这是从个性上讲的，并不妨碍孔子教他们道德文章。实际上这四位学生都是比较优秀的。

## 19. 回也其庶乎屡空

**【原文】** 子曰："回也其庶乎，屡空。赐不受命，而货殖焉，亿则屡中。"

**【解读】** 庶：即庶几，差不多。空：贫穷，一无所有。不受命：指不受君命的约束。货殖：经商贸易。亿：通臆，推测、预测。此时子贡正仕于卫，常在曹鲁之间的边界地区经商，这里可以不受君命约束，贸易自由。

**孔子说："颜回的道德学问差不多堪称完美了，但是他家里常常一贫如洗。而端木赐子贡呢，不受君命的约束，自己看准机遇经商做生意，每每预测准确赚到钱。"**

颜回是位仁人君子，孔子树立的道德学问的模范，不尚功利。事功可以说是一事无成，29 岁就死了，孔子深为惋惜悲恸。

子贡是位十分难得的人才，既尚仁德，又讲功利，长于辞令，外交上可以说是折冲樽俎、纵横捭阖，把齐、吴、越等国玩于股掌之中。经商能抓住机遇，贱买贵卖，行情屡猜屡中而成巨富。《史记·仲尼弟子列传》用很长的篇幅记载了他的事迹。《史记·货殖列传》亦有子贡搞贸易成巨富从而资助孔子周游的记载。后世有人尊子贡为儒商之祖。夫子将这两位高徒一起评价，恐怕多有几分感慨。

## 20. 子张问善人之道

**【原文】** 子张问善人之道。子曰："不践迹，亦不入于室。"

**【解读】** 善人：善是好，善良，与恶相对，次于圣人。善人在孔子的语境中多指君子，有道德有学问的人。有时也指有仁德修为的诸侯王，如"善人为邦百年"，"善人教民七年"。这一章的善人应从前意。不践迹：不循着前贤的脚步学习成长，也可理解为不实践、不践行。入于室：升堂入室，在孔子语中是惯用语，专指学问层次，入室是学问达到了精深的层次，即入了学问的奥室。

**这句话的意思，我理解为：子张问有道德学问的人的学习成长的方法和途径。孔子说："不努力学习前贤的道德学问，自己不去践行和体验，学问就达不到精奥高深的境界。"**

我以为孔子强调实践是更重要的学习。"不践迹，亦不入于室"，不实践，不从实践中去体验感悟则学不到真知。

## 21. 论笃是与

**【原文】** 子曰："论笃是与，君子者乎？色庄者乎？"

**【解读】** 论笃：侃侃而谈、头头是道，认真诚恳的样子。论，说话，言论；笃，认真、诚恳。是与：疑问语气。是，是非的是；与，同欤，疑问词。

整句是疑问语句。

**孔子说："侃侃而谈，头头是道，认真诚恳的样子一定是真的吗，是真君子吗？还是表面上装得庄敬诚恳呢？"**

"巧言令色，鲜矣仁。"孔子更喜欢讷于言、谨而信的人。

## 22. 闻斯行诸

**【原文】**子路问："闻斯行诸？"子曰："有父兄在，如之何其闻斯行之？"冉有问："闻斯行诸？"子曰："闻斯行之。"公西华曰："由也问'闻斯行诸'，子曰：'有父兄在'；求也问'闻斯行诸'，子曰：'闻斯行之'。赤也惑，敢问。"子曰："求也退，故进之；由也兼人，故退之。"

**【解读】**闻斯行诸：听到一件事马上就去做。兼人：行事果敢，敢作敢为的人。

**子路问孔子："听到一件事马上就去做吗？"孔子说："有父亲和兄长在，要问问他们，怎么能听到就去做呢？"**

**冉有问："听到一件事马上就去做吗？"孔子答："听到了马上就去做。"公西华看到两人问的同一个问题孔子却有不同回答，大惑不解，乃问孔子："子路问'闻斯行诸'，老师说'有父兄在，不要立即去做'；冉有也问'闻斯行诸'，老师却说'听到了就马上去做'。我不理解，特向您请教。"孔子说："冉有这个人生性谦让，遇事有些退缩，所以我鼓励他。子路这个人，生性勇猛好胜，任事果敢，所以我要劝诫他谨慎。"**

孔子了解学生，爱护学生，他总是按照每个人的禀赋性格给予不同的教导和点化。子路好勇，孔子教他“临事而惧，好谋而成”，“故退之”。冉有退缩，孔子教他遇事果敢积极。

因材施教，千古之师。

## 23. 子畏于匡

**【原文】** 子畏于匡，颜渊后。子曰：“吾以女为死矣。”曰：“子在，回何敢死？”

**【解读】** 子畏于匡：指孔子在匡地被围困拘押。颜渊后：颜渊最后一个逃脱才回到孔子身边。

**孔子在匡地被包围，师生走散了。颜回最后一个逃脱回到孔子身边。孔子悲欣交集说：“我以为你死了。”颜回说：“您老人家还活着，我怎么敢死呢！”**

师生情重，患难与共，生死相依。

## 24. 仲由　冉求可谓大臣与

**【原文】** 季子然问：“仲由、冉求可谓大臣与？”子曰：“吾以子为异之问，曾由与求之问。所谓大臣者，以道事君，不可则止。今由与求也，可谓具臣矣。”曰：“然则从之者与？”子曰：“弑父与君，亦不从也。”

**【解读】** 这章讲臣如何事君主。“以道事君”是总原则。道就是先王仁德礼法之道，不能讲愚忠愚敬，君主无道，不要跟从。

**鲁国的权门季子然问：“仲由和冉求可以说是大臣吧？”孔子说：“我以为你要问别的什么问题，原来是问子路和冉求算不算大臣啊。**

我们所说的大臣是能以合乎先王之道的仁德礼法侍奉君主的臣子。如果这样做行不通，就请辞不干了。现在子路和冉求还算不上这样的大臣，凑数而已！”季子然又说：“那他们完全听从君主的话吗？”孔子说：“如果是让他们杀父杀君，他们是不会听从的。”

孔子态度很鲜明，以道事君，不能盲从，不要愚忠。对子路、冉求一味跟从季氏是不满的。特别是冉求为季氏搜刮民财敛财聚富十分不满，但还是肯定他们大的道义不会违背，“弑父与君亦不从也。”

## 25. 子路使子羔为费宰

**【原文】** 子路使子羔为费宰。子曰：“贼夫人之子。”子路曰：“有民人焉，有社稷焉，何必读书，然后为学？”子曰：“是故恶夫佞者。”

**【解读】** 子羔：即高柴，刚 28 岁，性格比较愚直。当时学业还没完成，孔子认为他还应继续学习，不应该去费邑为地方官。民人：指老百姓。社稷：社是土地，稷是庄稼，常代指国家，所谓江山社稷，但这里我以为就是代指土地、庄稼。

**子路叫子羔去担任费邑的地方官。孔子知道后批评子路：“你这是坑害人。”子路说：“那里有老百姓，有土地庄稼，需要人去管理，并且管理一个地方也是学习，为什么一定要读书之后，才算是学习呢？”孔子说：“正因你这样，我很讨厌那些做错了事还巧言诡辩的人。”**

孔子的思想是“学而优则仕”，读好了书，有时间有机会可以去做官。“修齐治平”学习修身进德是第一位的，子羔年纪还小，学问还不好，子路叫子羔去做费邑的地方官，一是坑害了子羔，会影响子羔的学业；二是管理不好费邑，会害了那里的老百姓。子路的回答也有道理。读书是学习，工作实践也是学习，边工作边学习，学习与工作相结合也许长进会更快。

## 26. 子路　曾皙　冉有　公西华侍坐

**【原文】**子路、曾皙、冉有、公西华侍坐。

子曰："以吾一日长乎尔，毋吾以也。居则曰：'不吾知也！'如或知尔，则何以哉？"

子路率尔而对曰："千乘之国，摄乎大国之间，加之以师旅，因之以饥馑，由也为之，比及三年，可使有勇，且知方也。"

夫子哂之。

"求，尔何如？"

对曰："方六七十，如五六十，求也为之，比及三年，可使足民。如其礼乐，以俟君子。"

"赤，尔何如？"

对曰："非曰能之，愿学焉。宗庙之事，如会同，端章甫，愿为小相焉。"

"点，尔何如？"

鼓瑟希，铿尔，舍瑟而作，对曰："异乎三子者之撰。"

子曰："何伤乎？亦各言其志也。"

曰："莫春者，春服既成，冠者五六人，童子六七人，浴乎沂，风乎舞雩，咏而归。"

夫子喟然叹曰："吾与点也！"

三子者出，曾晳后。曾晳曰："夫三子者之言何如？"

子曰："亦各言其志也已矣。"

曰："夫子何哂由也？"

曰："为国以礼，其言不让，是故哂之。"

"唯求则非邦也与？"

"安见方六七十如五六十而非邦也者？"

"唯赤则非邦也与？"

"宗庙会同，非诸侯而何？赤也为之小，孰能为之大？"

**【解读】**曾晳：孔子的学生，曾参之父。毋吾以也：毋，不要；吾以，"以吾"倒装。这种句型很多，不要在意我比你们长。率尔：直率快言。摄乎大国之间：挤兑在大国中间，夹缝中。知方：方，方圆，规矩。此指道义礼仪。夫子哂之：孔子不以为然地一笑。会同：会见接待国宾。端章甫：礼服礼帽，这里指出席正规国家仪式。小相：小司仪。鼓瑟希，铿尔：鼓瑟已近尾声，铿的一声结束。莫春：暮春。冠者：成年人。沂：山东曲阜县南的一条河。舞雩：鲁国祭祀求雨的地方。

**子路、曾晳、冉有、公西华（赤）四位弟子陪孔子坐着。**

**孔子说："我比你们年纪大一点，你们不要在意，只管讲心里话，平常你们说过：'没有人了解自己。'如果现在有人了解你们并且想请你们去做事，那你们有什么打算有何作为呢？"**

**子路快言快语，脱口而出，说："有一个千乘之国，夹在几个大国之间，还常受侵犯威胁，又加上国内连年饥荒。如果有这么一个国家要我去治理，只要三年我要让那里的人民树立自信，勇敢地团**

结起来，并且人人明道义、知礼仪。”

孔子听了，不以为然地微微一笑。

“冉求，你有何打算？”

冉求回答：“方圆六七十里，或者五六十里的小国家，我去治理的话，只要三年，可使老百姓丰衣足食。至于礼乐教化那只能等圣贤的君子去做。”

孔子又问：“公西赤，你呢？”

公西赤说：“我不敢说我有什么能力，只是愿意学习学习，试试看。祭祀的事情或者会见接待国宾，穿戴正装礼服愿做一个小小的司仪。”

“曾点，你有什么打算？”

曾点鼓瑟正近尾声，听老师发问，铿的一声收住瑟，站起来答道：“我的想法和他们三位不同。”

孔子说：“那有什么妨碍呢？只不过个人说说自己的想法罢了。”

曾点说：“暮春三月，穿好春天的衣服，约上五六个成年人，六七个小孩，在沂水洗浴，舞雩台上春光明丽、惠风和畅，我们晒着太阳，春风拂面，玩够了一路唱着歌回来。”

孔子喟然长叹：“好啊，我赞许曾点的想法。”

子路、冉有、公西华三位都走了，曾点走在后面，问孔子：“他们三位讲的怎么样？”

孔子说：“也不过各人说说自己的意愿想法而已。”

曾点问：“你怎么冲着子路微微一笑呢？”

孔子说：“治理国家要讲礼让，可他的话一点也不谦虚，所以我笑他。”

曾点又问：“只是冉求说的不是治理一个邦国吗？”

**孔子说：“谁见过方圆六七十里或五六十里还不算一个邦国？”**

**曾点问：“公西赤讲的不是国家吗？”**

**孔子说：“有宗庙，有诸侯间的会见，不是国家是什么？像公西华这样的人，还只能当小司仪，那大司仪谁能胜任呢？”**

这是《论语》中最长的一章，四个学生各言其志。子路信心满满，三年可使内忧外患的大国兵强民勇。孔子哂子路“其言不让”。冉有表示三年要把一个小国治理得人民丰衣足食，但又表示礼仪教化难见成效。公西赤更谦虚，说自己只能在祭祀和迎送国宾时当个小司仪。孔子肯定冉有和子华的谦虚。这反映孔子十分注意培养学生谦虚礼让的品格。

曾点的想法异乎三子，想暮春一游。“浴乎沂，风乎舞雩，咏而归。”孔子欣然一叹，赞许曾点的想法，“吾与点也！”为什么？是栖栖奔波、周游列国累了，想回归自然了？也许有之，“时不我与，不如归去”。但是我更认为是孔子赞许曾点对自然美好事物和自由生活的热爱，对人与人（冠者五六人，童子六七人）和谐融洽关系的向往，其人文情怀和志趣与曾点相通，所以“吾与点也！”思想情感发生了共鸣。

时间过去了一千年，东晋诗人陶渊明以“时运”为题写了一首诗，借用了《论语》的这个典故：“延目中流，悠想清沂。童冠齐业，闲咏以归。我爱其静，寤寐交挥。但恨殊世，邈不可追。”诗人表达了对孔子及曾点那种人文情怀、自然志趣的仰慕。陶渊明是魏晋众多名士中为数不多的崇儒学不尚清玄，重自然不薄名教的品节高尚的君子。

# 颜渊　第十二

本篇共二十四章，比较集中地阐述“仁”的思想。仁是孔子思想的核心，他所主张的礼义道德都是从仁出发，以仁为本。“仁者爱人”，仁以人为本，把人放在第一位，尊重人、关心人、爱护人，以己及人、“己欲立而立人，己欲达而达人”、“己所不欲，勿施于人”，是孔子提出的最完美的人文主义和价值观。

“克己复礼为仁。一日克己复礼，天下归仁焉。”天下为公，天下归仁，是孔子以仁为本的政治理想。社会上政治关系和人与人之间伦理道德关系的建立，都要以仁为基础，以人（他人、人人）为根本。

## 1. 克己复礼为仁

**【原文】**颜渊问仁。子曰：“克己复礼为仁。一日克己复礼，天下归仁焉。为仁由己，而由人乎哉?”

颜渊曰：“请问其目。”子曰：“非礼勿视，非礼勿听，非礼勿言，非礼勿动。”

颜渊曰：“回虽不敏，请事斯语矣。”

**【解读】**克己，即克己修身，克制自己的私欲，加强道德修养。复礼：使自己的思想言行符合礼的规范。本章的克己复礼，还有更深的、更重要的意思——克己修身，恢复周公礼治，结束礼崩乐坏的春秋乱象。天下归仁：天下万民都崇礼尚仁，回归到人与人互相尊重、互相爱护、互相帮助、互相包容、我为人人、人人为我的和谐社会。目：条目、细则。

**颜渊问："什么是仁？"孔子说："克己修身，使自己的思想言行符合礼的规范，使天下国家恢复周公的礼治，结束礼崩乐坏的现状。这就是仁。有哪一天（一旦）做到了这个样子（克己复礼），天下就会崇礼尚仁，回归人与人之间互相尊重、互相爱护、互相帮助、互相礼让宽容、我为人人、人人为我的和谐社会。要实现仁，在于我们每一个人，从自己做起，难道只要求别人吗？"**

**颜渊说："请问行仁的具体条目。"孔子说："不符合礼的东西不看，不符合礼的话不听，不符合礼的话不说，不符合礼的事不做。"**

**颜渊说："我虽然不聪明，也一定遵照这些去做。"**

这一章孔子谈仁，并讲了行仁的具体内容，特别讲了三个很重要的思想观点：一是"克己复礼为仁。一日克己复礼，天下归仁"，这是仁之大端，与礼相依存。在孔子思想中一个"仁"、一个"礼"是极其重要的两个范畴。仁是核心、本质，是社会的核心价值观；约之以礼，礼是社会政治制度、秩序，人伦纲常，是道德规范，以仁为其出发点和归宿，"道之以德，齐之以礼"，礼治社会必须以仁和礼来支撑。春秋礼崩乐坏根本原因是仁德的丢失，礼制的背弃。这是孔子的思想逻辑。行仁才能复礼，复礼就是行仁，所以"一日克己复礼，天下归仁焉"。

二是为仁由己。仁德的修为、礼制的尊崇、（仁德）礼治社会的回归靠我们每一个人从自己克己修身做起。

三是非礼勿视、非礼勿听、非礼勿言、非礼勿动。仁德修为要从视、听、言、行每件小事做起，时时处处，言行举止，以仁为价值取向，以礼为言行规范。

## 2. 仲弓问仁

**【原文】**仲弓问仁。子曰："出门如见大宾，使民如承大祭。己所不欲，勿施于人。在邦无怨，在家无怨。"

仲弓曰："雍虽不敏，请事斯语矣。"

**【解读】仲弓请教什么是仁。孔子说："平时出门在外（求学或做事）要像迎见贵宾一样恭敬，役使老百姓要像承办重大祭祀一样心怀敬畏和感恩。自己不喜欢的，别强加给别人。（这样）在邦国没有人怨恨你，在地方上也不会有人怨恨你。"**

**仲弓说："我尽管愚钝，也一定按照先生的这番话去做。"**

第1章颜回问仁，孔子回答："克己复礼为仁。"讲的是仁之大端，行仁才能复礼，复礼就是行仁。克己修身，约之以礼，行仁在己。本章讲的仁就是如何待人，是敬人、恕人。"出则弟""事上以敬""出门如见大宾"讲的是敬师长、敬上级、敬事业。使民如承大祭，对百姓要心怀敬畏、态度诚恳，敬爱人民。在平素待人接物中，己所不欲勿施于人、推己及人，将心比心，以仁爱之心待人。

## 3. 司马牛问仁

**【原文】**司马牛问仁。子曰："仁者，其言也讱。"

曰："其言也讱，斯谓之仁已乎？"子曰："为之难，言之得无讱乎？"

**【解读】**司马牛：姓司马，名耕，字子牛，孔子的学生。

讱（rèn）：说话诘口，此指不轻易开口说话，出言很谨慎。

司马牛请教孔子什么是仁，孔子针对司马牛而说。据《史记》载，“司马牛多言而躁”，所以孔子告诫子牛，说话谨慎一点也是仁德的修为，“非礼勿言”嘛。修养仁人君子之德要从一言一行做起。

**司马牛请教孔子什么是仁。孔子说：“仁人君子，他的言语也很谨慎。”**

**司马牛说：“言语谨慎，这也叫作仁吗？”孔子说：“做成一件事很困难，说话能不谨慎吗？”**

## 4. 司马牛问君子

**【原文】**司马牛问君子。子曰：“君子不忧不惧。”

曰：“不忧不惧，斯谓之君子已乎？”子曰：“内省不疚，夫何忧何惧？”

**【解读】**和上一章一样，子牛问，夫子针对子牛而答，因人劝教。

**司马牛问孔子怎么样才算是君子。孔子说：“君子不忧愁，也没有恐惧。”**

**子牛又问：“不忧愁，没有恐惧，这就是君子了吗？”**

**孔子进一步解释说：“说话做事问心无愧，还有什么值得忧愁和恐惧的呢？”**

## 5. 司马牛忧

**【原文】**司马牛忧曰：“人皆有兄弟，我独亡。”子夏曰：“商闻之矣：‘死生有命，富贵在天。’君子敬而无失，与人恭而有礼，四海之内，皆兄弟也。君子何患乎无兄弟也？”

**【解读】**司马牛的兄弟就是在宋国威胁要杀孔子的桓魋，因作乱逃亡死在路上。本章实际上是子夏按照孔子的教导劝诫子牛，要加强仁德修养。“君子敬而无失，与人恭而有礼”，对人要有仁心仁德。

**司马牛很忧郁地说：“你们都有兄弟只有我没有了。”子夏劝他说：“我曾经听别人说过‘死生有命，富贵在天’。一个有仁德的君子做事总怀敬畏、认真谨慎，对人恭敬有礼，四海之内，都是兄弟啊！君子为什么要为没有兄弟而担忧呢？”**

## 6. 子张问明

**【原文】**子张问明。子曰：“浸润之谮，肤受之愬，不行焉，可谓明也已矣。浸润之谮，肤受之愬，不行焉，可谓远也已矣。”

**【解读】**这一章其意远深于言辞。对待谗言和诽谤，怎样做才叫明智、高明。

浸润之谮（zèn）：无形的慢慢地浸润布播的流言蜚语。肤受之愬（sù）：有灼肤之痛的诽谤攻击。愬，同诉。

**子张问孔子做人怎样才叫明白，孔子说：“像水浸润物品一样，无形的流言蜚语或者有灼肤之痛的诽谤攻击，你都能察觉，并且不怨不怒，退而审之于己，有则改之，无则加勉，进德修身，这样什么流言蜚语、诽谤攻击在你那里都行不通，就可以说你是个明白人。同样能做到这样，也可以说是一个有远见的高明的人。”**

对待流言蜚语、诽谤攻击，作为仁人君子应该有这样的境界，所以孔子以此告诫他的学生。

尧为君时立诽谤木，让人民群众公开批评政府和他自己，显示了尧作为圣贤君主的高明。“是非审之于己，毁誉听之人”，这就是仁人君子的明智，更是一种德操。“人或毁己、当退而求之于身”，“救寒莫于重裘，止谤莫如自修”，“躬自厚而薄责于人”。这样不管是浸润之流言，还是诉肤之诽谤，均会“不行焉”。

## 7. 子贡问政

**【原文】**子贡问政。子曰：“足食，足兵，民信之矣。”子贡曰：“必不得已而去，于斯三者何先？”曰：“去兵。”子贡曰：“必不得已而去，于斯二者何先？”曰：“去食。自古皆有死，民无信不立。”

**【解读】子贡问孔子如何治理国家。孔子说：“粮食充足，军备强大，还有人民信任。”子贡说：“假如不得已，这三者之中要去掉一项，应先去掉哪一项呢？”孔子说：“去掉军备。”子贡又说：“假如不得已，还要去掉一项，那么在粮食储备和人民信任中先去掉哪一项呢？”孔子说：“去掉粮食储备。自古以来人皆有死，而如果国家失去人民的信任，那国家就无法立足了。”**

此章孔子极而言之，兵可去，食可去，民信不可丢，民无信不立，国无民不保。一个国家一个政府，如果没有人民的信任，这个国家无以维系，这个政府无以立足。民为邦本，“载舟覆舟，所宜深慎”！

## 8. 君子质而已矣

**【原文】**棘子成曰：“君子质而已矣，何以文为？”子贡曰："惜乎！夫子之说君子也。驷不及舌。文犹质也，质犹文也，虎豹之鞟犹犬羊之鞟。"

**【解读】** 棘子成：魏国的大夫，大夫又尊称为夫子。

驷不及舌：马跑不快舌子，即"一言既出，驷马难追"。鞟（kuò）：去掉毛经鞣制的皮革。

又是讨论文和质的问题。《雍也第六》记述孔子关于质与文的关系的论述明白而经典。"质胜文则野，文胜质则史。文质彬彬，然后君子。""文质彬彬，然后君子"对于君子来说，既要有内在的良好的品德和学养（质），又要适当注意自己的仪表和言谈举止（外在的表现、文）。子贡深明孔子的教诲，因此用他的理解回答了棘子成关于质与文的质疑。

**棘子成说："君子有内在的好的本质就可以了，何必还要什么文饰呢？"子贡说："可惜啊，先生您竟这样说君子（质与文），一言既出、驷马难追，您错远了。对君子来说，文饰和品质一样重要。如果去掉毛色花纹，虎豹的革与犬羊的革就没什么区别。"**

文是质的外在表现，"质胜文则野"，此章侧重讲"文"。形式为内容服务，必要的适当的形式与内容同样重要。

## 9. 年饥　用不足如之何

**【原文】** 哀公问于有若曰："年饥，用不足，如之何？"有若对曰："盍彻乎？"曰："二，吾犹不足，如之何其彻也？"对曰："百姓足，君孰与不足？百姓不足，君孰与足？"

**【解读】** 有若：即有子。

彻：一种税制，税田十取一。二：税田十取二。孰与：怎么会，疑问语气。

这里讲了一个非常重要的观点。“百姓足，君孰与不足”，富国先富民，藏富于民，这是一种重民爱民的情怀，是孔子的富民思想，也是富国强国的根本战略。

**鲁哀公问有若，说：“年成不好，国家财用不够，怎么办呢?”有若回答说：“实行十分抽一的田税怎么样?”哀公说：“十分抽二，我还嫌不够，十分抽一怎么办呢?”有若回答说：“老百姓富足了，您怎么会不富足呢?老百姓贫穷了，您怎么会富足呢?”**

人们常说，大河有水小河满。实际上大河的水都是小河来的，因此应是小河有水大河满，民富才有国富。

## 10. 子张问崇德辨惑

**【原文】**子张问崇德、辨惑。子曰：“主忠信，徙义，崇德也。爱之欲其生，恶之欲其死，既欲其生，又欲其死，是惑也。‘诚不以富，亦衹以异。’”

**【解读】**崇德：尊崇道德。辨惑：明辨是非，不犯糊涂。

徙义：尊崇道义，见义即行，见义勇为。

诚不以富，亦衹以异：引自《诗经·小雅·我行其野》。原诗是写婚变的，婚变是因为感情，爱时爱得不得了，恨时恨不得他死。感情用事，常导致婚姻不幸，感情用事就是犯糊涂。后章，樊迟从游于舞雩之下也请教过辨惑，孔子说：“一朝之忿，忘其身以及其亲，非惑与?”感情用事，不顾自己也不顾家人就是糊涂。因此，本章为说明辨惑而引《诗经》中婚变的诗，是引得恰如其分的，朱子、程子和后面很多学者还误以为孔子错引诗典。今我正之。

**子张问怎样才能崇尚仁德、加强仁德修养，怎样才能明辨是非，**

**不犯糊涂。孔子说："坚持忠诚和信用，唯义是从，就是崇尚仁德、加强仁德修养。爱她（他）的时候爱得不得了，恨她（他）的时候恨不得她（他）死，这就是糊涂。正如《诗经·我行其野》中男女感情用事婚变一样，一切都只是心变了！"**

## 11. 齐景公问政于孔子

**【原文】**齐景公问政于孔子。孔子对曰："君君，臣臣，父父，子子。"公曰："善哉！信如君不君，臣不臣，父不父，子不子，虽有粟，吾得而食诸？"

**【解读】**君君、臣臣、父父、子子，这是孔夫子设计和提倡的社会政治伦理和人伦纲常，是礼的规范，也是仁的要求。要结束礼崩乐坏的局面，必须从整顿规范纲常开始，应该是正确的，切中当时各诸侯国（包括齐国）的时弊。而且"君君、臣臣、父父、子子"有权利和义务规定，如"君使臣以礼，臣事君以忠"，"为人君止于仁、为人臣止于敬、为人子止于孝、为人父止于慈"，等等。

一个有序的社会，自君王至平民都应各安其位、各守其德、各司其职、各尽其责。因此我以为孔夫子的提倡是正确的，即使到现在也不失其积极意义，只是要正确理解，讲道德、有伦理才有秩序。

**齐景公问孔子如何治国理政。孔子说："君王要像个君王，臣子要像个臣子，做父亲的要像个父亲，子女的要像个子女。"**

**景公说："说得好啊！假如君不君，臣不臣，父不父，子不子，虽然有粮食，我吃得到吗？"**

## 12. 子路无宿诺

**【原文】**子曰："片言可以折狱者，其由也与？"子路无宿诺。

**【解读】** 片言折狱：靠原告或被告一面之辞即断案。无宿诺：指许诺不过夜。宿，过夜。

**孔子说：“凭一面之辞就可以断案的人，大概就只有仲由吧？”子路这个人履行诺言从不拖延。**

子路与孔子走得最近，孔子最了解子路的性格。办事果敢，雷厉风行，这又是一例。

## 13. 孔子听讼

**【原文】** 子曰：“听讼，吾犹人也，必也使无讼乎！”

**【解读】** 听：审理、裁判。讼：诉讼。

**孔子说：“审理诉讼案件，我跟别人是一样的，但我更希望没有诉讼纠纷啊！”**

孔子崇尚和追求“道之以德、齐之以礼”，民耻且格而无讼。

## 14. 居之无倦　行之以忠

**【原文】** 子张问政。子曰：“居之无倦，行之以忠。”

**【解读】** 居：在职位上。倦：懈怠，在工作岗位上懒散。行：执行政令。忠：忠信。

**子张请教怎样从政。孔子说：“在自己的职位上要勤勉不要懈怠，执行政令要忠诚，办事要讲忠信。”**

子张问过“干禄”，孔子给了他“言寡尤，行寡悔”，说话办事要谨慎的忠告。子张问行，孔子给他“言忠信、行笃敬”之忠信、勤勉的劝诫。本章子张问政，孔子又告诫他，要敬业勤勉不要懈怠，要忠诚守信，仰不负君，俯不愧民。

## 15. 博学于文　约之以礼

**【原文】**子曰："博学于文，约之以礼，亦可以弗畔矣夫！"

**【解读】**孔子说："广泛地学习六经文献，并且用礼义约束自己，也就不至于背离君子之道了。"

## 16. 君子成人之美

**【原文】**子曰："君子成人之美，不成人之恶。小人反是。"

**【解读】**反映君子小人接人待物不同的心念和态度。君子之所以为君子，主要是有仁心仁德，仁者爱人，仁者能成全人的优点，长处和美好的事情、事业，小人喻于利，只念私利，只为自己，不会成全人。

**孔子说："君子总是为人着想，成全别人的好事，不会乘人之危，落井下石、坑害别人。小人恰恰相反。"**

## 17. 季康子问政于孔子

**【原文】**季康子问政于孔子。孔子对曰："政者，正也。子帅以正，孰敢不正？"

**【解读】**季康子：季孙肥，鲁国权门，鲁哀公时主持国政。他问政，孔子有针对性的回答："政者，正也。"为政者首先要正派有仁德，执政为公。

为政以正的思想在《论语》中多有阐述，其纲领是"为政以德，譬如北辰，居其所，众星拱之"，还有"苟其身正矣，于从政乎何有？""其身正不令而行"等等。

**季康子问孔子怎样执政。孔子说："政就是正，你执政者自己心正、身正，行为端正率先垂范，谁还敢不正？"**

## 18. 季康子患盗

**【原文】** 季康子患盗，问于孔子。孔子对曰："苟子之不欲，虽赏之不窃。"

**【解读】** 这和前一章一样是针对季氏的。"子欲善，而民善矣。""我欲仁，斯仁至矣。"盗贼蜂起，多因贫富不均，少数人富可敌国，大多数人民不聊生，孔子一句话，击中了季氏的要害，也揭开了社会问题的本质。

**季康子为盗贼蜂起犯难，请教孔子有什么办法。孔子回答："如果你自己不贪求财富，过度敛财聚财，老百姓他们不至于衣食无着。你就奖励他们盗窃，他们也不会做盗贼。"**

孔子的话如投枪、匕首，一语中的，直指权贵，揭露了社会问题的本质。

## 19. 君子之德风　小人之德草

**【原文】** 季康子问政于孔子曰："如杀无道，以就有道，何如？"孔子对曰："子为政，焉用杀？子欲善，而民善矣。君子之德风，小人之德草。草上之风，必偃。"

**【解读】** 偃（yǎn）：倒伏。

这里的君子指在上位的执政掌权者，小人是指老百姓。

**季康子问孔子如何执政，说："如果杀掉那些无道的坏人，亲近有道的好人，如何？"孔子回答说："您治国理政，为什么要用杀戮的手段呢？您怀仁向善，老百姓自然会怀仁向善。你们这些处在上位的执政者的德行就像风一样，老百姓的德行就像草一样，风吹向哪边，草必然倒向哪边。"**

这一章孔子通过与季康子的对话，再一次阐述了为政以德、执政怀仁向善、爱民止杀的思想。还提出了一个重要的观点："君子之德风，小人之德草。草上之风，必偃。"执政者的德行像风，百姓的德行像草，执政者的德行有引领风尚的作用，直接影响老百姓。"风尚是自上而下的"这是现代未来学家约翰·奈斯比特的名言，两千多年前孔子的话比他的话更形象生动。党风、政风影响民风。"政者，正也。子帅以正，孰敢不正？"一连三章孔子给季康子讲了同一个道理：为政以德，德在君子。

## 20. 士何如斯可谓之达

**【原文】**子张问："士何如斯可谓之达矣？"子曰："何哉？尔所谓达者。"子张对曰："在邦必闻，在家必闻。"子曰："是闻也，非达也。夫达也者，质直而好义，察言而观色，虑以下人。在邦必达，在家必达。夫闻也者，色取仁而行违，居之不疑。在邦必闻，在家必闻。"

**【解读】**又是孔子教育子张，"堂堂乎张也"，子张一表人才，性格张扬，功名之心较重，孔子有针对性地讲了这段话，应该说子张是很受教益的，在后面很多章节中，子张对"仁"、对"交友"、对"执德弘道"等方面有很正确的见解，不能不说与夫子对他长期的教育有关。**子张问："像我这样**

的读书人怎样做才可以显达呢?”（子张急于出名）孔子说:“你所说的显达是什么意思?”子张答:“显达，就是扬名邦国，闻名家乡。”孔子说:“这只是讲闻名于外，不是显达。我所理解的显达，主要是达，是品质高尚，见识高远，通达并崇尚道义，而且与人相处，善于体察别人的言行表现，留心向别人学习，谦卑、礼让、甘居于下。这样你在邦国必然显达，在家乡必然显达。至于名声，外表装得很有仁德，行为却与之相反，还自以为得意，一点也不愧疚，也可能在邦国、在家乡浪得虚名。”

这是孔子专门针对子张急于出名的活思想而说的。“闻”与“达”，着重讲“闻”是虚名，是欺世盗名。实际上“闻达”常连用，孔明《出师表》有“不求闻达于诸侯”云，闻达，中性词，本身无褒贬。

## 21. 崇德　修慝　辨惑

**【原文】**樊迟从游于舞雩之下，曰:“敢问崇德，修慝，辨惑。”

子曰:“善哉问！先事后得，非崇德与？攻其恶，无攻人之恶，非修慝与？一朝之忿，忘其身，以及其亲，非惑与?”

**【解读】**修慝（tè）:指改恶从善。慝:邪恶。

樊迟跟随孔子出游于舞雩台下，问孔子:“怎样崇尚和践行仁德、改恶从善、辨别是非、不犯糊涂呢?”孔子说:“这个问题问得好！做事争先，得利在后（吃苦在前，享受在后），不是崇尚践行仁德吗？反省检讨自己的过错，不去指责人家的过错，不是改恶从善吗？忍不住一时的气愤，忘记自己的生命安危，不顾亲人受牵累而

**冲动妄为，这不是糊涂吗？"**

崇德、辨惑，前第 10 章专为子张说过，今又为樊迟说，还加了一个修慝，孔子教学生总是以做人为主题，总是以社会现实生活为关注点，可贵、可学、越千古还有切实鲜活的现实意义。

## 22. 樊迟问仁　子曰爱人

**【原文】** 樊迟问仁。子曰："爱人。"问知。子曰："知人。"

樊迟未达。子曰："举直错诸枉，能使枉者直。"

樊迟退，见子夏曰："乡也，吾见于夫子而问知，子曰：'举直错诸枉，能使枉者直'，何谓也？"

子夏曰："富哉言乎！舜有天下，选于众，举皋陶，不仁者远矣。汤有天下，选于众，举伊尹，不仁者远矣。"

**【解读】** 乡也：乡同晌，刚才，时间概念。皋陶：舜时的贤德之臣。伊尹：商汤时的贤德之臣。

这一章又谈"仁"与"知"，何谓仁，曰："爱人。"何谓知，曰："知人。"孔子谈仁的地方很多，从不同的侧面都有精辟的论述，但仁、就是爱人，这是核心的核心。知，也讲过很多，知人是核心，是和仁者爱人一脉相通的。仁者莫大乎爱人，知者莫大乎知贤（知人），本章侧重讲知人举贤。

**樊迟问什么是仁。孔子说："爱人。"樊迟问什么是智，孔子说："知人。"**

**樊迟没有完全弄懂弄通这句话的意思。孔子又进一步解释说："把正直的贤德的人选拔上来，放到还不够正直的人之上，能使还不够正直的人也正直起来。"**

樊迟出来，见到子夏，说："刚才我见到老师请教什么是智，老师说：'把正直贤德的人选拔上来，放到还不够正直的人之上，能使那些还不够正直的人也正直起来。'老师这句话是什么意思？"

子夏说："这句话含意多么深刻啊！舜治理天下的时候，在众人之中选拔任用有仁德、有才干的皋陶为臣，那些没有仁德的人就远远地走开了。商汤治理天下的时候，在众人之中挑选了有仁德贤才的伊尹为臣，那些没有仁德的人也远离了。"

爱人仁民，知人举贤，皆为政之要义。

## 23. 子贡问友

**【原文】** 子贡问友。子曰："忠告而善道之，不可则止，毋自辱焉。"

**【解读】** 道：通导，引导。

子贡问怎样与朋友相处。孔子说："如果朋友有缺点和错误，要忠心地劝告他，好好地引导他。他要是不听劝导，你也不要纠缠不休，注意适可而止，不然会自讨没趣，影响朋友之间的关系。"

## 24. 以文会友　以友辅仁

**【原文】** 曾子曰："君子以文会友，以友辅仁。"

**【解读】** 曾子：即曾参。文：文献典籍。辅：互相学习，互相帮助，砥砺精进。

本章的君子，是指有道德学养的人。

曾子说："君子在学习文献典籍中交结志同道合的朋友，又靠朋

**友之间的互相学习、互相帮助、切切偲偲、砥砺精进来培养仁德。”**

人学习、进步、成长、成就一番事业都离不开朋友，君子周而不比，以文会友，忠信与友，以友辅仁，孔夫子的这些教导值得谨记。

# 子路　第十三

子路以为政见长，以篇名。主要讲孔子的治国理政的思想、主张和一些具体措施方法。纲领还是“道之以德，齐之以礼”，共三十章。

## 1. 子路问政

**【原文】** 子路问政。子曰：“先之，劳之。”

请益。曰：“无倦。”

**【解读】** 先之：以身作则，率先垂范。劳之：刻苦耐劳。之，是语气助词，相当于“也”。无倦：不懈怠。

**子路问如何为政。孔子说：“为政者自己率先垂范，以身作则，自己勤勉敬业，刻苦耐劳。”**

**子路请夫子讲得更多一点。孔子说：“坚持那样做下去，永不懈怠。”**

孔子关于为政的思想和要求讲了很多了。子路，孔门十哲，以政事见长，夫子再告诫他为政三条：一是自己要在思想道德、品行作风方面做出榜样，率先垂范，以教化影响人民。二是要勤于政事，吃苦耐劳，“先事后得”“先难后获”，吃苦在前，享受在后。三是长期坚持，永不懈怠，久久为功。一句话，即以尧、舜、禹、周公为榜样。

## 2. 先有司　赦小过　举贤才

【原文】仲弓为季氏宰。问政。子曰："先有司，赦小过，举贤才。"曰："焉知贤才而举之？"曰："举尔所知。尔所不知，人其舍诸？"

【解读】先有司：有司，管理部门的小官吏。先，与前章的"先"同义，以身作则，率先垂范。

**仲弓做季氏的总管，请教孔子如何管理（为政）。孔子说："自己以身作则为手下做事的官吏带头，宽恕别人的小过错，提拔优秀的人才。"**

**仲弓问："怎么发现优秀人才从而提拔任用呢？"孔子说："提拔你自己了解的。那些你没有发现还不了解的优秀人才，大家（群众）知道，你听听群众的意见，群众会把那些优秀人才举荐出来，群众不会舍弃那些优秀人才的。"**

仲弓做季氏宰，问政，夫子讲了三条：以身作则，宽以待人，任用人才。特别讲了发现和任用人才的两条途径：自己发现，依靠群众发现。群众公认是发现和任用人才的重要标准和重要方法。

## 3. 必也正名乎

【原文】子路曰："卫君待子而为政，子将奚先？"

子曰："必也正名乎！"

子路曰："有是哉？子之迂也！奚其正？"

子曰："野哉，由也！君子于其所不知，盖阙如也。

名不正，则言不顺；言不顺，则事不成；事不成，则礼乐不兴；礼乐不兴，则刑罚不中；刑罚不中，则民无所措手足。故君子名之必可言也，言之必可行也。君子于其言，无所苟而已矣！”

**【解读】**卫君：指卫出公蒯辄。正名：以仁为根本，以礼为准则，划定匡正国家君臣的名分、权力、职责和义务，建立国家政治体制、权力科层和社会政治的伦理秩序。这是孔子治国理政的重要思想。

**子路对孔子说：“如果卫出公等您去主持政事，您打算先做什么呢？”**

**孔子说：“必定要先正名！”**

**子路说：“有这样的吗？先生您太迂腐了！名怎么正？”**

**孔子说：“仲由啊！你真的太粗鲁了！我不是说过，君子对于自己不清楚的事，要暂时保留不说，哪里像你这样还没听明白就胡说！名，是君臣父子之纲常，名分不摆正，发布政令、说话就不顺理成章，政令就不通畅；政令不畅事情就办不成，特别是礼法制度建立完善不起来。一个国家的礼法制度不建立不完善，执行刑罚会宽严失当，刑罚失当老百姓就无所适从，就乱套了。所以君子必须先正名，名正了说话发布政令才行得通。不过作为君子说每一句话都要谨慎了，一点也不能马虎了。”**

正名就是确定伦理纲常，建立政治秩序。本章和齐景公问政时孔子说“君君、臣臣、父父、子子”基本是一个意思。“必也正名乎”就是整顿朝纲。卫出公当政的卫国君不君、臣不臣、父不父、子不子，父子争位，内乱不已。若是孔子执卫，当然要先整顿朝纲。

## 4. 樊迟请学稼

**【原文】** 樊迟请学稼，子曰："吾不如老农。"请学为圃，曰："吾不如老圃。"

樊迟出。子曰："小人哉，樊须也！上好礼，则民莫敢不敬；上好义，则民莫敢不服；上好信，则民莫敢不用情。夫如是，则四方之民襁负其子而至矣。焉用稼？"

**【解读】** 樊迟：名须，字子迟，孔子学生。学稼：学种庄稼。学为圃：学种蔬菜瓜果苗木。

这章的侧重点，还是讲为政。在上为政要带头"好礼""好义""好信"。好礼则民敬，好义则民服，好信则民真情追随。

至于孔子说樊迟，"小人哉""焉用稼"，一直被指责批判为"轻视劳动人民，轻视生产劳动"。这种批判也有道理，孔子做学问教书有他认识和指导思想的局限性——教育不与生产劳动相结合，"四体不勤、五谷不分"，当时的老百姓也批判过他，《论语》中如实记录了，孔子自己也说"吾不如老农""吾不如老圃"。夫子是个实在人，说的也都是实在话，没有轻视劳动人民。

另外，我们还应该注意，孔子教学生是想培养有道德、有学问的君子。"修、齐、治、平"是他教书育人的根本目的，这就不难理解，樊迟请学稼为圃，夫子却讲了一大篇为政的道理。孔子的思想是告诫学生胸怀大志，以修齐治平为担当。

**樊迟请求学种庄稼。孔子说："我不如老农民。"请求学种蔬菜，孔子说："我不如老菜农。"**

**樊迟走了。孔子说："樊迟啊，胸无大志啊！（只想学稼学圃当农民）你如果为政，居于上位尊崇礼法，老百姓没有不尊敬你的，**

**你对关乎百姓利益的事处理得当，没有人不佩服你服从你，你待人接物忠实诚信，老百姓就会真情待你，真心地追随你。如果这样，四面八方的百姓都会带着子女奔你而来，你学什么种庄稼种蔬菜呢？”**

## 5. 虽多　亦奚以为

**【原文】**子曰：“诵《诗》三百，授之以政，不达；使于四方，不能专对；虽多，亦奚以为？”

**【解读】孔子说：“一个人诵读《诗》三百，把政务交给他，他却不明白政务，处理事情一点也不顺畅。派他出使外国不能独立交涉应对，办不了外交。虽然诗书读得多，又有什么用呢？”**

本来，孔子说过，学了诗会说话，学了诗能明白很多道理，远可以事君、治国，近可以事父齐家。但学不能用，只读死书，读得再多也没有用处。孔子教学生，“学而时习之”“传不习乎”，要习，就是要学用结合，理论联系实际，学以致用，活学活用。

## 6. 其身正　不令而行

**【原文】**子曰：“其身正，不令而行；其身不正，虽令不从。”

**【解读】**榜样的力量是无穷的，尤其是领导者的率先垂范是强大的正能量，有巨大的推动力。孔子不厌其烦地强调，“子帅以正，孰敢不正”，“君子德风”，“先之，劳之”，“上好礼，民莫敢不敬”……

**孔子说：“当政者自己品行端正不用行政命令，百姓也会跟随你**

行动。当政者自己品行不正，即使三令五申，百姓也不会听从你的。”

## 7. 鲁卫之政　兄弟也

**【原文】**子曰：“鲁、卫之政，兄弟也。”

**【解读】**鲁、卫之政：鲁国和卫国从历史沿革来讲，鲁国是周公旦的封地，卫国是卫康叔的封地。周公旦和卫康叔是兄弟，当孔子之时，鲁国和卫国关系也比较密切。因此，**孔子说：“鲁国和卫国的政治关系如同兄弟。”**

## 8. 子谓卫公子荆

**【原文】**子谓卫公子荆：“善居室。始有，曰：‘苟合矣。’少有，曰：‘苟完矣。’富有，曰：‘苟美矣。’”

**【解读】**卫公子荆：卫国大夫，公子荆，有贤德。合：够。完：完备。美：尽善尽美。

**孔子评价卫国大夫公子荆说：“这个人会过日子，知足常乐。刚有一点点财产，他就说：‘差不多就够了。’稍有结余多了一点，他说：‘差不多完备了，够多的了。’富有了，他又说：‘几乎完美了，富足了。’”**

君子居无求安，食无求饱，知足常乐，这是孔子的精神境界。这也是一种修为。

## 9. 既庶矣富之　既富矣教之

**【原文】**子适卫，冉有仆。子曰：“庶矣哉！”冉有曰："既庶矣，又何加焉？"曰："富之。"曰："既富矣，又何加焉？"曰："教之。"

**【解读】** 这一章讲执政为民。第一位是富民，让老百姓富起来，其次要教化百姓，知礼义。孔子的执政理念是很先进的。适：去、到。仆：仆役，这里指冉有当仆驾车。庶：指人口众多。

**孔子到卫国，冉有为他驾车。孔子说："这里的百姓真多啊！"冉有说："百姓已经这么多了，该怎么办呢？"孔子说："使他们富裕起来。"**

**冉有又说："既富裕起来了，又该怎么办呢？"孔子说："教育他们，使他们知礼义。"**

## 10. 苟有用我者　三年有成

**【原文】** 子曰："苟有用我者，期月而已可也，三年有成。"

**【解读】** 期月：一周年。十二个月为一期。

**孔子说："如有人用我治理国家只要一年可见成效，三年就会成功。"**

夫子满腹经世之才，一腔报国之志，时不见用，总是派不上用场。"忠不必用兮，贤不必以"，令人千年扼腕叹息。

## 11. 善人为邦百年

**【原文】** 子曰："'善人为邦百年，亦可以胜残去杀矣。'诚哉是言也！"

【解读】善人：有仁心仁德的圣贤。胜残：克服残暴，不行暴政。去杀：实行仁政，免除杀戮。胜残去杀，是孔子的礼治德政社会理想。

**孔子说："'善人治国，不断地推行礼治德政，到一百年，也可以胜残去杀了。'这句话真说得好啊！"**

## 12. 如有王者必世而后仁

【原文】子曰："如有王者，必世而后仁。"

【解读】王者："五百年必有王者兴"，在孔孟的观念里，王者是指尧、舜、禹、文、武、周公一样的圣贤。世：三十年为一世。

**孔子说："如果有尧、舜、禹、文、武、周公一样圣贤的君王来治国理政，经过三十年的努力，仁政一定大行天下。"**

大行仁政，关键在人，在于圣贤君主不懈的努力。和上一章一样，孔子说出了一个重要的观点，美好理想的实现需要漫长的时间。

## 13. 苟正其身　于从政乎何有

【原文】子曰："苟正其身矣，于从政乎何有？不能正其身，如正人何？"

【解读】**孔子说："如果首先使自己品行端正，那么于执政理国有什么困难呢？不能端正自己的品行，那又如何领导教育别人行为端正呢？"**

正人先正己，夫子之言，越两千多年仍如尼山明月之光熠熠生辉。

## 14. 冉子退朝何晏也

【原文】冉子退朝。子曰："何晏也？"对曰："有政。”子曰：“其事也。如有政，虽不吾以，吾其与闻之。”

**【解读】** 冉子：即冉有，其时正做季氏的家臣。冉有非常尊敬孔子，孔子晚年返回鲁国，还得益于冉有向季氏进言。但冉有为季氏搜刮民财，孔子宣布冉有不再是他的学生，并且发动其他弟子“鸣鼓而攻之”。这一章也记述了孔子对冉有的不信任和不满。

**冉有从季府归来。孔子问：“你为什么这么晚才回来呀？”冉有回答：“有政事。”孔子说：“应该是季家的私事吧？如果是国家的政事，虽然我现在不在任上，我还是可以听得到。（我没听到啊！）”**

## 15. 一言可以兴邦

**【原文】** 定公问：“一言而可以兴邦，有诸？”孔子对曰：“言不可以若是，其几也。人之言曰：‘为君难，为臣不易。’如知为君之难也，不几乎一言而兴邦乎？”

曰：“一言而丧邦，有诸？”

孔子对曰：“言不可以若是，其几也。人之言曰：‘予无乐乎为君，唯其言而莫予违也。’如其善而莫之违也，不亦善乎？如不善而莫之违也，不几乎一言而丧邦乎？”

**【解读】** 这一章是孔子和鲁定公讨论言语谨慎与治国理政的关系。作为君主品行要端正，言语要谨慎，为政要勤勉。

**鲁定公问孔子：“一句话可以使国家兴盛，有这样的事吗？”**

**孔子回答说：“话不可以这样说，但意思差不多。人们常说：‘做君主难，做臣子也不容易。’如果知道为君难，就会认真勤谨地**

**去履行职责。那不就差不多是一句话而使国家兴盛了吗?”**

**定公又问:“一句话而使国家灭亡,有这样的事吗?”**

**孔子回答说:“话不可以这样说,但意思差不多。有人说:‘我做国君没感到什么快乐,就是有一点我说什么都没有人敢违抗。’如果君王说的话正确而没人违抗不也很好吗?但如果说的话不正确而没有人违抗,也没有人提反对意见,那不几乎是一句话使国家灭亡吗?”**

前第3章,就讲了“君子于其言,无所苟而已矣”。君无戏言,言可兴邦,言可丧邦,所宜深慎!

## 16. 叶公问政

**【原文】**叶公问政。子曰:“近者说,远者来。”

**【解读】**叶公:名沈诸梁、字子高。楚国大夫,封邑在叶地,称叶公。说:同悦。

**叶公问怎样执政。孔子说:“使近处的人高兴,使远处的人来投奔归附。”**

这是从执政的效果来讲的,执政要达到近者悦,远者来的民心所向、众望所归,就叫执政做好了。

怎样才能达到这样的效果呢,很多章节都把理念、原则、方法讲了,不再赘述。

## 17. 子夏为莒父宰问政

**【原文】**子夏为莒父宰。问政。子曰:“无欲速,无见小利。欲速,则不达;见小利,则大事不成。”

**【解读】**莒父（jǔ fǔ）：鲁国的城邑，今山东莒县境内。

**子夏作了莒父的地方长官，请教孔子怎样执政。孔子说：“不要急于求成，只追求速度，不要贪求小利。只讲速度，急于求成，反而达不到目的，贪求小利就做不成大事。”**

“欲速则不达，见小利则大事不成”是至理名言。从政要想长远，观大局，谋大事，不要只顾眼前利益。要脚踏实地地做，一步一个脚印地走，不要急于求成。即使有王者，也必世而后仁。锲而不舍，久久为功。

## 18. 父为子隐　子为父隐　直在其中

**【原文】**叶公语孔子曰：“吾党有直躬者，其父攘羊，而子证之。”孔子曰：“吾党之直者异于是：父为子隐，子为父隐。直在其中矣。”

**【解读】**直躬：坦白直爽。躬，可能是人名。攘：偷窃。朱熹说：“有因而盗曰攘。”

**叶公告诉孔子说：“我们乡里有个坦白直爽的人，他的父亲偷窃别人的羊，他就出来告发他父亲。”孔子说：“我们乡里诚直的人和你们那儿的人不一样：像这种事，父亲会为儿子隐瞒，儿子也会为父亲隐瞒。诚直就体现在里面了。”**

这则故事，多有争议。孔子为什么不肯定这位直躬之人而讲“父为子隐，子为父隐”，并且肯定父子相隐，直在其中。这是个人伦道德、礼法人情的问题，有礼法、道义、人伦亲情、利益利害的纠结与权衡。据记载：楚国叶地直躬者举报其父攘羊。楚令尹拘捕其父，下令“诛之”，直躬者立即请求代父受诛，其情可感，令尹及官吏们说：“父攘羊而证之，直躬之人不亦信乎，父诛而代之，不亦孝乎，信且孝的人如何能诛。”于是，父子皆免。孔子听说这件事后发表评论："异哉！直躬之为信也，证父而载取名焉，直躬之信，不若无信！"这就不难理解，孔子这里不赞扬直躬之人，而肯定："吾党之直者异于是：父为子隐，子为父隐。直在其中矣。"孔子肯定的是人伦亲情，真诚为直、真情为直，不为名利，直道而行的人伦亲情可贵。

当然，法不容情。天理、王法、人情，人情要服从天理、王法。但"礼之用，和为贵""君子之于天下也，无适也，无莫也，义之与比"，具体情况，具体分析，总要以仁爱为本，以道义、礼法为约，以中庸为权量，既要有人伦道德、仁爱亲情，又要守礼法、遵道义、讲秩序。不可直而无礼，亦不可直而无情。

仁孝亲情、人伦道德，在一定程度上是维系有道德、讲伦理、守礼法、讲秩序的和谐文明社会的重要基础，《书》云"孝乎惟孝，友于兄弟，施为有政"就是这个意思。

## 19. 樊迟问仁

【原文】樊迟问仁。子曰："居处恭，执事敬，与人忠。虽之夷狄，不可弃也。"

**【解读】樊迟请教什么是仁德。孔子说："平时在家时要庄重、规矩，办事要严肃认真，对人要忠实诚恳。就算到了文明尚未开发的荒蛮之地也不要背弃这三点。"**

仁德的修为是长期的，是从居家办事、待人接物中养成和体现的。居处要恭，独居守心，要庄重慎独，规规矩矩，做事要勤勉敬业、严肃认真，与人交往要主忠信，忠实诚恳。

## 20. 何如斯可谓之士矣

【原文】子贡问曰："何如斯可谓之士矣？"子曰：

“行己有耻，使于四方，不辱君命，可谓士矣。”

曰：“敢问其次。”曰：“宗族称孝焉，乡党称弟焉。”

曰：“敢问其次。”曰：“言必信，行必果，硁硁然小人哉！抑亦可以为次矣。”

曰：“今之从政者何如？”子曰：“噫！斗筲之人，何足算也！”

**【解读】**士：有德行有学问的读书人。行己有耻：知荣辱廉耻，能约束自己的行为。硁硁（kēngkēng）然小人哉：直来直去，硬碰硬，说话算数的粗人。硁硁然，石头敲击的声音。斗筲之人：指学识浅薄、气量狭小的人。斗筲，容量不大的竹篮子。

**子贡问：“如何才称得上是士呢？”孔子说：“能用廉耻之心约束自己的行为，出使其他诸侯国，能不辜负君主托付的使命，可以称为士了。”**

**子贡又问：“敢再问先生，其次呢？”孔子说：“宗族的人都称赞他孝顺父母，家乡的人都夸奖他尊敬兄长。”**

**子贡问：“敢问再其次呢？”孔子说：“言必信、行必果、说到做到，这一条虽然那些直来直去、说话算数的粗人也做得到。还是算一条吧。”**

**子贡问孔子，说：“现今那些当政者如何，称不称得上士？”孔子说：“唉！那些学识浅薄、气量狭小的人怎么能算呢！”**

通过与子贡的对话，孔子教导他的学生要做一个有道德、有学问的读书人，时刻准备着担当治国理政的重任。

## 21. 不得中行而与之　必也狂狷乎

**【原文】**子曰：“不得中行而与之，必也狂狷乎！狂者进取，狷者有所不为也。”

**【解读】**中行：行为符合中庸之道的要求。与：相交往。狂：耿直爽快、进取心强。狷：狷介，正直而又比较谨慎。这里中行、狂、狷都是指人。

**孔子说：“找不到行为符合中庸之道的人交往，就要结交那些狂狷之士。狂者，耿直爽快有进取心，敢作敢为，狷者，为人正直，言行谨慎，行止适度，有所不为。”**

孔子称“中庸之为德，其至也夫”。行中庸之道是最好的，希望能与中庸之为德的人交往，但很难遇到。那就要和狂狷之士交往。或许两种人各有所长，各有所短的性格品行可以互补参照，帮助自己行中庸之道。

## 22. 人而无恒　不可以作巫医

**【原文】**子曰：“南人有言曰：‘人而无恒，不可以作巫医。’善夫！”

“不恒其德，或承之羞。”子曰：“不占而已矣。”

**【解读】**南人：可能是当时的楚地人，南方流行巫术，故有此言。恒：恒久，持之以恒。这里指矢志不渝、处正守恒的恒心。巫医：用巫术治病的人。

不恒其德，或承之羞：语出《易经·恒卦第三十二》之“九三，不恒其德，或承其羞，贞吝”，意思是不能恒久地坚守自己的德操，就会蒙受羞辱，会后悔的。恒卦主要讲处正守恒，坚守正道，持之以恒。

**孔子说：“南方人有句话说：‘做人若没有恒心，不能作巫医。’这句话说得好啊！”**

**《易经》说：“不恒守德操，就会蒙受羞辱。”孔子说：“如此，不要去占卦了罢。”**

孔子告诫学生，人要有恒心。修身进德做学问一定要持之以恒、坚守正道。南方人说，没有恒心的人连巫医都不能做，何况君子！孔子又引《易经》说明处正守恒，坚守德操的重要性。“不恒其德，或承其羞”，“不恒其德，无所容也”，还卜什么卦啰！

## 23. 君子和而不同

**【原文】** 子曰：“君子和而不同，小人同而不和。”

**【解读】** 这句话含有深刻的哲理，是为人处世的思想、原则和方法。世界是多样性的，国与国不同的文化背景，不同的制度，不同的意识形态，不同的利益，不同的具体问题；人与人、个性、喜好、文化修养、认识水平也有诸多的不同；学术也一样，有不同的思想、不同的流派、研究的不同方法和视角，甚至不能用谁正确谁错误来判别等等。万事万物千差万别，不可能同一，但又是统一的，对立统一是世界和世界万事万物的常态。正是出于这种基本的认识，孔子提出了“和而不同”的思想。和，就是与不同求和睦相处，与不同求和谐共存，对不同的承认，对不同的尊重，对不同的包容，厚德载物，兼收并蓄。不求同一，只求和谐共处，这就是和而不同。实际上，这种状态下同与不同，达到了和谐统一，就是所谓和同于人、和同如一，也可以是“万物并育而不相害，道并行而不相悖”。同而不和，恰恰相反，以利为朋，比而不周，没有道义原则，只有暂时的苟同，没有以正道的和睦相处，而只是以利益相亲，面和心不和。

周恩来总理在万隆会议提出的国与国和平共处五项原则是“和而不同”思想原则和中国人文智慧在国际关系中运用的经典。

**孔子说：“君子能互相尊重、包容、和同于人，小人却只是苟同于人而不和。”**

## 24. 乡人皆好之　何如

**【原文】** 子贡问曰："乡人皆好之，何如?"子曰："未可也。""乡人皆恶之，何如?"子曰："未可也。不如乡人之善者好之，其不善者恶之。"

**【解读】** 子贡问孔子："乡里的人都说这个人好，您认为这个人怎么样?"孔子回答说："可能不怎么样。"子贡又说："乡里人都说这个人不好，您认为这个人怎么样呢?"孔子说："可能也不怎么样。不如乡里的好人都讲他好，乡里不好的人都讲他不好的人。"

这是孔子"知人"、观察人、评价人、识别人的又一高见。"众恶之，必察焉；众好之，必察焉"，此之谓也。

## 25. 君子易事而难说

**【原文】** 子曰："君子易事而难说也。说之不以道，不说也；及其使人也，器之。小人难事而易说也。说之虽不以道，说也；及其使人也，求备焉。"

**【解读】** 易事：好侍候，和他做事、共事，很好相处。难说：使他高兴、喜欢很难。说，同悦，高兴。器：用人如器，用人所长。求备：苛求挑剔，求全责备。

孔子说："和君子共事、做事比较容易，但要讨他高兴比较难。你如果不行正道取悦于他，他会很不高兴，到他任用你的时候，他会用人所长，充分发挥你的作用。小人很难共事也难侍候，但要讨他高兴很容易，只要投其好，即使不合正道，他也会很喜欢。到他

**任用你的时候，他往往求全责备，百般挑剔。”**

有道德有学问见识的君子和道德学养见识较低的小人在待人方面迥异：君子与人谦和、宽厚、能容、好共事，君子修身以德，居处以道，不喜欢巧言令色似恭，君子知人、用人所长。小人恰好相反。如何待人是识别君子与小人、仁与不仁的重要标准。

## 26. 君子泰而不骄

**【原文】** 子曰：“君子泰而不骄，小人骄而不泰。”

**【解读】** 泰：心平气和、谦让恭谨。骄：心气高傲，骄慢凌人。

**孔子说：“君子心气平和，谦让恭谨，小人心气高傲，骄慢凌人。”**

又是讲的君子小人待人接物的心境和表现。孔子很看重中正平和、谦让恭谨的君子品德，反复地教他的学生养君子之德操，戒小人之陋俗。

## 27. 刚毅木讷近仁

**【原文】** 子曰：“刚、毅、木、讷，近仁。”

**【解读】** 刚：刚正。无欲则刚，少私欲则会刚正。毅：恒，意志坚定，坚持不懈，持之以恒。谓“士不可以不弘毅”。木：质朴，本色，纯真。讷：“其言也仞”，“讷于言而敏于行”，言语谨慎。

**孔子说：“刚正、坚毅、本色纯朴、言语谨慎，这些都是仁德的表现。”**

## 28. 何如斯可谓之士

**【原文】** 子路问曰：“何如斯可谓之士矣？”子曰：

“切切偲偲，怡怡如也，可谓士矣。朋友切切偲偲，兄弟怡怡。”

**【解读】** 切切偲偲：切磋学问，进德修身，互相勉励，互相批评，互相督促。怡：平和而愉快。

**子路请教老师：“怎么样才可以称为士呢？”孔子说：“在一起切磋学问，进德修身，能互相勉励，互相批评，互相督促，又相处和和气气。这样的人可称为士了。同学朋友之间互相批评勉励和督促，又和兄弟一样和和气气。”**

本篇第20章，子贡问“何如斯可谓之士”，孔子讲了四条，行己有耻，敬君以忠，在家孝悌，为人诚信。本章子路问“何如斯可谓之士”，孔子专讲在进德修身做学问的时候，同学朋友之间能互相切磋批评，勉励和督促，而又能相处和和气气。这样的人可以称得上一个有德行好学问的读书人。孔子教导学生子路，应与同学们多切磋学问，加强修养。

## 29. 善人教民七年

**【原文】** 子曰：“善人教民七年，亦可以即戎矣。”

**【解读】** 善人：有仁德的执政者。即戎：戎是战争、军旅。即戎，就是从军，上战场。

**孔子说：“有仁德的执政者用七年的时间对老百姓进行军事教育和训练，就可以让他们上战场了。”**

## 30. 以不教民战　是谓弃之

**【原文】** 子曰：“以不教民战，是谓弃之。”

**【解读】孔子说："用未受过训练的老百姓去作战，简直就是抛弃百姓，让他们去送死。"**

第 29、30 两章应合为一章，是一个意思，孔子爱民之心尤切。"春秋无义战"，诸侯纷争，战争频仍。孔子深刻了解当时的现实，所以他希望统治者要心怀仁德爱民之心，要百姓去打仗，先要训练好，不训练让老百姓去打仗，那就是让老百姓去送死。言语简洁，恳切中带有谴责。

# 宪问　第十四

共四十四章，内容丰富，主题还是讲为政者的自身德行修养和从政的基本准则。

## 1. 原宪问耻

**【原文】**宪问耻。子曰：“邦有道，谷；邦无道，谷，耻也。”

“克、伐、怨、欲不行焉，可以为仁矣?”子曰：“可以为难矣，仁则吾不知也。”

**【解读】**宪：姓原，名宪，字子思，是孔子的学生，律己严、有德操。据《史记》记载：孔子逝世后，原宪隐居于湖边水草丛中的破房子里，生活贫苦。子贡当了官，又发了财去看望他，看到原宪穷困潦倒，说：“你为何如此潦倒?”原宪回答说：“我生活贫穷，但心存道义，只是贫穷，不是潦倒。”子贡听了很惭愧。

谷：俸禄，指当官领俸禄。克：好胜、好强。伐：矜伐，自我夸耀。怨：怨恨。欲：贪欲。

**原宪请教孔子什么是耻辱。孔子说：“国家行仁政，政治清明，可去做官领俸禄。国家政治昏暗，也去做官领俸禄，就是耻辱。”**

**原宪又问："好胜、自夸、怨恨和贪婪这四种毛病都没有，能算得上仁了吗？"孔子说："这可以称得上难能可贵了，至于够不够得上仁的标准，我还不知道。"**

"克、伐、怨、欲"不行，难能可贵，孔子予以肯定，但是不是仁，孔子没有作肯定回答。我理解，四者不行，均是修己、克己，还没有表现出"待人"，而仁的核心是仁爱待人，推己及人，修己安人，修己安百姓。

## 2. 士而怀居　不足以为士

**【原文】**子曰："士而怀居，不足以为士矣！"

**【解读】**怀居：留恋安逸的小家庭生活。

**孔子说："读书人若是留恋安逸的小家庭生活（忘记天下国家的责任担当）那就不配为读书人！"**

孔子教学生，时时不忘以天下为己任，修齐治平，"士不可以不弘毅"，"仁以为己任"。读书人就是要胸怀天下，不能留恋一家一室之安逸，古往今来，有大担当、成大事业者，莫不志存高远。

## 3. 邦有道　危言危行

**【原文】**子曰："邦有道，危言危行；邦无道，危行言孙。"

**【解读】**危言危行：言语刚正行为正直，秉持正道敢说敢干。危是端正，如"正襟危坐"，这里的危是正直刚正的意思。言孙：言语谨慎。孙，同逊。

**孔子说："国家政治清明，要言语刚直，行为正直；假若国家昏**

**君佞臣当道，政治黑暗，我们自己仍要秉持正道，行为正直，但是说话一定要谨慎。”**

孔子以其社会生活的丰富阅历，告诫他的学生从政的一些基本规则，有点老于世故，甚至有点圆滑，但是现实就是如此，“人情练达即文章”，不教而政亦为弃之。《诗》曰：“既明且哲，以保其身。”此之谓也！根本的东西不能丢，秉持正道，志于道、据于德、依于仁，正直而行。

## 4. 有德者　必有言

**【原文】**子曰：“有德者必有言，有言者不必有德。仁者必有勇，勇者不必有仁。”

**【解读】孔子说：“有德行的人说起话来一定合情合理服人心，但是会说话的人不一定就有道德。有仁德的人，一定勇敢但是勇敢的人不一定就有仁德。”**

孔子这句话的思想在很多章节都表述过，这里着重强调人内在的德和内心的仁。

## 5. 禹稷躬稼而有天下

**【原文】**南宫适问于孔子曰：“羿善射，奡荡舟，俱不得其死然。禹、稷躬稼而有天下。”夫子不答。

南宫适出。子曰：“君子哉若人！尚德哉若人！”

**【解读】**南宫适：即南容，孔子的学生，品学兼优，常“三复白圭”，言行谨慎，孔子评价他：“国家政治清明，他会被任用，国家政治黑暗，他也可免遭刑戮。”

羿（yì）：这里是指夏时有穷国的君王，曾夺夏太康的君位被杀。

奡（ào）：夏代人，善水战，为夏少康所杀。

禹：即大禹，夏朝开国之圣贤君主，治水有功，重农业开发。

稷：周朝的始祖，谷神，教民种植庄稼。

**南宫适问孔子："夏时有穷国的羿，擅长射箭，奡善于水战，都不得好死。禹和稷，亲自带领百姓治水兴利，种庄稼，他们却得到了天下，为什么？"孔子没有回答。**

**南宫适出去以后。孔子说："南宫适真是个君子啊！他确实是个崇尚仁德的人！"**

"务民之义"，勤勤恳恳为人民谋利益的人必然得到人民的拥护，禹、稷而有天下是民心所向。靠武力得不到天下，相反，残暴嗜杀必祸其身。南宫适崇德尚仁，反暴止杀，有君子之风。孔子评价极高，但不当面表扬。

## 6. 君子而不仁者有矣

**【原文】**子曰："君子而不仁者有矣夫，未有小人而仁者也。"

**【解读】**这里君子、小人是以人品学问划分的。

**孔子说："有人品学问的人当中也许会有不仁的，但没有人品学问的人当中不会有仁的。"**

孔子寄语学生做君子不做小人，这是基本要求。尚仁行仁，是很高的要求，前面有的章节评价有的学生，学问不错，有的还颇有政绩，但孔子也未许之以"仁"。

## 7. 爱之能勿劳乎

**【原文】**子曰："爱之，能勿劳乎？忠焉，能勿诲乎？”

**【解读】** 之：代词，这句中应是指代君王。勿劳：不劳动、不勤劳，享受安逸。劳，即勤劳、刻苦、操劳、劳动。

**孔子说：“你爱戴他，能不让他参加劳动、勤劳刻苦吗？你忠诚于他，能不劝免、教诫他吗？”**

这句话道理很深刻，体现的是“臣事君以忠”，本篇第22章，子路问事君也讲了这层意思。

周公摄政成王，还政时，写了一篇《无逸》告诫成王，要勤劳刻苦，不可贪图安逸，要知道稼穑之艰难和民生之困苦。这一章正是孔子尊崇周公的思想，告诫他的学生在辅助君王时应该如何做贤臣。

## 8. 为命

**【原文】** 子曰：“为命，裨谌草创之，世叔讨论之，行人子羽修饰之，东里子产润色之。”

**【解读】** 为命：制定国家法令。裨（bì）谌（chèn）、世叔，都是春秋郑国的大夫。行人子羽：郑国大夫，掌管外交。东里子产：郑国名相子产，东里是子产的居住地。

**孔子说：“郑国制定国家法令，由裨谌起草，经过世叔提意见，然后由外交官子羽加以修改，最后由宰相子产完善定稿。”**

孔子曾称赞子产能行道者四。在子产执政时，郑国政通人和，应该和他们执政决策程序规范，能集中大家的智慧，法令出台很慎重有关。这是孔子对他们制定国家法令过程的肯定。

## 9. 子产惠人也

**【原文】** 或问子产。子曰：“惠人也。”问子西。曰：

“彼哉！彼哉！”问管仲。曰：“人也。夺伯氏骈邑三百，饭疏食，没齿无怨言。”

**【解读】** 子西：楚国令尹公子申。《史记》记载：子西反对楚昭王给孔子封地和任用孔子，认为孔子和诸多弟子才能太出众，担心孔子坐大，对楚不利。伯氏：齐国的一位大夫。骈邑：伯氏的采邑。

**有人问孔子，子产怎么样？孔子说：“他是个为国家谋利益，让百姓得到实惠的人啊！”**

**又问楚国令尹子西怎么样。孔子说：“他这个人啊，他这个人啊！”**

**又问管仲是什么样的人。孔子说：“管仲是个人才。他主政齐国，收回了伯氏三百户的采邑。伯氏吃粗粮，终身没有怨言。”**

这是孔子评价郑、楚、齐三位卿相：对子产有很多赞美的话，给予了一致肯定的评价。对子西，很不以为然，大概是认为他心胸比较狭窄，不能容贤。对管仲，肯定其高超的管理才能。能收回大夫的采邑，又让大夫没有意见，恐怕除了管仲会做工作之外，伯氏也应该是以国家利益为重、顾全大局的人。

## 10. 贫而无怨难

**【原文】** 子曰：“贫而无怨难，富而无骄易。”

**【解读】** **孔子说：“贫穷而能够没有怨恨是很难做到的，富裕而不骄傲是容易做到的。”**

孔子提倡：君子固穷，贫不移志，贫而乐，贫而无怨，安贫乐道，富而不骄，富而好礼。对此，前面很多章节都有论述。

这一章，我觉得与上一章有关，有可能是赞扬伯氏伯偃的，曾有三百户的采邑，国家收回后，终身“饭疏食，没齿无怨言”，贫而无怨，难能可贵。

## 11. 孟公绰为赵魏老则优

**【原文】** 子曰："孟公绰为赵、魏老则优，不可以为滕、薛大夫。"

**【解读】** 孟公绰：鲁国孟孙氏族人，鲁国大夫。据载为人寡欲厚道，才力一般。赵、魏：晋国有权势的两位卿相。老：管家、家臣。优：有余力余时，清闲。滕、薛：春秋时鲁国附近的两个小国。

**孔子说："孟公绰做晋国赵、魏的家臣，才力有余，应该比较清闲，但不能胜任滕国或薛国的大夫。"**

## 12. 子路问成人

**【原文】** 子路问成人。子曰："若臧武仲之知，公绰之不欲，卞庄子之勇，冉求之艺，文之以礼乐，亦可以为成人矣。"曰："今之成人者何必然？见利思义，见危授命，久要不忘平生之言，亦可以为成人矣。"

**【解读】** 成人：德才兼备的人。臧武仲：即鲁国大夫臧孙纥（hé）。卞庄子：鲁国大夫，封地卞邑，以勇著称。要（yāo）：同约，贫困。

**子路问什么是成人。孔子说："像臧武仲那样智慧，孟公绰那样寡欲，卞庄子那样勇敢，冉求那样多才多艺，再以礼为正，以乐为和，可以称之为德才兼备的成人了。"又说："现今的成人也不一定都这样吧，见到利益想到道义，见到危难敢于担当、勇于献身，久处贫困却不忘平生之诺言、贫不移志，也可以称得上是成人了。"**

孔子再次告诫他的学生，要修身进德，努力成为一个有智、廉、才、勇，又能约之以礼、成之以乐、见利思义、见危授命、贫不移志的德才兼备的人。

## 13. 公叔文子不言不笑不取乎

**【原文】** 子问公叔文子于公明贾曰：“信乎？夫子不言、不笑、不取乎？”公明贾对曰：“以告者过也。夫子时然后言，人不厌其言；乐然后笑，人不厌其笑；义然后取，人不厌其取。”子曰：“其然？岂其然乎？”

**【解读】** 公叔文子：卫国大夫公孙拔，卫献公的孙子，有贤德，谥贞惠文子。公明贾：卫国人。夫子：是对公叔文子的尊称。

**孔子向公明贾打听公叔文子，说：“听说公叔文子先生不讲话，不笑，不获取，是真的吗？”公明贾说：“这是传话的人说过了头。老先生在恰当时候才说话，所以别人不讨厌他说话；高兴了才开心地笑，所以别人不讨厌他笑；见得思义，符合道义才有所获取，所以别人不讨厌他获取。”孔子说：“是这样吗？岂不正是这样吗？”**

孔子肯定“时然后言，乐然后笑，义然后取”。

## 14. 臧武仲要君

**【原文】** 子曰：“臧武仲以防求为后于鲁，虽曰不要君，吾不信也。”

**【解读】** 防：臧武仲的封地。要（yāo）：要求、要挟。

**孔子说：“臧武仲以退还封地防城为条件，要求鲁君立臧家后代为鲁国的卿大夫。虽然有人说他不是要挟君王，我不相信。”**

《左传·襄公二十三》比较详细地记载了这件事，臧武仲与孟孙氏产生矛盾，臧武仲逃往邾地，后来他托人以大蔡（灵龟）送鲁公，请求鲁公封臧家的后代为卿大夫，要求“苟守先祀，不废二勋”以其封地防城退还于鲁为条件。我读《左传》感到这件事里面有臧武仲的无奈，但以下位要求君上，有违礼法，故孔子给予了批评。

## 15. 晋文公谲而不正

**【原文】** 子曰：“晋文公谲而不正，齐桓公正而不谲。”

**【解读】** 晋文公：姓姬，名重耳，晋国国君，春秋五霸主之一。谲（jué）：诡谲欺诈，玩弄权术。

齐桓公：姓姜，名小白，齐国国君，春秋五霸主之一。

“晋文公谲而不正”，大概是指鲁僖公二十八年时，晋文公打着“尊王攘夷”的旗号，以欺诈手段把周天子召来河阳会盟。孔子对此批评说：“人臣召君，不可以训。”在《春秋》中记为“天王狩于河阳”以为天子避讳。

**孔子说：“晋文公诡谲欺诈，不正派，齐桓公正派，不耍欺诈手段。”**

## 16. 管仲如其仁

**【原文】** 子路曰：“桓公杀公子纠，召忽死之，管仲不死。”曰：“未仁乎？”子曰：“桓公九合诸侯，不以兵车，管仲之力也。如其仁！如其仁！”

**【解读】** 公子纠：齐桓公（公子小白）同父异母的哥哥，与齐桓公争王位时被杀。其时，管仲是公子纠的家臣。召忽，也是公子纠的家臣。公子纠被杀后，召忽自杀殉节以效忠于公子纠，而管仲归服齐桓公，后来担任齐桓公的宰相。九合诸侯：多次会盟诸侯王。

《史记·管婴列传第二》载："管仲既用，任仲于齐，齐桓公以霸，九合诸侯，一匡天下，管仲之谋也。"

**子路说："齐桓公杀了他哥哥公子纠，公子纠的家臣召忽自杀殉主，而同为家臣的管仲却不去死节。"子路指出："这管仲不算是仁人吧?"孔子说："齐桓公九合诸侯，不以武力相向，一匡天下称霸春秋，这些靠的是管仲的谋略，这是管仲的功劳啊！谁能比得上他的仁！谁能比得上他的仁！"**

"如其仁"，是孔子对管仲的高度评价，虽不是仁人却有盖世之仁功，如其仁，谁能比得上他的仁义之功呢！"一匡天下，民到于今受其赐。"

## 17. 管仲非仁者与

**【原文】**子贡曰："管仲非仁者与？桓公杀公子纠，不能死，又相之。"子曰："管仲相桓公，霸诸侯，一匡天下，民到于今受其赐。微管仲，吾其被发左衽矣。岂若匹夫匹妇之为谅也，自经于沟渎而莫之知也?"

**【解读】**微：假如没有。左衽：衣襟向左开。谅：固执、死板的意思。自经：自杀。

两位高足都在孔子面前质疑管仲之仁，讲的是同一件事情，的确值得讨论，这涉及如何评价历史人物，持什么样的历史观评价历史人物。章太炎先生说：孔子是中华著史第一人，孔子编《春秋》，纪年有次，事尽首尾，秉笔直书，微言大义，后来才有左丘明衍传成《左传》，再后来才有司马迁、班固。

孔子评价历史人物很有视角和观点，既看当时的具体事件，更看历史的大势、社会的发展、人民百姓生活的改善和文明的进步。两千多年前有如此历史视角和史观，非圣莫属，中华正确史观第一人。孔子评价管仲就是从这种视角和观点来评价的。他对管仲违礼曾有过尖锐的批评，“管氏而知礼，孰不知礼”，但对管仲相桓公、九合诸侯、不以兵车、一匡天下、民受其赐的盖世仁功给予很高评价，为弟子们释疑。

**子贡说：“管仲不算仁人吧？桓公杀公子纠，他不死节，反而去辅佐齐桓公。”孔子说：“管仲辅佐齐桓公，称霸诸侯，使天下一切都走上正轨，老百姓到如今还享受着他的好处。假如没有管仲，我们大概现在还披散着头发，衣襟朝左开那么落后。难道要他像匹夫匹妇一样，固执呆板、死守小节、自杀于沟渎之中而不闻达于世吗？”**

## 18. 可以为文矣

**【原文】**公叔文子之臣大夫僎，与文子同升诸公。子闻之，曰：“可以为‘文’矣。”

**【解读】**公叔文子：卫国大夫，卫献公之孙，有贤德。前第 13 章，孔子赞扬其“时然后言、乐然后笑、义然后取”。

僎（xún）：原为公叔文子家臣，后由公叔文子举荐为卫国大夫。

**公叔文子的家臣僎，因为公叔文子的举荐和文子一样升为卫国的大夫。孔子听说这件事后，说：“公叔文子谥为‘文’名副其实。”**

孔子为什么这样称赞公叔文子呢，可能是认为公叔文子推荐自己的家臣与自己平起平坐同为朝中大夫，表现了文子等贵贱、重人才、唯才是举、知人善任的仁人品格。

## 19. 子言卫灵公之无道也

**【原文】**子言卫灵公之无道也。康子曰："夫如是，奚而不丧？"

孔子曰："仲叔圉治宾客，祝鮀治宗庙，王孙贾治军旅。夫如是，奚其丧？"

**【解读】**仲叔圉（yǔ）：即孔文子，大夫，有贤德。祝鮀：卫国大夫，忠于职守，长于外交。王孙贾：周灵王之孙，客卫为卫国大夫，主军旅。

**孔子谈论卫灵公的昏庸无道。季康子发问："既然这样，为什么卫灵公还没灭亡呢？"孔子说："他依靠仲叔圉接待宾客，祝鮀管理祭祀，王孙贾统领军队。这三位贤臣都很效忠敬事，怎么能灭亡呢？"**

君王无道，贤臣保国，难能可贵。有记载，孔子一方面讲卫灵公无道，但另一方面讲卫灵公贤明，贤明表现在他能任用祝鮀、孔文子、王孙贾这些贤能之臣。

## 20. 其言不怍　则为之也难

**【原文】**子曰："其言之不怍，则为之也难。"

**【解读】**其言不怍（zuò）：大言不惭，吹牛浮夸不红脸。怍，惭愧。

**孔子说："一个人浮夸，好说大话，大言不惭，这样的人做起事来很难有成。"**

孔子反对夸夸其谈，曰"信近于义，言可复也"。"言之不出，耻躬之不逮也"，其言不怍，行动做事是很难兑现的。夫子告诫学生不要夸夸其谈，先行其言然后从之。

## 21. 陈成子弑简公

【原文】陈成子弑简公。孔子沐浴而朝，告于哀公曰："陈恒弑其君，请讨之。"公曰："告夫三子。"

孔子曰："以吾从大夫之后，不敢不告也。君曰'告夫三子'者。"

之三子告，不可。孔子曰："以吾从大夫之后，不敢不告也。"

【解读】陈成子：齐国大夫陈恒，即田成子，有野心，很会收买人心，扩充势力，最后杀掉齐简公，建立"田齐"。三子：指鲁国的季孙、孟孙、叔孙三大权臣，又称"三桓"。之三子告：去三家一一报告。之，动词，去到。

**公元前481年，田成子杀了齐简公。孔子（觉得事关重大，臣弑君是篡逆、违礼）郑重其事斋戒沐浴，穿戴整齐去见鲁哀公。告诉哀公说："田成子杀了简公，请您派兵讨伐。"哀公说："你去向季孙、孟孙、叔孙他们报告吧！"**

**孔子退朝后说："因为我曾经做过大夫，这样篡逆的事，我不能不报告。但是哀公却对我说：'去报告那三个大夫吧！'"**

**孔子又去一一向三个大夫报告。三个大夫都说，不能讨伐。孔子说："因为我曾经做过大夫，这样篡逆的事，我不能不报告啊！"**

子逆父，臣弑君，春秋之时礼崩乐坏由此可见一斑。而从鲁哀公到三权臣，事不关己，不闻不问，公理何在，周天子之礼何存。礼崩乐坏，夫子何奈！只能反复说："我不能不报告！""不能不报告啊！"

## 22. 子路问事君

**【原文】** 子路问事君。子曰："勿欺也，而犯之。"

**【解读】** 犯之：指犯颜直谏、当面规劝甚至批评。

**子路问如何服侍君王。孔子说："不要欺骗他，有什么事要如实相告，还应该直言劝诫，甚至犯颜直谏。"**

这句话含义深刻，参照《八佾第三》第 18、19 章，加深理解。这就是"臣事君以忠"。

## 23. 君子上达 小人下达

**【原文】** 子曰："君子上达，小人下达。"

**【解读】** 君子、小人：这里应该以修养学问及阶级地位划分。上达、下达：应是指两种人的关注点、追求的理想目标的不同。上达，崇尚道义，追求修齐治平，为天地立心，为生民立命等。下达，关注具体的事务、人间俗务、一家温饱。

**孔子说："有地位有修养有学问的人应崇尚道义，追求理想。地位卑贱，学养不够的平常人只关心自己的生活，一家的温饱。"**

这是鼓励学生志存高远，积极向上。

## 24. 古之学者为己

**【原文】** 子曰："古之学者为己，今之学者为人。"

**【解读】** **孔子说："古代读书学习的人，读书学习是为了进德**

**修身，提高自己，完善自己。现今的人，读书学习，是为了装饰门面，做给人家看。装模作样，求名求利。”**

这是个学风问题，太有现实意义了。毛主席在延安时期为整顿党的作风，说过：学习马列主义，不是为了好看，而是要学习立场观点方法，用以改造自己的主观世界进而解决革命的实际问题。

## 25. 夫子欲寡其过而未能也

**【原文】**蘧伯玉使人于孔子。孔子与之坐而问焉，曰：“夫子何为?”对曰：“夫子欲寡其过而未能也。”

使者出。子曰：“使乎！使乎!”

**【解读】**蘧（qú）伯玉：姓蘧，名瑗，字伯玉，卫国大夫。在当时是一位有名的有道德修养的人，孔子很尊敬他。他克己省身，经年不懈，连玩世不恭的庄周也称赞说：“伯玉行年五十而知四十九年之非。”这一章生动记述了伯玉经常想到的是减少自己的过错的道德风范。

**蘧伯玉派一位使者去见孔子，孔子很恭敬地与使者坐在一起，问：“您家老先生最近在做什么呢?”使者回答：“我家老先生一心想减少自己的过错却还没有能如愿。”**

**使者走了。孔子满怀敬意，说：“多好的使者啊，多好的使者啊!”**

## 26. 思不出其位

**【原文】**子曰：“不在其位，不谋其政。”

曾子曰：“君子思不出其位。”

**【解读】** 见《泰伯第八》第 14 章。

曾子进一步理解和阐述了夫子的教导："君子思不出其位。"

《易经·艮卦》有"艮，君子以思不出其位"，中心意思是君子修身进德，应有所止、有所不为、忠于职守以行正道，不想职责职权以外的事，不要违礼越位越权。

## 27. 君子耻其言而过其行

**【原文】** 子曰："君子耻其言而过其行。"

**【解读】** 这章与第 20 章"其言之不怍，则为之也难"是一个意思，夸夸其谈，言过其实，大言不惭，是君子的耻辱。

**孔子说："君子以言过其实、说了做不到为耻辱。"**

## 28. 君子有道者三

**【原文】** 子曰："君子道者三，我无能焉：仁者不忧，知者不惑，勇者不惧。"子贡曰："夫子自道也。"

**【解读】** 智、仁、勇，是孔子倡导的天下通行的美德，号称"三达德"。

**孔子说："有道德修养的人具备三大美德，我一条都还没有做到：有仁德的人，胸怀坦荡，不忧；有智慧的人，明理知人，不惑；有勇气的人，见义敢为，不惧。"子贡说："这正是老师的美德啊！"**

## 29. 子贡方人

**【原文】** 子贡方人。子曰："赐也，贤乎哉？夫我则不暇。”

**【解读】**方人：言人是非，对别人评头品足。

**子贡言人是非，说人坏话。孔子严肃地批评子贡：“端木赐啊，你自己就那么十全十美吗？我就没有那么多闲工夫去说别人的是非。”**

语重辞严，告诫学生“攻其恶，无攻人之恶”，方人之非不能美己，省己之恶才能进德。

## 30. 不患人之不己知

**【原文】**子曰：“不患人之不己知，患其不能也。”

**【解读】孔子说：“不担心别人不了解自己，而担心自己没有能力。”**

孔子对学生们多次讲过同样的话。“人不知而不愠，不亦君子乎？”“不患人之不己知，患不知人也”，目的是培养学生“君子求诸己”的君子品格，要求弟子们不断进德修身，完善自己提高自己。

## 31. 不逆诈　不亿不信

**【原文】**子曰：“不逆诈，不亿不信，抑亦先觉者，是贤乎！”

**【解读】**逆诈：早早地就怀疑人欺诈。不亿不信：不凭主观猜测别人不诚信。亿，即臆测。

**孔子说：“不要早早就怀疑别人欺诈，也不要凭主观臆测别人不诚信。抑或别人真的欺诈、不诚信，能及时发现，是贤人啊！”**

什么意思？贤人者有仁德又智慧，体现在待人上要诚、主忠信，不要总是怀疑别人，对人的信任是基本的立足点。但又要“知人”，要明白，不然有时也会铸成大错。

## 32. 丘何为是栖栖者与

**【原文】**微生亩谓孔子曰：“丘，何为是栖栖者与？无乃为佞乎？”孔子曰：“非敢为佞也，疾固也。”

**【解读】**微生亩：姓微生，名亩，相传为隐士。栖栖：忙忙碌碌，四处奔波。疾，是疾恶、疾恨。固，固陋世俗。“疾固”在这里应是指春秋之时那些难以改变的礼崩乐坏的社会弊端和社会局面。

**微生亩对孔子说：“孔丘啊，你为什么总是这样忙忙碌碌、四处奔波呢？不就是要表现你能言善辩的口才吗？”孔子回答说：“我哪里敢逞口才之能啊，我是疾恶当今那些难以改变的礼崩乐坏的社会弊端，游说诸侯，行先王之道啊！”**

陶渊明写诗说：“羲农去已久，举世少复真。汲汲鲁中叟，弥缝使其淳……”后世的隐士读懂了孔夫子，当时的隐士微生亩怎么误会了夫子呢？

## 33. 骥不称其力　称其德也

**【原文】**子曰：“骥不称其力，称其德也。”

**【解读】**骥：千里马。以千里马喻人，从古到今通行。

**孔子说：“对于千里马，不在称道它的力气，更在称赞它的品质。”**

重品、重人品，重内在品质，这是儒家文化的重要价值取向，重内在品质就要重修身进德，一个人的能力重要，优良品质更重要，这是孔子又一次教导学生要重修身、重品节。

## 34. 以德报怨何如

**【原文】** 或曰："以德报怨，何如?"子曰："何以报德？以直报怨，以德报德。"

**【解读】** "以德报怨，何如?"孔子明确回答，只能"以直报怨，以德报德"。孔子曾说："匿怨而友其人，左丘明耻之，丘亦耻之。"（《公冶长第五》）还说："以德报怨，则宽身之仁也。"（《礼记·表记》）意思是：本存怨恨，但匿而不显，假惺惺以友其人，孔子耻之；本存怨恨，却以德报怨，是为了自己宽身息祸。匿怨友人，是有假，以德报怨，是有私，都是另有心计，另有所图，不是真性情，不符合仁德，不符合道义，也不符合人情。因此，孔子说："以直报怨，以德报德。"遵从仁义、道德、人情，直道而行。对怨既不能以怨报怨，也不能曲意逢迎。

直，是真诚、正直，是人的宝贵品格。孔子在《论语》的很多章节表述和提倡"直"。如"人之生也直。"（《雍也第六》）"益者三友"，第一为友直。(见《季氏第十六》）孔子称颂诚直、正直的仁人君子，如"直哉史鱼！邦有道，如矢；邦无道，如矢。"（《卫灵公第十五》）柳下惠"直道而事人"，鄙弃那些不真诚、不正直的行为。更有意思的是孔子与叶公讨论父攘羊，是子证之为直还是子为父隐为直。孔子认为"父为子隐，子为父隐。直在其中矣"（《子路第十三》），不违大义，父子相隐，是亲情所在，诚直而为，是直；相反则可能是另有所图，另有所趋，不是真心诚直。在孔子的思想中，直是出于正心、诚意、真情的正直而言、正道而行，所以弥足珍贵，是人的一种美德。但是孔子又说"好直不好学则绞"，"直而无礼则绞"。直也要学习，也要修己，也要以礼为约，不能任性。

**原文的意思是：有人说：“用恩德来回报怨恨，怎么样？”孔子说：“那又用什么来回报恩德呢？应该在道义的原则下用正直来回报怨恨，用恩德来回报恩德。”**

## 35. 莫我知也夫

**【原文】**子曰：“莫我知也夫！”子贡曰：“何为其莫知子也？”子曰：“不怨天，不尤人，下学而上达，知我者其天乎！”

**【解读】**莫我知也夫：没有人了解我啊。也夫，感叹语气。何为其：代孔子这么说。其，在此句为代词。“其天乎”中“其”是语气助词。

**孔子说：“没有人了解我啊！”子贡说：“为什么这么说没有人了解您呢？”孔子说：“我不抱怨天，也不责怪人，我还得努力学习修身，研学社会人事，弄通天理王道。天会了解我啊！”**

实际上孔子对知与不知、遇与不遇有很正确的认识，他说过：“夫遇不遇者，时也；贤不肖者，才也。君子博学深谋而不遇时者众矣，何独丘哉！且芝兰生于深林，不以无人而不芳。”（《孔子家语·在厄》）

我理解这段话，有两层意思：一是孔子感叹，世人对他的言行不了解不理解，如微生亩之流。子贡对夫子的感叹也有点奇怪，怎么这么说，因为子贡知道，孔子的人品学问在诸侯列国很有名气，不得任用只是由于“道不同”政治主张不为别人接受。二是孔夫子品格高尚，“人不知而不愠”，“不患人之不己知，患其不能也”，“不怨天，不尤人，下学而上达”，继续钻研学问，穷究天理王道，进德修身，学不为人，人知不知不要紧，天知道。夫子的品格，为学生们树立了榜样。

## 36. 公伯寮愬子路于季孙

**【原文】**公伯寮愬子路于季孙。子服景伯以告，曰："夫子固有惑志于公伯寮，吾力犹能肆诸市朝。"子曰："道之将行也与，命也；道之将废也与，命也。公伯寮其如命何！"

**【解读】**公伯寮（liáo）：字子周，孔子学生。当时与子服景伯都为鲁国大夫。愬：通诉，诽谤。肆诸市朝：处死后在朝廷或街市示众。

**公伯寮在季孙氏面前讲子路的坏话。子服景伯把这件事告诉孔子，并说："季孙氏已经被公伯寮迷惑了。但我有力量把公伯寮杀了陈尸街市。"孔子说："大道之行是天命，大道不行也是天命，公伯寮能把天命怎么样？"**

孔子崇尚天道。"大道之行，天下为公"是孔子的追求。孔子认天命，认为凡事皆有命数，皆有时运，不是个别人改变得了的。

## 37. 作者七人矣

**【原文】**子曰："贤者辟世，其次辟地，其次辟色，其次辟言。"子曰："作者七人矣。"

**【解读】**辟：通避，逃避，隐退。作者七人：指伯夷、叔齐、虞仲、夷逸、朱张、柳下惠、少连等七人。

**孔子说："有贤德的人不苟乱世而隐居或者离开动乱之国去治平之邦，或者避开那些恶意而骄慢的容色，或者避开那些恶言恶语（不和那些无德无道的人打交道）。"**

**孔子说："这样做的贤人有七位。"**

孔子一贯主张天下有道则行，无道则隐，但知其不可而为之，一生为克己复礼、大道之行而奔走呼号，收徒传道，游说诸侯。《微子第十八》第8章，孔子虽然肯定隐士们不苟同于乱世的高风亮节，但又明确地表示自己不同于他们，不一定要去隐居避世。孔子晚年一方面传道于学生，一方面整理编纂《诗》《书》《易》《礼》《乐》《春秋》。正因为这样他为中国古代灿烂文化的保存和传播立下了不朽功勋，也正因为这样他的思想学说光耀千古，影响世界。

## 38. 子路宿于石门

**【原文】** 子路宿于石门。晨门曰："奚自？"子路曰："自孔氏。"曰："是知其不可而为之者与？"

**【解读】** 石门：鲁国都城外城门。晨门：早晨负责开城门的人。

**子路在石门外过夜，早晨负责开门的人问他："你从哪里来？"子路回答："从孔夫子那里来。"开门的说："就是那个明知做不到还要做的那个人吗？"**

这一则记述说明两个问题：

一是孔子知名度很高，虽然他的思想学说尚不被人理解认同，但其言其行，影响广泛，上自诸侯，下自黎庶，连守门开门的人都知道。

二是孔子志于道，据于德，依于仁，欲行仁德于天下，矢志不渝。"知其不可而为之"，执着精神十分感人。

## 39. 子击磬于卫

**【原文】** 子击磬于卫，有荷蒉而过孔氏之门者，曰：

“有心哉，击磬乎！”既而曰：“鄙哉，硁硁乎！莫己知也，斯己而已矣。深则厉，浅则揭。”子曰：“果哉！末之难矣。”

**【解读】**磬（qìng）：用石头（或玉石）做的打击乐器。荷蒉（kuì）：挑负草筐。深则厉，浅则揭：水深就和衣涉水，水浅就撩起衣裳过河。

**孔子在卫国，一天正在击磬，有位挑着草筐子的人恰好从门外走过，他对孔子说：“有心事啊！闷闷地击磬！”接着又说：“鄙陋啊，这样硁硁，没有人知道自己，自己知道自己就行了嘛。河里水深和衣而涉，水浅就撩起衣裳走过去嘛！”**

**孔子说：“真果敢啊！这样就没有什么困难了。”**

这像是一则寓言，但记述了真实的孔子。这位荷蒉之人绝对是高人，他了解孔子，他看到孔子击磬，知道孔子有心事。什么心事？人不知己，道之不行。他又鼓励孔子：要坚定信念，“斯己而已矣”，要勇往直前，“深则厉，浅则揭”。

孔子啊！您的思想学说是有群众基础的。

## 40. 高宗谅阴　三年不言　何谓也

**【原文】**子张曰：“《书》云：‘高宗谅阴，三年不言。’何谓也？”子曰：“何必高宗，古之人皆然。君薨，百官总己以听于冢宰三年。”

**【解读】**此言天子居丧之礼。

《书》云：高宗谅阴，三年不言：《尚书·天逸》记载了高宗居丧守礼的事迹。高宗，即殷商第十一代贤明君主武丁。谅阴，又作亮阴，居丧在阴蔽的墓庐里。三年不言，三年不言政事。冢宰：商代官名，即宰相。

子张说："《尚书》上说：'殷商高宗武丁居丧住在阴蔽的墓庐里，三年不言政事'这怎么说？"孔子说："何止高宗呢，古代人都是这样。国君死了，新继任的君王居丧三年，不言政事，朝廷百官各尽其职，听命于宰相。"

## 41. 上好礼　则民易使也

**【原文】**子曰："上好礼，则民易使也。"

**【解读】**"君子德风，小人德草"，君上好礼，则民效法，举国上下好礼守礼。高宗好礼，享国五十九年，国泰民安。这句话应是对上章高宗好礼的赞许。

孔子说："君上崇尚周礼，遵循礼法，老百姓就会效法而尊礼守礼，也就好管理好驱使了。"

## 42. 子路问君子

**【原文】**子路问君子。子曰："修己以敬。"

曰："如斯而已乎？"曰："修己以安人。"

曰："如斯而已乎？"曰："修己以安百姓。修己以安百姓，尧、舜其犹病诸！"

**【解读】**这是按修身、齐家、治国、平天下的层次来要求君子修身进德的。

修己以敬：是讲自身道德的完善，敬，谦恭以敬人，勤勉以敬事。

修己以安人：这里的人是指家人，亲族，周围的人。修养达到"家族称孝焉，乡党称弟焉"，修养仁心懿行，以己及人。

修己以安百姓：百姓，天下也，修养以安百姓而平天下。

**子路问怎样才是君子。孔子说："加强自己的修养，恭敬勤勉、敬人敬事。"**

**子路说："如此就够了吗？"孔子说："修养自己，亲亲仁人。"**

**子路又说："如此就够了吗？"孔子说："修养自己，安百姓而平天下，修己以安百姓，尧、舜大概也担心难做到啊！"**

## 43. 原壤夷俟

**【原文】**原壤夷俟。子曰："幼而不孙弟，长而无述焉，老而不死，是为贼。"以杖叩其胫。

**【解读】**原壤：鲁国人，可能是孔子的发小、老朋友，大概是个玩世不恭的人。夷俟（sì）：以散漫不恭的样子在那里等待。孙弟：谨逊孝悌有礼。孙，同逊；弟，同悌。无述：没什么作为。贼：害，害人。

**原壤八字劈腿坐在那里等待孔子来，孔子见到他就说："你呀，年少时不谨逊孝悌，至长也无所作为，老了还不死，你这不是害人。"说着，以手杖叩他的小腿。**

孔子一向彬彬有礼，怎么对原壤这样呢？估计两人关系特殊，像鲁迅遇到闰土，哀其不幸，恨其不争。

## 44. 阙党童子将命

**【原文】**阙党童子将命。或问之曰："益者与？"子曰："吾见其居于位也，见其与先生并行也。非求益者也，欲速成者也。"

**【解读】**阙党：孔子的家乡。将命：传话。益者：追求上进的人。居于位：坐在主客人位子上。与先生并行：和大人、老人并肩而行。这些都是不懂礼、违礼的行为。

**阙党地方上的一个儿童向孔子来传话。有人问孔子："这个孩子是求上进，有长进的孩子吗？"孔子说："我看见他大模大样地坐在成人（主宾）的位子上，又看见他与长辈并肩而行。这个孩子不是个谦逊懂礼求上进的，只是个急于长成的人。"**

孔子看人，先看其懂不懂礼，谦逊礼让才是好品格，教小孩要从谦逊礼让开始，"先进礼乐"。

# 卫灵公　第十五

讲治政思想、道德修养和有教无类的教育思想，共四十二章。

## 1. 卫灵公问陈于孔子

**【原文】**卫灵公问陈于孔子。孔子对曰："俎豆之事，则尝闻之矣；军旅之事，未之学也。"明日遂行。

**【解读】**陈：通阵，军队作战的阵法。俎（zǔ）豆之事：指祭祀礼仪的事。俎、豆都是古代祭祀时盛满酒肉的器皿。

**卫灵公向孔子请教军队作战的阵法。孔子回答说："祭祀礼仪方面的事我经常听到过，军队打仗的事，我从没有学过。"第二天，孔子就离开了卫国。**

孔子仁爱好礼而厌战。"胜残止杀"是他的理想，他不希望卫国内战，也反对诸侯之间兵戎相见。春秋战国诸子百家中，儒、老、墨均反战，只法家主战、奖励军功。

## 2. 在陈绝粮　从者病　莫能兴



**【原文】**在陈绝粮，从者病，莫能兴。子路愠见曰：

“君子亦有穷乎?”子曰:“君子固穷，小人穷斯滥矣。”

**【解读】**在陈绝粮：指孔子和他的弟子困于陈蔡断粮。君子固穷：道德高尚的人处于贫穷之中能贫不移志、坚守节操。固，是固守、坚守的意思。孔子说过：“君子修道立德，不为穷困而败节。”

小人穷斯滥也：没有道德节操的人处于贫困之中就会胡作非为。滥，泛滥，失去约束，滥搞。

**孔子和他的弟子困于陈国、断了口粮，跟随的弟子好多都饿病了、起不了床了。子路带着埋怨情绪来见孔子，说：“君子也有穷困的时候吗?”孔子说：“君子处于穷困之中能不怨不恼坚守德操，小人处于穷困之中就胡搞滥来、无所不为。”**

据记载，孔子困于陈蔡七日，还坚持给弟子们讲课，并以“君子固穷，小人穷斯滥矣”来教育诫勉学生，真的了不起。

## 3. 予一以贯之

**【原文】**子曰：“赐也，女以予为多学而识之者与?”对曰：“然，非与?”曰：“非也，予一以贯之。”

**【解读】**一以贯之：《里仁第四》篇中曾有“吾道一以贯之”。那是指忠恕之道的基本原则贯穿于夫子的全部思想学说。这里的“一以贯之”，恐是指学问积累的原则和方法。孔子说过：“我非生而知之者，好古，敏以求之者也。”“信而好古”“敏以求之”是孔子一生研修学问的自述。这里又说“一以贯之”，这就不难理解其是指什么了。孔子做学问一以贯之的东西是他一生对古代六经文献典籍的崇信、崇尚和孜孜不倦的研修。

**孔子说：“端木赐啊，你以为我学了很多又都记住了吗?”子贡说：“是啊，我是这么认为的呀，难道不是吗?”孔子说：“不是的，**

**我是一生专一地持之以恒、一以贯之地学习（古代文献经典）。”**

## 4. 知德者鲜矣

**【原文】**子曰：“由，知德者鲜矣。”

**【解读】**由，即子路。

**孔子说：“子路啊，懂得道德的人太少。”**

孔子处于春秋乱世，感叹世风不古、懂道德、有道德的人少。也是告诫子路，我们更要注意进德修身，有责任宣传教化道德。

## 5. 无为而治者其舜也

**【原文】**子曰：“无为而治者，其舜也与？夫何为哉？恭己正南面而已矣。”

**【解读】**“无为而治”是老子的政治理想和治政模式，孔子拜教于老子，老子曾给孔子讲过无为而治的道理。“我无为则民自化。”但此章言“无为而治”不全是老子的思想，而侧重于“恭己”——君王自己的道德修养，修己以严、修己以敬，行己也恭，修己以安百姓。“恭己正南面而已”和“为政以德，譬如北辰，居其所而众星拱之”是一个意思，中心思想是为政以德、统治者要进德修身、以德为范，为百姓树立榜样，“子帅以正”。孔子无为而治不是不为，而是为政以德、以德为政。

**孔子说：“能够以德为政、无为而治的人只有舜吧？他怎样做到的呢？严以修身、行为恭谨，以良好的道德形象坐临君位、平治天下。”**

## 6. 言忠信　行笃敬

**【原文】** 子张问行。子曰："言忠信，行笃敬，虽蛮貊之邦，行矣。言不忠信，行不笃敬，虽州里，行乎哉？立则见其参于前也，在舆则见其倚于衡也，夫然后行。"子张书于绅。

**【解读】** 行：行为准则，行得通。

蛮貊之邦：指边远的尚未开发的地区。州里：本乡本土。参于前：指"言忠信，行笃敬"像座右铭样耸立在面前。倚于衡：指"言忠信，行笃敬"显现在车子辕前的横木上（也在面前）。书于绅：指把孔子"言忠信，行笃敬"的话写在束衣服的宽带子上。绅，古人束衣裳的宽带子。

**子张问怎么样才行得通（行为准则），孔子说："说话忠实诚信、做事认真严谨，到哪里都行得通，即使是尚未开发的荒蛮边远的地方，也行得通。说话不忠实诚信、做事马马虎虎不负责任，虽然到本乡本土，行得通吗？站立时'言忠信，行笃敬'像座右铭样耸立在面前，坐在车上好像就写在车辕的横木上一样，时时处处提醒我们，做到这样到哪里都行得通。"**

**子张把孔子的教导随即写在自己束衣裳的宽带子上。**

言忠信、行笃敬，是为人处世的基本准则。

## 7. 直哉史鱼

**【原文】** 子曰："直哉史鱼！邦有道，如矢；邦无道，如矢。君子哉蘧伯玉！邦有道，则仕；邦无道，则可卷而怀之。”

**【解读】**直：刚正，正直。史鱼：卫国大夫，字子鲁，有贤德。卷而怀之：把自己的才能隐藏起来，指怀才不仕、怀才不遇。

**孔子说：“好一个刚正的史鱼啊！国家政治清明时，他像箭一样直。国家政治黑暗时，他还像箭一样直。蘧伯玉真是一个君子啊！国家行正道他出来参与政事，国家不行正道他便怀才不仕、隐退藏身。”**

这是孔子的一种思想倾向，用行舍藏，“邦有道，谷；邦无道，谷，耻也”。他自己是这么做的，他的很多学生也是这样做的，如原思、闵损“不做大夫的家臣，不食昏君的俸禄”。这里高度赞扬卫国的蘧伯玉。

孔子也曾说“邦有道，危言危行；邦无道，危行言孙”，君子处世应是直言直行，所言邦无道，直行而言谨，有点明哲保身的无奈。这里孔子盛赞好一个刚正的史鱼，“邦有道，如矢；邦无道，如矢”，不管在什么情况下都刚正不阿、直言直行。同时，孔子也高度评价蘧伯玉，好一个君子，邦有道则仕，邦无道卷而怀之。孔子既有原则的坚定性，又主张遇事要有所裁度，用行舍藏，不执于一。

## 8. 知者不失人亦不失言

**【原文】**子曰：“可与言而不与之言，失人；不可与言而与之言，失言。知者不失人，亦不失言。”

**【解读】**这是一个现实生活中的问题，话对谁说、说什么样的话、说话要看人。夫子谨小慎微，于细微处告诫学生：言不失人、谈不失言。

**孔子说：“可以和他谈话而不和他谈，就可能会失去一个可以谈话交心切磋学问的人，不可以和他谈的话，却和他谈了，就可能说**

**了不该说的话，甚至带来不好的后果，这就是失言。聪明的人不失人（一个可以和你谈话的人），也不失言。”**

## 9. 志士仁人　有杀身以成仁

**【原文】**子曰：“志士仁人，无求生以害仁，有杀身以成仁。”

**【解读】**仁是孔子的思想核心，是其根本的价值取向，也可以说是中华民族精神的重要价值观。不能贪生怕死而损害仁的道德操守，为了国家、民族、人民的利益，可以献出自己的生命、杀身以成仁。

南宋民族英雄文天祥为了国家民族的尊严走上刑场、面对死亡，曾写下一段足以动天地泣鬼神的千古名言：“孔曰成仁、孟曰取义，读圣贤书、所为何事、而今而后、庶几无愧！”用生命和鲜血坚守了自己的仁德操守，诠释了圣贤“杀身成仁，舍生取义”的伟大和光荣。

**孔子说：“志士仁人，没有贪生怕死而损害仁德的，只有牺牲自己的生命来成就仁德的。”**

## 10. 子贡问为仁

**【原文】**子贡问为仁。子曰：“工欲善其事，必先利其器。居是邦也，事其大夫之贤者，友其士之仁者。”

**【解读】**子贡问为仁，是问如何培养自己的仁德。“工欲善其事，必先利其器。”这句孔子原创的成语是传诵影响范围最广泛的名言，意思是：工匠想把事情做好，一定要事先把工具打磨得锐利好使。老百姓语言最明白“磨刀不误砍柴工”，在这里引喻为：工匠把事情做好，靠锐利好使的工具，我们要修仁德，靠接近和学习贤良仁德的朋友。所谓“工以利器为用，人以贤友为助”，“以友辅仁”。

**子贡问如何培养自己的仁德。孔子说：“工匠想把事情做好，必须把工具打磨得锐利好使，我们想培养仁德，在一个邦国，必须在大夫中跟随有仁德的贤人，在士人中结交有仁德的朋友。”**

## 11. 颜渊问为邦

**【原文】**颜渊问为邦。子曰：“行夏之时，乘殷之辂，服周之冕，乐则《韶》《舞》，放郑声，远佞人。郑声淫，佞人殆。”

**【解读】**为邦：治理国家。夏之时：夏朝的历法，沿用至今的古历、农历。殷之辂（lù）：殷商的车子。周之冕：周朝的礼貌。《韶》《舞》：分别为舜帝和周武王时期的音乐。放郑声：郑地的歌曲有点淫声淫色放荡，要禁止。郑声，流行于郑国一带的诗歌。郑风有点放荡，不符合乐而不淫的原则。远佞人：疏远巧言令色的小人，这些小人危害国家，危险。

**颜渊请教孔子怎么样治理国家。孔子说：“推行夏朝的历法，乘坐殷商时代的车子，戴周朝的礼帽，音乐就演奏《韶》和《舞》，禁止郑地的音乐，疏远那些巧言令色的小人。因为郑地音乐太放荡，有点淫声淫色。那些巧言令色的小人往往危害国家，很危险。”**

治国的原则方法比较全，一是损益夏商、继承周代，推行礼治，这是本。二是推行夏历（即农历），发展农业生产，节俭实用、乘商车。三是成之以乐，注意音乐的教化作用，用《韶》《舞》中正平和、尽善尽美的主旋律，教化人民。禁止消极奢靡的音乐腐蚀人。四是近贤臣，远佞人。

## 12. 人无远虑　必有近忧

**【原文】** 子曰："人无远虑，必有近忧。"

**【解读】** 这又是中华大地家喻户晓的千古名言，言简意宏，极其经典。

《易经》说："安而不忘危，存而不忘亡，治而不忘乱。"凡事要有危机意识、忧患意识，要想得远一些。

《中庸》说："凡事预则立，不预则废。言前定，则不跲，事前定，则不困，行前定，则不疚，道前定，则不穷。"更明白地讲了凡事要事先从长谋划，有充分的准备，否则就容易有近忧，出麻烦。

**孔子说："人无远虑，必有近忧。"**

## 13. 吾未见好德如好色者

**【原文】** 子曰："已矣乎！吾未见好德如好色者也。"

**【解读】**《子罕第九》第 18 章有同样的话，这里的"已矣乎！"更加重了感叹。人之天性爱美色，而好仁德是后天修养。修养是个长期的过程，好德难。孔子对子路也说过"由，知德者鲜矣！"处在礼崩乐坏的春秋乱世，孔子无奈的慨叹可以理解。

据说是孔子在卫国时，看到卫灵公与南子同车，沉于女色，荒于政事，很不以为然而发的感慨。

**孔子说："罢了！我从来没看到崇尚爱好美德就像爱美色一样的人啊！"**

## 14. 臧文仲其窃位者与

**【原文】** 子曰："臧文仲其窃位者与！知柳下惠之贤而不与立也。"

**【解读】** 臧文仲：即臧孙辰，鲁国大夫。窃位：位居要职，不履行举贤任能的职责。窃取高位，有如尸位素餐。

柳下惠：有名的贤士，姓展名禽，鲁国大夫，食邑柳下，谥"惠"，以"柳下惠"名于后世。与：前一个"与"是语气助词，疑问感叹；后一个"与"为动词，给予，举用。

**孔子说："臧文仲大概是个窃居高位不履行举贤任能职责的人吧！他明知他手下的柳下惠贤能，却不给举用。"**

## 15. 躬自厚而薄责于人

**【原文】** 子曰："躬自厚而薄责于人，则远怨矣。"

**【解读】** 躬自厚：躬自厚责，对己责之厚、责之重、责之周、责之严，有利于修身进德。薄责于人：对人责之宽、责之简、责之薄、责之约，有利于团结人。

**孔子说："多责备自己而少责备别人就可以远离怨恨。"**

严于律己，宽以待人，最好的与人相处的原则和方法。

唐宋八大家之首韩愈《原毁》说："古之君子，其责己也重以周，其待人也轻以约。重以周，故不怠；轻以约，故人乐为善。"

## 16. 吾末如之何也已矣

**【原文】** 子曰："不曰'如之何，如之何'者，吾末如之何也已矣。”

**【解读】原文的意思是：孔子说：“一个人做某件事不事先想好怎么办、怎么办的人，我拿他也没办法了。”**

这里表述的是孔子凡事“预则立，不预则废”“人无远虑，必有近忧”“临事而惧，好谋而成”的一贯主张，批评有的弟子遇事不动脑筋、不想事、不认真的慵懒作风。

## 17. 群居终日　言不及义

**【原文】**子曰：“群居终日，言不及义，好行小慧，难矣哉！”

**【解读】**言不及义：言谈远离道义，偏离仁德之正道，可能尽是些邪辟淫秽之言。好行小慧：喜欢耍小聪明。

**孔子说：“整天在一起，言谈不及道义，喜欢卖弄小聪明，这样的人难有造就。”**

曾文正后来教子侄“群居守口，独处守心”，一群人在一起，高谈阔论，言不及义，海侃无边是非常有害的。言不及义，好行小慧，这样的人难有造就，孔子教诫弟子的话，现在仍有很现实的教育意义。

## 18. 君子义以为质

**【原文】**子曰：“君子义以为质，礼以行之，孙以出之，信以成之。君子哉！”

**【解读】**义以为质：即以义为质，以道义为根本。礼以行之：即行之以礼，行为要符合礼的要求，非礼勿动。孙以出之：即出之以孙，语言出口要谨慎谦让。孙，同逊。信以成之：即成之以信，做事成事靠诚信。

**孔子说："君子以道义为做人做事的根本原则，用礼的规范指导自己的行为，言语要谨慎谦让，靠诚信完成事业。这就是君子啊！"**

以道义为准、以礼法为范、以谦让谨慎为品、以忠诚守信为事，这是君子应具备的基本品德。

## 19. 君子病无能焉

**【原文】** 子曰："君子病无能焉，不病人之不己知也。"

**【解读】** 与《宪问第十四》第30章"不患人之不己知，患其不能也"同义。病：担心、忧虑。

**孔子说："君子担心的是自己没有能力，不担心别人不了解自己。"**

## 20. 君子疾没世而名不称

**【原文】** 子曰："君子疾没世而名不称焉。"

**【解读】** 疾：和前章"病"意思差不多，可理解为担心、忧虑、遗憾。

**孔子说："君子最担心、最遗憾的是到死也没留下任何功绩称颂于世。"**

"内圣外王"是君子人生的目标。内圣，是完善的道德人品（立德）；外王，是事功，做一番事业，造福于民，留功名于世（立功）。如果"没世而名不称"则碌碌无为，虚度一生，这是君子最应担心，最为遗憾的，这是孔子告诫他的学生不要虚度年华。

写到这里，我想起了奥斯特洛夫斯基的名言：人生最宝贵的是生命，生命属于人只有一次。人的一生应该这样度过：回首往事，不会因为虚度年华而悔恨，也不会因为碌碌无为而羞耻……

重温奥斯特洛夫斯基的名言，更加深对两千多年前孔子十字箴言的理解。

## 21. 君子求诸己

**【原文】** 子曰："君子求诸己，小人求诸人。"

**【解读】** 求诸己：严格要求自己，躬身厚责。求，要求；诸：助词，于；己：自己。

**孔子说："君子对自己严格要求，小人求全责备、苛责他人。"**

君子对自己严格要求（求诸己），君子以修身为本，求道德、学问日益精进；对人宽厚，恕字为先，以仁厚之心待人。严己恕人是君子的重要品格，"躬自厚而薄责于人"。

## 22. 君子矜而不争

**【原文】** 子曰："君子矜而不争，群而不党。"

**【解读】** 矜：矜持，庄重自守。

**孔子说："有修养有道德的人庄重自守不与人争，与人合群，而不搞宗派小圈子。"**

君子矜而不争，即君子无所争，表现了君子重节操，矜持自守的清高和以人为先，谦虚礼让的仁厚。

群而不党，即周而不比，能合群，团结大多数人，不拉帮结派搞小圈子。

## 23. 君子不以言举人

【原文】子曰："君子不以言举人，不以人废言。"

【解读】君子：这里应是指处于上位的执政者、领导者。

**孔子说："作为执政者，不要凭某人几句话说得好，就信任他、举荐他，也不要因为某人不好（曾有过错误，或人品学问有缺陷）而不相信他、否定他的正确意见。"**

"论笃是与，君子者乎"，"君子不以言举人"。察人，要察其言，观其行。"不以人废言"，察言，要具体情况具体分析。

## 24. 其恕乎

【原文】子贡问曰："有一言而可以终身行之者乎？"子曰："其'恕'乎！己所不欲，勿施于人。"

【解读】**子贡请教孔子："有没有一句话可以终身奉行呢？"子曰："那就是'恕'吧！自己不愿意的事，不要强加于别人。"**

恕——推己及人，仁者之心；宽以待人，仁者之道。夫子之道，一以贯之，忠恕而已。忠就是尽己为人，尽心竭力事人；恕就是推己及人，己所不欲勿施于人，己欲立立人，己欲达达人。后世西方所谓伦理学黄金定律"无论何事，你愿意人如何待你，你也要如何待人"，和孔子的主张如出一辙。

恕，处世待人，可以奉行终身。

## 25. 吾之于人也

【原文】子曰："吾之于人也，谁毁谁誉？如有所誉者，其有所试矣。斯民也，三代之所以直道而行也。”

**【解读】**孔子对于别人从不妄加评论。《宪问第十四》第29章，子贡非议别人，孔子予以严肃批评：“你就那样十全十美，我就没闲工夫去讲别人的是非！”

谁毁：是倒装，即毁谁。毁，诋毁、诽谤。谁誉：即誉谁。誉，赞誉、称赞。

**孔子说：“我对于别人，诋毁过谁，赞誉过谁？假如有我赞誉过的人，他的事迹一定是经过时间和实践验证过的。夏、商、周三代的人都这样，所以这三个朝代的人能行仁德的正道。”**

不诋毁别人，没有事实根据不随便赞誉别人，这是一种美德，也是待人的原则，体现“恕”和“诚直”的仁德之道。

## 26. 吾犹及史之阙文也

**【原文】**子曰：“吾犹及史之阙文也。有马者借人乘之，今亡矣夫！”

**【解读】**阙文：在文献史籍上有空缺的文字。因为有的史实不清楚，宁以求实存疑空缺，也不牵强附会，胡乱编撰。

**孔子说：“我还看到过史书上因为存疑就空缺文字，看到过有马就借给人骑的，但现在这样的事、这样的人都看不到了。”**

孔子借两种不相及的事，说明“诚实”的宝贵。写史，要诚要实，不清楚就宁愿空阙存疑也不胡乱杜撰。有马就借人，待人实诚难能可贵，可惜看不到了。孔子感叹“知德者鲜矣”，人心不古，今不如昔。

## 27. 小不忍　则乱大谋

**【原文】**子曰：“巧言乱德。小不忍，则乱大谋。”

**【解读】孔子说："花言巧语败坏道德。小事上不能忍让，往往坏大事。"**

"小不忍，则乱大谋"乃千古名言，传诵至今，言忍之可贵。老百姓说："忍得一时之气，免得百日之忧。"君子贤人说："能忍常人之不能忍者必成大事。""忍小忿，而就大谋。"

忍是品格，忍是智慧，忍是力量，忍是勇敢，忍是成功。

## 28. 众恶之　必察焉

**【原文】**子曰："众恶之，必察焉；众好之，必察焉。"

**【解读】孔子说："大家都厌恶（贬责）他，一定要仔细考察；大家都喜欢（赞扬）他，也一定要仔细考察。"**

这是识人知人的原则和方法，不可偏听偏信，必须全面观察。"今人皆好之，今人皆恶之"，往往不能全面地客观地反映一个人的实际情况。

## 29. 人能弘道　非道弘人

**【原文】**子曰："人能弘道，非道弘人。"

**【解读】**弘：发扬光大。道：孔子所言之道多是先王德政礼治之道、仁德之道，是以仁为核心价值观的礼法道德。

**孔子说："人能弘扬光大道，而不是道来光大人。"**

守道也好，弘道也好，关键在人，人是主体。

## 30. 过而不改　是谓过矣

**【原文】**子曰："过而不改，是谓过矣。"

**【解读】孔子说："有过错而不改正，那就是真正的过错。"**

人非圣人，孰能无过，闻过则改，善莫大焉。夫子在很多地方都讲改过的重要。改过是进德修身的日常功课。"过则勿惮改。""法语之言，改之为贵。""君子之过也，如日月之食焉：过也，人皆见之；更也，人皆仰之。"

## 31. 以思无益　不如学也

**【原文】**子曰："吾尝终日不食，终夜不寝。以思，无益，不如学也。"

**【解读】孔子说："我曾经整天不吃饭，终夜不睡觉地思考，结果没什么收获，还不如学习。"**

这是孔子将"学而不思则罔，思而不学则殆"的道理以亲身体验告诫学生。思而不学是危险的，可能一无所获，读书、实践、思考，再读书、再实践、再思考，才会不断长进。

## 32. 君子谋道不谋食

**【原文】**子曰："君子谋道不谋食。耕也，馁在其中矣；学也，禄在其中矣。君子忧道不忧贫。"

**【解读】**馁（něi）：饥饿。禄：俸禄。君子：这里是指有学养有志向的读书人，是孔子面对自己的学生们说的。

**孔子说："君子应该志于道，追求先王德政礼治之道的实行，而不在乎自己的衣食温饱。你亲自去耕田种地，难保不饿肚子；你努力学习（走上修齐治平的道路），可以出仕做官得到俸禄。同学们啊，你们应有高远的志向，更大的担当，应忧道之不弘，而不要忧**

**一人一家的衣食。”**

孔子原文曾惹来非议，被责为轻视劳动，轻视劳动人民，叫人读书做官。但是仔细想来，应是批评者不对。孔子的教育目的是非常清楚的，教学生进德修身，立德树人，克己复礼，天下归仁，弘扬先王之道，治国平天下。这段话正是先生教他的学生们以天下为己任，志存高远、担当弘道的大任，而不能只求一人一家之温饱。

这一章与《子路第十三》“樊迟请学稼”章是同一个意旨，都是孔子教弟子们志存高远，有更大的社会担当和抱负。

## 33. 虽得之　必失之

**【原文】**子曰：“知及之，仁不能守之，虽得之，必失之。知及之，仁能守之，不庄以莅之，则民不敬。知及之，仁能守之，庄以莅之，动之不以礼，未善也。”

**【解读】**知：知识、学问，聪明才智。之：代词，指代职位、官职。

**孔子说：“凭着你的才智得到了官职，却不能用仁德来守持它，虽然得到了，也一定会失去。靠才智得到了它，靠仁德保持了它，但不谦虚、庄敬地去和老百姓打交道，老百姓就不会接受你、敬重你。靠才智得到了它，靠仁德保持它，又用谦虚庄敬赢得了老百姓的敬重，但是在工作中不用礼法约束自己，也还是没有达到尽善尽美的境界。”**

这段话简直是夫子教给学生出仕为官的秘箴。说得太好了，如今还非常有现实意义。

## 34. 君子不可小知　而可大受也

**【原文】**子曰：“君子不可小知，而可大受也，小人不可大受，而可小知也。”

**【解读】**君子、小人：此处当以学问才略来划分，不是地位尊卑贵贱之别。

知：知识技能。大受：担当重大任务使命。

**孔子说：“学问才略很高的君子不可使做一般知识技能的事，但可以担当大任。仅有知识技能的人不可以担当大任，但可利用他的知识技能，把他擅长的事做好。”**

因人制宜，用人如器，各得其所，人尽其才，这也是为政用人的技巧。

## 35. 民之于仁也　甚于水火

**【原文】**子曰：“民之于仁也，甚于水火。水火，吾见蹈而死者矣，未见蹈仁而死者也。”

**【解读】**民之于仁也，甚于水火：水和火，是我们生活中不可或缺的，而仁比之水火对我们来说更重要。

**孔子说：“仁对于我们来说比生活中不可或缺的水火更重要。但是我见过践蹈水或火而死的，没有见到践行仁而死的呀。”**

孔子的这个蹈水火可死、践行仁不会死的对比似乎有类比概念的错误，但这里有个跳跃的思维，主要是强调仁对于我们太重要了，像生活中不可或缺的水和火一样，我们应该蹈仁履义，践行仁德。

## 36. 当仁不让于师

**【原文】**子曰：“当仁，不让于师。”

**【解读】**在孔子思想里，仁是最高准则，生活中最重要的东西。

**孔子说：“在对待仁的方面，即使是老师，也不能谦让。”**

孔子曾批评“其言不让”，但他坚定地强调“当仁，不让于师”。孔子和同处古时轴心时代的希腊亚里士多德一样——“吾爱吾师，吾更爱真理。”

“当仁不让”成语经典的渊源在这里。

## 37. 君子贞而不谅

**【原文】**子曰：“君子贞而不谅。”

**【解读】**贞：贞正、坚守，坚定不移地坚持真理和正道。

不谅：不固执成见，不死板教条。谅是多义词：①诚信，友谅；②宽容，原谅；③推测，谅必；④固执成见，死板教条。

**孔子说：“君子忠贞不贰、坚守正道，但不固执成见、死板教条。”**

第36、37章，论仁，一是“当仁不让”，一是“贞而不谅”，相得益彰，必须坚守仁的基本原则和核心地位，在这一点上无谦让可言，即使是老师也不例外，但又不能固执成见、死板教条。仁是我们的言行指南和准则，但不是教条。如管仲，公子纠死，他不死，而相桓公，九合诸侯，一匡天下，受惠于民，是行大仁而不谅。（见《宪问第十四》第16章）

## 38. 事君

**【原文】**子曰：“事君，敬其事而后其食。”

**【解读】孔子说：“侍奉君主，认真勤勉地工作，而把食俸禄的事放到后面。”**

事君以忠，先劳而后获。侍奉君主首先是认真勤勉地工作，把食俸待遇放在后面。

## 39. 有教无类

【原文】子曰："有教无类。"

【解读】无类：无种族、地域、贵贱之分。

**孔子说："人人我都教育，对所有的人一视同仁，无种族地域贵贱之分。"**

章太炎老先生曾说，孔子想通过办教育，实现教育平等进而实现人人平等的理想。教育平等是实现社会平等的重要基础。"有教无类"的提出和实践是孔子最伟大的贡献。

## 40. 道不同　不相为谋

【原文】子曰："道不同，不相为谋。"

【解读】道：指思想观点，理想志向。

**孔子说："思想观点、理想志向不相同，不在一起谋筹共事。"**

这是强调道的原则性。

## 41. 辞达而已矣

【原文】子曰："辞达而已矣。"

【解读】辞：言辞，文章。达：表达，达意。

**孔子说："修辞，说话，写文章，只要把意思表达清楚就可以了。"**

辞主乎达，不论简繁，不在词藻，这是文风问题，孔子之言，至今有现实意义。《易传·文言传》中的“修辞立其诚”更说出了“辞达而已矣”的本质，本质是个诚字。辞在主达，修在心诚，怀诚心，讲真话，讲老百姓听得懂的话，喜闻乐见的话。

这正是毛泽东主席提倡的文风。

## 42. 固相师之道也

**【原文】**师冕见，及阶，子曰：“阶也。”及席，子曰：“席也。”皆坐，子告之曰：“某在斯，某在斯。”

师冕出。子张问曰：“与师言之道与？”子曰：“然，固相师之道也。”

**【解读】**师冕（miǎn）：盲人乐师，冕是乐师的名字。

**盲人乐师冕来见孔子，走到台阶前，孔子上前提醒乐师：“这是台阶。”走到座席旁，孔子又告诉他“这是座席。”待大家都落座了，孔子告诉师冕：“这里坐的某人，这里坐的某人。”**

**送师冕走了以后，子张问孔子说：“这是与乐师说话的方法吗？”孔子说：“是的，这就是一种尊重和帮助盲人乐师的礼节和方法。”**

孔子这个大学问家还如此恭恭敬敬地接待一个盲人乐师，体贴入微地给予关心帮助，堪称道德模范。

# 季氏　第十六

讲治政方略和人品道德要求，共十四章。

## 1. 均无贫　和无寡　安无倾

**【原文】**季氏将伐颛臾。冉有、季路见于孔子曰："季氏将有事于颛臾。"

孔子曰："求！无乃尔是过与？夫颛臾，昔者先王以为东蒙主，且在邦域之中矣，是社稷之臣也。何以伐为？"

冉有曰："夫子欲之，吾二臣者皆不欲也。"

孔子曰："求！周任有言曰：'陈力就列，不能者止。'危而不持，颠而不扶，则将焉用彼相矣？且尔言过矣，虎兕出于柙，龟玉毁于椟中，是谁之过与？"

冉有曰："今夫颛臾，固而近于费。今不取，后世必为子孙忧。"

孔子曰："求！君子疾夫舍曰欲之，而必为之辞。丘也闻有国有家者，不患寡而患不均，不患贫而患不安。盖均无贫，和无寡，安无倾。夫如是，故远人不服，则修文德以来之。既来之，则安之。今由与求也，相夫子，远人不服，而不能来也；邦分崩离析，而不能守也；而谋动干戈于邦内。吾恐季孙之忧，不在颛臾，而在萧墙之内也。”

**【解读】**季氏：季康子，三季中以季康子最逞权势。颛臾（zhuān yú）：鲁国的一个附属小邦国。有事：动武。东蒙：东蒙山。周任：周代著名史官。陈力就列：担任职务。相：相帮，助手。兕（sì）：犀牛。柙（xiá）：关野兽的木笼。君子疾夫舍曰欲之，而必为之辞：君子最厌恶那些自己有贪妄之欲而又找借口说辞掩盖自己恶劣的意图。萧墙之内：多指家庭内部。萧墙就是矮墙、女墙。如祸起萧墙，指家庭内部闹矛盾引起祸患。

**季康子将用武力讨伐颛臾。冉有、季路拜见孔子说：“季康子将派兵讨伐颛臾。”**

**孔子说：“冉求啊！这不就是你的过错吗？颛臾，过去先王封它主祭东蒙山，而且其领土在鲁国的邦域之内，是鲁国的臣属，为什么要讨伐它呢？”**

**冉有说：“季老夫子想这么做，我和子路都不同意。”**

**孔子说：“冉求啊！周代的史官说过‘担任一定的职位就应尽自己的职责，如果做不到就别干了’。你的主人遇到危险你不去帮助他，跌倒了你不去扶起他，那么要你这个助手作什么用呢？而且你刚才讲的话也不妥（季康子要伐颛臾，我们是不同意的），关在笼子里的老虎、犀牛跑出来了，藏在匣子里的龟甲、宝玉坏了，是谁的过呢？（应是你们家臣的责任。）”**

**冉有说：“现在颛臾城池坚固，而且离季康子的封邑又很近。如果现在不征服颛臾，恐怕将来会遗忧患于子孙。”**

**孔子说：“冉求啊！君子最厌恶那些自己有贪妄之欲，而又找借口掩盖自己恶劣意图。我听说有国有家的诸侯、大夫不忧虑国家民**

**力、财富不足而担心分配不均，不忧患国家贫穷而担心国家不安定。只要分配均等，贫的不会太贫；只要上下和同，就不会有民力不足；只要国内安定团结，国家就没有被颠覆的危险。如果这样做了，远方的人还不来归服，就进一步修治仁德礼教以感召他们来。远邦之人来了，就让他们安居乐业。现在子路和冉求你们两个人辅佐季老夫子，远方的人不肯归服，又不能感召他们来，家邦内部不团结，分崩离析，主政者把握不住、掌控不了，却还想对颛臾这样的邦内近邻动干戈，我担心季氏的忧患不在颛臾而在家邦内部。”**

这段文字表述了三层意思，一是孔子反对以消除外患为借口征伐扩张。二是提出了“不患寡而患不均，不患贫而患不安”“均无贫，和无寡，安无倾”的治国理政的重要理念和方略。三是再次阐述“近者悦，远者来”的为政思想。近者悦，靠“均”，靠“和”，靠“安”；远者来，靠修文德，靠德政礼治，靠文明进步。

## 2. 天下有道　则礼乐征伐自天子出

**【原文】**孔子曰：“天下有道，则礼乐征伐自天子出；天下无道，则礼乐征伐自诸侯出。自诸侯出，盖十世希不失矣；自大夫出，五世希不失矣；陪臣执国命，三世希不失矣。天下有道，则政不在大夫。天下有道，则庶人不议。”

**【解读】**有道：有良好的礼治秩序。道是指周代礼治的政治伦理秩序。希：少有。失：丧失、灭亡。

**孔子说：“天下有道，国家礼乐制度、政令以及出兵征伐的命令都由天子发布。天下无道，国家礼乐制度、政令以及出兵征伐的命**

**令由诸侯发布（大权旁落诸侯，诸侯挟天子以令）。大权旁落，诸侯挟天子以令，这样的国家大概历经十代很少不灭亡的。如果大夫专权，决定国家礼乐政令，大概历经五世很少不灭亡的。如果大夫的家臣专权，决定国家礼乐政令，经三世很少不灭亡的。天下有道，国家权力不会旁落大夫。天下有道，老百姓对国家政治只有拥护，不会议论纷纷。”**

孔子讲的这段话既是对春秋时代礼崩乐坏、天下政治失序情况的总结，也是对往后两千多年封建社会政治秩序的预言和警告。孔子之后的历朝历代，当国家政治失序，君主不能掌握朝纲，必然乱象丛生，或太后专政，或外戚篡权，或宦官操柄，或权门乱政，导致政治黑暗、国力衰退、民不聊生、天怒人怨，最后走向灭亡。人亡政息，其亡必忽。大凡政治生活是要有准则的，政治是要有秩序的。

## 3. 禄之去公室五世矣

**【原文】**孔子曰：“禄之去公室，五世矣；政逮于大夫，四世矣。故夫三桓之子孙微矣。”

**【解读】**禄：国家权柄。公室：国家朝廷。五世：自鲁文公死后政权旁落经宣公、成公、襄公、昭公、定公五代。四世：是指季孙氏一家父子、武子、平子、桓子四代。

**孔子说：“国家的权力从中央朝廷丧失已经有五代了；中央的权力到季孙氏家族又有四代了。所以季氏三桓子孙的势力也渐渐衰微了。”**

这章是以鲁国朝廷权力的旁落丧失到大夫手里，最后日渐衰微，走向颓势为例，进一步说明前一章所讲的礼乐政治失序的危害。

## 4. 益者三友　损者三友

**【原文】** 孔子曰："益者三友，损者三友。友直，友谅，友多闻，益矣。友便辟，友善柔，友便佞，损矣。"

**【解读】** 益：有益。损：有害。谅：忠实诚信。便辟：惯于搞邪门歪道。便是"擅长于、习惯于"的意思。辟，通僻，邪门歪道。善柔：阴柔，不阳光，伪善阴柔。便佞：善于巧言令色。

**孔子说："对人有益的朋友有三种，有害的朋友也有三种：与正直的人为友，与忠实诚信的人为友，与见闻、知识广博的人为友，是有益的。与喜欢搞邪门歪道的人为友，与伪善阴柔的人为友，与巧言令色的人为友，是有害的。"**

夫子告诉他的弟子审慎交友，择善而从，比较完整地讲了择友的标准，可视为交友之警句箴言。

## 5. 益者三乐　损者三乐

**【原文】** 孔子曰："益者三乐，损者三乐。乐节礼乐，乐道人之善，乐多贤友，益矣。乐骄乐，乐佚游，乐宴乐，损矣。"

**【解读】** 乐：快乐，以什么为快乐。乐节礼乐：时时处处把自己置于礼乐规范的节制之下是一种快乐。乐骄乐：以骄傲自大、凌驾于人为乐。乐佚游：以无所事事、闲逸游荡为乐。佚，即逸。乐宴乐：以欢宴豪饮为乐。

**孔子说："对人来说，有益的快乐有三种，有害的快乐也有三种：以把自己节制在礼乐的规范之中为快乐，以夸赞人的好处为快**

**乐，以多交贤良的朋友为快乐，是有益的。以骄傲自大、凌驾于人为乐，以游手好闲、到处游荡为乐，以欢宴豪饮、奢靡无度为乐，是有害的。”**

以什么为乐，可见人的品节情操，孔子以“益者三乐，损者三乐”教人，其言谆谆，其理深切。

## 6. 侍于君子有三愆

**【原文】**子曰：“侍于君子有三愆：言未及之而言，谓之躁；言及之而不言，谓之隐；未见颜色而言，谓之瞽。”

**【解读】**侍于君子：侍奉在君王或上司的左右。愆（qiān）：过失、过错。言未及之：还没有轮到自己发言的时候。隐：隐瞒、不坦诚。瞽：瞎子。躁：骄躁，自以为是，急于表现，逞能。

**孔子说：“侍奉在君主或上司左右容易犯三种过错：没轮到自己说话，抢先便说，这是骄躁；该自己说话进言，却缄口不谈，这是有意隐瞒观点、不坦诚的表现；不看君上的脸色便贸然说话，这等于是瞎子。”**

孔夫子多次讲慎于言，言忠信，言谦让，时而后言，言不失人，言不失言，言不失时。这一章又专门讲侍于君子之侧如何“时而后言”，不骄躁、不抢先逞能；如何言思忠，忠心侍君上，不隐瞒自己的观点；如何察人审时，说自己该说的话，不因瞎说而遭人讨厌甚至惹祸。

夫子为仁厚长者，教学生如此周备入微又句句在理，严慈之师，千古难觅。

## 7. 君子有三戒

**【原文】**子曰：“君子有三戒：少之时，血气未定，戒之在色；及其壮也，血气方刚，戒之在斗；及其老也，血气既衰，戒之在得。”

**【解读】**作为一个有修养的人一生要注意戒免三件事：年少戒色，中年戒斗，老年戒得。戒之在得：即见得思义，见得知足，见得思止，不贪得无厌。

**孔子说：“君子有三件事要注意戒免：年少之时，身体尚未长成要戒色；壮年时，血气充沛，身强体壮，要戒斗；及至老年，血气已衰，要戒得、要知足，不要贪得无厌。”**

## 8. 君子有三畏

**【原文】**孔子曰：“君子有三畏：畏天命，畏大人，畏圣人之言。小人不知天命而不畏也，狎大人，侮圣人之言。”

**【解读】**畏：敬畏。畏天命：天命是指自然界，人类社会发展和运行的一些基本规律，也包括天地道义人类社会普遍的价值观、道德观，人们应该对这些心怀敬畏，不能恣肆妄为。正如康德所说“有两种东西，我们越是思考，越会感到恒久的敬畏，那就是头上的星空和心中的道德准则”。畏大人：大人是指天子、诸侯以至卿相等。“事上以敬”按儒家政治伦理的要求应怀敬畏，不应犯上。畏圣人之言：圣人是指尧、舜、禹、文、武、周公等。言，是言论、思想、学说。圣人之言可以说是孔子信而好古，敏以求之，推崇备至，宣述传播的思想文化，应该信仰、敬畏。畏圣人之言，是敬畏优秀的历史文化。

人应有敬畏之心，敬畏是一种修养。

**孔子说：“君子应存三种敬畏：敬畏天命，敬畏大人，敬畏圣人**

**的言论思想。小人不知天命而不知敬畏，轻薄犯上，轻慢侮弄圣人的言论思想和优秀的历史文化。”**

## 9. 生而知之　学而知之　困而学之

**【原文】**孔子曰：“生而知之者，上也；学而知之者，次也；困而学之，又其次也；困而不学，民斯为下矣。”

**【解读】**生而知之者上也：知，不是知识，是天资聪慧。生来天资聪慧，是上等的资质。

孔子的这段话，重点是劝学，天资聪慧的有，是上等资质。但通过后天的努力学习同样可以很聪明睿智。在实践中遇到困难，“书到用时方恨少”，从而努力学习，也是可以的。只有那些遇到问题也不学习的人永远不会有知识，“斯为下矣”是最不好的。

**孔子说：“天资聪慧是上等的，是很好的。后天努力学习、积累知识，也同样会聪明睿智，也不错。在实际工作和生活中遇到了困难从而知道努力学习，取得进步，也是可以的。只有那些遇到了问题仍然不学习的人永远愚昧，是最不好的。”**

## 10. 君子有九思

**【原文】**孔子曰：“君子有九思：视思明，听思聪，色思温，貌思恭，言思忠，事思敬，疑思问，忿思难，见得思义。”

**【解读】**孔子告诫学生要九思，内容包括了个人修养言行举止的方方面面、时时刻刻，至今仍有很好的教育意义。

**孔子说："君子在以下九种情况下要慎重地思考：看事物的时候，要思考是否看清楚明白了；听到某件事的时候，要思考是否听真切清晰了；待人接物的时候要思考脸色是否温和有礼，容貌态度是否恭敬不慢；说话的时候，要思考是否忠实诚信；做事的时候，要思考是否认真敬业；遇到疑问的时候，要思考如何向别人请教；一朝之忿想发怒的时候，要思考发怒暴戾的严重后果；见到利益好处有所得的时候，要思考得到的是否符合道义。"**

这真是想造就完人的教育，造就完人的修养。

## 11. 见善如不及

**【原文】**孔子曰："见善如不及，见不善如探汤，吾见其人矣，吾闻其语矣。隐居以求其志，行义以达其道，吾闻其语矣，未见其人也。"

**【解读】**见善如不及：看到良好道德的人和善良的言行自愧不如，努力向他们学习，唯恐赶不上，见贤思齐，见善思齐。见不善如探汤：看到不善的、不符合道德的人和事像把手探到滚烫的汤水里一样赶紧避开，绝不做那些不善良、不道德的事。

**孔子说："看到有良好道德的人和有道德的言行事迹，自愧不如，努力向他们学习，唯恐赶不上；看到不好的、不符合道德的人和事，就像自己的手探入滚烫的水里一样，赶紧躲避，绝不做那些不善良不道德的事，我见过这样的人，也听到过这些人说的话。避世隐居保全自己的志向，据义而行来贯彻自己的道，我听说过这样的话，却没有看见过这样的人。"**

孔子的这段话是和弟子们讨论实际生活中如何"见善思齐，见不善而不为”的，肯定他的学生们很多都做到了，如颜回、闵损、冉雍、曾参、原思等等，所以他说：“吾见其人矣，吾闻其语矣。”“见善思齐，见不善而不为”是道德修养的基本要求，就像佛门“诸善奉行，诸恶不作”一样，是基本戒律。

对隐士高人避世“以求其志”“以达其道”，孔子并不推崇。生活是现实的，社会是现实的，离开了现实，善不奉，恶不管，志何以求，道何以达。

## 12. 齐景公民无德而称

**【原文】** 齐景公有马千驷，死之日，民无德而称焉。伯夷、叔齐饿于首阳之下，民到于今称之。其斯之谓与？

**【解读】** 首阳：伯夷、叔齐隐居不食周粟而饿死之地。其斯之谓与：其为代词，代指齐景公与伯夷、叔齐之两相鲜明对照的事。与，是反问。这不是很好的说明吗？

这段话，是孔子说的，他用齐景公为富不仁、君临无德、后世不齿和伯夷、叔齐不求富贵、宁愿饿死的高风亮节、传颂至今的正反典型例子，说明高尚的道德、崇高的精神应是社会的价值取向。

**齐景公有马千驷（至富至贵），而他死的时候，老百姓觉得他没有什么德行值得称赞。（相反）伯夷、叔齐饿死在首阳山，他们的高风亮节至今还为老百姓所称颂。这不是很好的说明吗？**

## 13. 陈亢问于伯鱼

**【原文】** 陈亢问于伯鱼曰：“子亦有异闻乎？”对曰：“未也。尝独立，鲤趋而过庭，曰：‘学《诗》乎？’对曰：‘未也。’‘不学《诗》，无以言。’鲤退而学《诗》。他日，又独立，鲤趋而过庭，曰：‘学礼乎？’对曰：‘未也。’‘不学礼，无以立。’鲤退而学礼。闻斯二者。”

陈亢退而喜曰：“问一得三，闻诗，闻礼，又闻君子之远其子也。”

**【解读】**陈亢：姓陈，名亢，字子禽。伯鱼：孔子的儿子，名鲤，字伯鱼。异闻：这里指特别多听一些讲学的内容。

**陈亢问孔子的儿子伯鱼说："你从老师（你的父亲）那里多听到一些特别的教导吗？"伯鱼说："没有啊！曾有一次我父亲独自站在庭院中，我小步快走经过庭院，他问我：'学《诗》了吗？'我回答说：'还没有。'他说：'不学《诗》就不会说话。'我回去以后便学《诗》。又一次，他独自站在庭院中，我快步经过那里，他问我：'学礼了吗？'我说：'还没学。'他说：'不学礼，就不能立身于社会。'我回去后就学礼。要说特别的教导就这两次。"**

**陈亢回去高兴地说："我问一个问题，却得到三点收获，懂得了'不学《诗》无以言'，懂得了'不学礼无以立'，更知道了孔夫子这位真正的君子对自己儿子的教育亦无偏爱偏私。"**

## 14. 邦君之妻

**【原文】**邦君之妻，君称之曰夫人，夫人自称曰小童；邦人称之曰君夫人，称诸异邦曰寡小君；异邦人称之亦曰君夫人。

**【解读】**这里讲称呼邦君之妻的礼的规定。

国君的妻子，国君称她为夫人，她自己称之为小童，国内的人称她为君夫人，但对外邦人则称她为寡小君，外邦人称她也叫君夫人。

# 阳货　第十七

本篇共二十六章，以人的品德修养为重点。

## 1. 阳货见孔子

**【原文】**阳货欲见孔子，孔子不见，归孔子豚。

孔子时其亡也，而往拜之，遇诸涂。谓孔子曰："来！予与尔言。"曰："怀其宝而迷其邦，可谓仁乎？"曰："不可。好从事而亟失时，可谓知乎？"曰："不可。日月逝矣，岁不我与。"

孔子曰："诺，吾将仕矣。"

**【解读】**阳货：即阳虎。鲁国季氏的家臣（陪臣）。曾经一度掌握了季氏一家的大权，进而干预鲁国国政（陪臣乱国）。他想拉拢孔子为他所用，后因作乱出逃，一个陪臣乱国的反面典型人物。归孔子豚：馈赠孔子一只蒸熟了的小猪。时其亡也：等到阳货出门在外的时候。时，等待；其，代阳货；亡，出门在外。遇诸涂：孔子和阳货相遇在路上。涂，同途。怀其宝而迷其邦：身怀才能和本领，任家邦迷乱失序。

好从事而亟失时：想为家邦做事而一再失去时机。亟，一再，屡屡。岁不我与：岁月不等我，时不我待。与，给、待。

**原文的意思是：阳货想拉拢孔子为他所用，想孔子去拜见他。孔子知道阳货是位有野心的陪臣，不去拜见。阳货在孔子不在家的时候给孔子馈送了一只乳猪。他的目的是逼孔子回拜他。**（因为按礼节规定有地位的人给地位低的人送了礼，地位低的人必须亲自回拜。阳虎是季氏家臣，孔子只是寒士，阳虎送了礼，孔子必须去拜见他。）

**孔子极有智慧，等到阳虎出门外去的时候去拜见阳虎。（本意就是不想见阳虎）不巧两人在路上碰上了。阳虎于是对孔子说："过来，我有话对你说。""一个人身怀才能和本领，却听任自己的家邦迷乱失序，这能叫仁吗？"又说："不可以的。一个人想为家邦做事，却一再失去时机，这能叫明智吗？"又说："不能。时光一天天过去了，岁月不等人啊！"**

**孔子说："好，我准备出来做官。"**

"邦无道，谷，耻也。"这是孔子的立场。他出于礼节，答应了阳虎。实际上他绝不会为乱政的陪臣所用。孔子在卫国时也曾有这样的经历，"夫子不为也"。（见《述而第七》第15章）

## 2. 性相近　习相远

**【原文】**子曰："性相近也，习相远也。"

**【解读】**性：先天之性。"天命之为性"，是先天赋予的本性。人与人是差不多的，所谓"性相近"。习：后天习之成性，是教育、修养、社会的习染和养成。人受的教育不同，个人修身养性不同，社会的环境地位的影响和熏陶不同，人与人差别较大，甚至迥异，所谓"习相远"。

这是夫子为强调后天教育、个人修养的重要而找的理论依据。不是讨论所谓普遍的人性。

**孔子说："人的天性本来是相近的，因为教养不同，逐渐使他们**

**之间（在思想、学识、气质习性、生活习惯等）差距拉远了。”**

## 3. 唯上知与下愚不移

**【原文】**子曰：“唯上知与下愚不移。”

**【解读】**本章是接着上章补充立论的。“性相近，习相远”，只有“上知”和“下愚”的人不因后天影响而改变。这个补充实际上不太准确，甚至于“真理向前迈一步就成了谬误”。本来“性相近、习相远”的确有普遍的真理性，上知与下愚不移，却不尽然。上知：天资特别聪明的人。下愚：其言不确，应是指智力差或智障之人。

**孔子说：“只有上等的天资特别高的人和下等的愚人不会因后天的教习而改变。”**

从我的理解，这句话不正确。上知也必须受良好的教育才能成才。至于智障的愚人也应有特殊的技能教育，不能歧视。

## 4. 子之武城

**【原文】**子之武城，闻弦歌之声。夫子莞尔而笑，曰：“割鸡焉用牛刀？”

子游对曰：“昔者偃也闻诸夫子曰：‘君子学道则爱人，小人学道则易使也。’”

子曰：“二三子！偃之言是也。前言戏之耳。”

**【解读】**武城：鲁国的一座城邑。当时言偃子游担任武城的行政长官。弦歌之声：弦歌之声指用礼乐宣传教化治理百姓。弦，指琴瑟。

君子学道则爱人：这句的君子是指当政者，君子学习了礼乐之道则会爱民仁民。小人学道则易使：这句的小人是指老百姓。小人学了礼乐之道则听话顺从好使。

**原文的意思是：孔子到武城，听到弦歌之声，莞尔一笑，说："杀鸡怎么用得上宰牛的刀呢？"（言外之意，治理武城小邑，用得上这样正规的礼乐教化吗？）**

**言偃（子游）回答孔子："以前我听先生说过'当政者学了礼乐之道则有仁爱之心，会仁民爱人，老百姓受了礼乐文明的教化就会懂礼法守秩序好驱使呀'。"**

**孔子听了子游的一番话就向跟随的几个学生说："弟子啊！言偃刚才说的话是正确的。我前面说的只是和子游开玩笑罢了。"**

"道之以德，齐之以礼"是孔子理政的一贯思想。子游践行，理政以礼乐教化为先务，孔子当然很高兴，莞尔一笑并以"割鸡焉用牛刀"来试探子游对此的认识高度和自觉。

## 5. 公山弗扰以费畔

**【原文】**公山弗扰以费畔，召，子欲往。子路不说，曰："末之也已，何必公山氏之之也？"

子曰："夫召我者，而岂徒哉？如有用我者，吾其为东周乎！"

**【解读】**公山弗扰：即公山不狃，季氏家臣。伙同阳虎在费邑反叛。以费畔：以费地为据点谋反。费，费地，季氏封邑；畔，通叛。末之也已：末即没。末之，没有地方去就算了。何必公山氏之之也：之，前之是代词，公山氏之，公山氏的地方；后之，是动词，去。何必去公山氏哪里呢。吾其为东周乎：其通岂，难道。东周，东周列国礼崩乐坏的状态。我难道会做东周那些礼崩乐坏的事吗！

**原文的意思是：公山弗扰以季氏封地费邑为据点图谋反叛，召孔子去，孔子想去。**

**子路很不高兴，说："没地方去也就算了，何必要去公山弗扰那里呢？"**

**孔子说："要召我去的人，难道会平白召我吗？假如有人用我，我难道会做像东周一样礼崩乐坏的事吗！"**

不知道这件事是记述的什么时候的事，据《左传》记公山弗扰是定公十二年谋叛，当时孔子积极主张堕三都，曾反击公山弗扰率领的费城反叛者。可以肯定孔子不会应召参与公山氏的谋叛，这里存疑。这也是《论语》编辑上的一个缺陷，只注意思想意思的主线脉络，不注意时间事件的顺序，以致使后世人读《论语》出现对孔子语录的一些误读，以为夫子之言语常前后相左。

## 6. 子张问仁于孔子

**【原文】**子张问仁于孔子。孔子曰："能行五者于天下为仁矣。"

请问之。曰："恭、宽、信、敏、惠。恭则不侮，宽则得众，信则人任焉，敏则有功，惠则足以使人。"

**【解读】**恭：行己也恭，与人谦恭，恭敬勤谨。宽：宽厚、宽容，待人以宽。信：忠诚守信。敏：敏于事、办事干练、雷厉风行。惠：让利于人，让人受惠，为老百姓谋利益，让老百姓得实惠。

**子张请教孔子怎样才是仁。孔子说："能在社会日常工作和生活中做到五个方面（五点）可以为仁了。"**

**子张请问细节。孔子说：“恭、宽、信、敏、惠。行为谦恭，就不会侮慢于人，自己也不会被人侮慢；宽以待人，容人容众，大家都会拥戴你；诚实信义，为人守信，别人也会信任你；办事干练、勤勉、雷厉风行，才能成就事业，建立事功；为老百姓谋利益，让老百姓得实惠，老百姓才拥护你，追随你，听你的指挥。”**

很多篇都讲述了仁。这一章是讲仁的具体实用要则五个方面，堪称行为指南。

## 7. 佛肸召　子欲往

**【原文】**佛肸召，子欲往。

子路曰：“昔者由也闻诸夫子曰：‘亲于其身为不善者，君子不入也。’佛肸以中牟畔，子之往也，如之何？”

子曰：“然，有是言也。不曰坚乎，磨而不磷；不曰白乎，涅而不缁。吾岂匏瓜也哉？焉能系而不食？”

**【解读】**佛肸（bì xī）：晋国大夫范中行的家臣，是中牟城的行政长官。中牟：晋国城邑，在现在的河北邢台、邯郸之间。

磨而不磷：磨也磨不成薄片，意思是坚硬。磷，石头薄片。涅而不缁：染也染不黑。涅，矿物质黑色染料；缁，黑色。

**原文的意思是：佛肸召孔子，孔子想去。**

**子路说：“以前我听先生说过：‘亲自做了坏事的人，君子是不与为伍的。’佛肸据守中牟准备叛乱，先生却要去，那是为什么呢？”**

**孔子说：“是的，我说过这个话。你没听说有最坚硬的东西，磨也磨不薄，有最洁白的东西，染也染不黑吗？我又不是瓠瓜只系挂在那里而不作食用？”**

孔子又一次想应召去入伍叛臣，意图明显，坚信自己可以改变别人而自己不会被坏人同化，子路也又一次反对夫子，子路忠诚耿直十分可爱。

“磨而不磷，涅而不缁。”一段名言成为忠贞不贰、坚守节操“持坚守白”成语的典籍。

## 8. 女闻六言六蔽矣乎

**【原文】**子曰：“由也，女闻六言六蔽矣乎？”对曰：“未也。”

“居！吾语女。好仁不好学，其蔽也愚；好知不好学，其蔽也荡；好信不好学，其蔽也贼；好直不好学，其蔽也绞；好勇不好学，其蔽也乱；好刚不好学，其蔽也狂。”

**【解读】**六言六蔽：即使具有仁、知、信、直、勇、刚六种好的品格，如果不学习《礼》《乐》《诗》《书》也会出现六种弊病。居：坐下。

好仁不好学，其蔽也愚：好仁，温柔敦厚而不懂礼乐，不知诗书，不明是非，就会愚笨而被人欺罔。《礼记·经解》说：“温柔敦厚而不愚，则深入《诗》者也。”

好知不好学，其蔽也荡：聪明而不好学，其弊病是要小聪明、轻浮放荡。

好信不好学，其蔽也贼：诚实守信而不好学，不懂中庸裁度，其弊病就会固执成见守小信而失大义，坑害自己也坑害别人。

好直不好学，其蔽也绞：正直而不学习，其弊病就是所谓“心直口快”，说话尖刻、行为粗鲁。

好勇不好学，其蔽也乱：不学无礼、勇而无礼则乱，没有敬畏之心，会犯上作乱。

好刚不好学，其蔽也狂：刚直、勇猛而不学习，则往往狂妄自大，言行骄横。

**原文的意思是：孔子说："仲由啊！你听说过六言六蔽的说法吗？"子路回答："没有听说过。"**

**孔子说："来，坐下！我讲给你听。好仁不好学，其弊病是容易受蒙蔽，被人欺罔；好知不好学，其弊病是耍小聪明，自以为是，轻浮放荡；好信不好学，其弊病是固守小信而失大义，坑害自己，也坑害别人；好直不好学，其弊病是直而无礼，说话刻薄，行为粗鲁；好勇而不好学，其弊病是'勇而无礼则乱'；好刚而不好学，其弊病是任性所为，为所欲为，狂妄自大，言行骄横。"**

这是孔子告诫学生，学习对修身进德的极端重要性。一个即使有良好的朴素的天性品格的人也还需要学习、学习、再学习，历练、历练、再历练，才能成为尊礼、守仁、有学问、知敬畏、明道理的君子。

这段话更是针对子路耳提面命的谆谆教诲。

## 9. 小子何莫学夫诗

**【原文】**子曰："小子何莫学夫诗？诗，可以兴，可以观，可以群，可以怨。迩之事父，远之事君，多识于鸟兽草木之名。"

**【解读】**"《诗》三百，一言以蔽之，曰：'思无邪。'"这是孔子对《诗》思想性、艺术性的整体评价。

老先生非常重视《诗》的教化作用，教人以"真"、以"诚"、以"温柔敦厚"，教人学诗的语言艺术。"不学诗，无以言"，深入学诗书，可使人仁而不愚。这一章从多方位讲《诗》的思想性、艺术性以及修身进德的功能，可以兴，可以观，可以群，可以怨……

语言平实、概括全面，不知胜过多少鸿篇巨制的美学著作。**孔子说：**

**“弟子们，你们为什么不学习研修《诗》呢？诗可以兴发人的意志和情感；可以开拓我们的心性和眼界，观察纷繁多彩的大千世界；可以沟通人的感情，同气相求，和同如一；可以直抒胸臆，发泄愤懑和怨愁，疏泄自己的情绪。还可以学习诗中的义理，近事父母、远侍君王。再说了，《诗》多以鸟兽草木为诗，学诗会认识很多鸟兽草木的名称。”**

## 10. 子谓伯鱼

**【原文】**子谓伯鱼曰：“汝为《周南》《召南》矣乎？人而不为《周南》《召南》，其犹正墙面而立也与！”

**【解读】**《周南》《召南》：这是《诗经·国风》中的两个部分，相传周公旦和召（邵）公奭（shì）封邑在南方，《周南》《召南》的25篇诗歌反映当地民风淳厚，诗教纯正，乃王者之风，德者之教。其中也反映了百姓对周公旦、召公奭功德的歌颂。如《甘棠》就是歌颂召公亲民爱民的，“甘棠遗爱”典即出于此。正墙面而立：《尚书》亦说：“人而不学，其犹正墙面立”，意思是：走不动了，止步了，没办法进步了。

孔子这里特别提出要学修《周南》《召南》，一是学周公、召公的品德作风，二是学《周南》《召南》国风纯正的艺术品格以陶冶情操。孔子重诗教，有“子曰”就有“诗云”，在“四书五经”中俯拾皆是。

**原文的意思是：孔子对儿子伯鱼说：“你学习研修过《周南》《召南》了吗？一个人如果不学习研修《周南》《召南》，那就如同对着墙壁站立一样呆傻，目光短浅，无法前行。”**

## 11. 礼云礼云　玉帛云乎哉

**【原文】**子曰：“礼云礼云，玉帛云乎哉？乐云乐云，钟鼓云乎哉?”

**【解读】** 这是孔子以愤慨的情绪、简明的语言，指出礼乐不在形式，而在其根本，礼乐的根本是政治社会的伦理秩序，是安上治民、中正和谐的礼乐文明。

**孔子说：“礼呀礼呀，难道说仅是玉石锦帛这些礼物吗？乐呀乐呀，难道指的仅仅是钟鼓等乐器吗？”**

## 12. 色厉而内荏

**【原文】** 子曰：“色厉而内荏，譬诸小人，其犹穿窬之盗也与！”

**【解读】** 色厉内荏：已为成语，外表刚厉而内心怯懦。荏，软弱、怯懦。穿窬（yú）之盗：翻墙的小偷。窬，同踰。

**孔子说：“外表刚厉而内心怯懦的人，如果以小人来打比方的话，那就像是个翻墙的小偷吧！”**

色厉内荏：本质是怯懦，孔子不齿，还是外柔内刚的比较好。

## 13. 乡愿　德之贼也

**【原文】** 子曰：“乡愿，德之贼也。”

**【解读】** 乡愿，是乡里的人都称道的老实人，实际上是谁也不得罪的好好先生。愿，忠厚、老实。孔子很反感这种无立场无原则无正义感的人，认为是“德之贼”。

**孔子说：“那种全乡的人都夸奖的谁也不得罪的好好先生，实际上是正义道德的祸害。”**

## 14. 道听途说　德之弃也

**【原文】**子曰："道听而途说，德之弃也。"

**【解读】**德之弃：丢弃道德、背弃原则。

**孔子说："在路途中听到一点小道消息就到处传播，这是对道德原则的背弃。"**

这句话二千多年了，还有那么鲜活的针对性和现实意义，道听途说，小道消息满天飞，微信乱发，谣言乱传，没有是非标准，没有政治纪律、道德原则，危害极大，小则伤人，大则乱政。孔子一言足以兴邦。

## 15. 患得患失　无所不至

**【原文】**子曰："鄙夫可与事君也与哉？其未得之也，患得之；既得之，患失之。苟患失之，无所不至矣。"

**【解读】**患得患失：已成现代成语。即斤斤计较个人得失，个人利益至上，这种人没有道德，没有道义，品德恶劣，为了个人利益什么事都做得出来。

**孔子说："一个品德恶劣的人能和他一起去侍奉君王吗？这样的人看重个人利益（名、利、地位），个人利益没有得到，担心得不到，已经得到了，又担心失去。担心既得利益失去时，什么事都做得出来（无所不至矣）。"**

## 16. 古者民有三疾

**【原文】**子曰："古者民有三疾，今也或是之亡也。古之狂也肆，今之狂也荡；古之矜也廉，今之矜也忿戾；古之愚也直，今之愚也诈而已矣。”

**【解读】**疾：性格上的毛病，缺点。狂也肆：偏激而不拘小节。狂也荡：偏激而放荡不羁。矜也廉：矜持而冷峻严厉。矜也忿戾：骄矜而蛮横乖戾。愚也直：愚钝而率性直爽。愚也诈：愚钝却还欺诈。

**孔子说：“古代的人有三种偏激的性格缺陷，今天或是不存在了变异了。古时候的偏激只是不拘小节，今天的偏激却是肆无忌惮，放荡不羁；古时候的矜持只是冷峻严厉，今天的矜持却骄矜而横蛮乖戾；古时候的愚，只是愚昧，今天的愚却是昧着良心的欺诈罔骗。”**

孔子认为狂、矜、愚曾是古人的性格缺陷，犹有直朴之处，而今这样的缺陷，却成了大毛病。狂也荡，矜而戾，愚也诈，这是礼乐失序，人心不古的结果，是道德人品修养不到位的表现，以此告诫弟子。

## 17. 巧言令色　鲜矣仁

**【原文】**子曰：“巧言令色，鲜矣仁。”

**【解读】**《学而第一》第 3 章已讲述，此处重出，也可能是夫子又一次告诫弟子，力戒巧言令色。

## 18. 孔子三恶

**【原文】**子曰：“恶紫之夺朱也，恶郑声之乱雅乐也，恶利口之覆邦家者。”

**【解读】**朱：朱红色，在礼为正色。紫，是衍变的颜色，间于红、黑之间，不是正色。郑声：《诗》中有《郑风》，孔子认为“郑声淫”，郑地的音乐多淫声淫色，不符合“乐而不淫”的标准。雅乐：周王朝的正统音乐，大雅之乐，正统正声，大雅之声。利口：伶牙俐齿，巧言令色。

**孔子说：“我憎恶紫色篡夺取代朱红色，我憎恶郑国的靡靡之音扰乱纯正的大雅之乐，我憎恶那些伶牙俐齿，巧言令色，篡逆乱政而颠覆家邦的人。”**

一句话，夫子守正道，恶邪辟，告诉弟子们修明德操，坚守正道。

## 19. 予欲无言

**【原文】**子曰：“予欲无言。”子贡曰：“子如不言，则小子何述焉？”子曰：“天何言哉？四时行焉，百物生焉，天何言哉？”

**【解读】孔子说：“我不想讲了。”子贡说：“先生如果不讲了，那我们这些弟子又传述什么呢？”孔子说：“天讲了什么，春夏秋冬四时照常运行，天下百物照常生长，天讲了什么啦？”**

这段话听起来是老子的口气，似乎孔子得老子真传。上德无为，成不言之教，教书育人的最高境界，德教身教重于言教。

我理解有二层意思值得重视：一是孔子已感悟到上德之人应行无言之教。“弟子们，我讲得已够多的了，不想讲了，修身进德靠你们自己去体悟。”二是表现了孔子对自然规律（天道）的透彻理解，天道至于人道有相通、相同的一般规律。“天何言哉，四时行焉，百物生焉”。社会发展的规律，人学习成长的规律也有相通之处，往往不以人的意志为转移，老子的高明正在这里。孔子也算明白了，上德无为，上德不言，凡事是有规律的，违背规律，不讨好，甚至成为祸殃。

## 20. 孺悲欲见孔子

**【原文】**孺悲欲见孔子，孔子辞以疾。将命者出户，取瑟而歌，使之闻之。

**【解读】**孺悲：鲁国人，曾跟孔子学习过丧礼。将命者：传话的人。

**孺悲想拜见孔子，孔子以生病为由推辞。传话的人刚出房门，孔子却取下瑟一边弹一边歌唱，故意让孺悲听到。**

孔子不见孺悲，托病而辞，却又弹瑟而歌，让孺悲知道孔子是故意不见他，让孺悲反思“为什么夫子不见我呢”，反躬自省，找自己的原因。

《孟子·告子章句下》说，这也是一种教育方法，“是亦教诲之而已矣”，估计是这个意思。

## 21. 宰我问

**【原文】**宰我问：“三年之丧，期已久矣。君子三年不为礼，礼必坏；三年不为乐，乐必崩。旧谷既没，新谷既升，钻燧改火，期可已矣。”

子曰：“食夫稻，衣夫锦，于女安乎？”曰：“安。”“女安，则为之！夫君子之居丧，食旨不甘，闻乐不乐，居处不安，故不为也。今女安，则为之！”

宰我出。子曰：“予之不仁也！子生三年，然后免于父母之怀。夫三年之丧，天下之通丧也，予也有三年之爱于其父母乎？”

**【解读】**旧谷既没：陈谷米吃完了。新谷既升：新谷登场了。钻燧改火：钻燧取火苗，火种一年变换一次，这三件事连到一起，是说居丧一年为期比较恰当。

宰我是一个有智慧的人，又比较实际，敢跟老师叫板，他提出的居丧守孝一年为期应该是比较合理的，孔子却给了他十分严厉的批评。

**宰我问孔子："为父母守孝三年，时间太久了吧？君子三年不为礼，礼必坏；三年不为乐，乐必崩。陈谷子吃完了，新谷子登场了，钻燧取火也轮换了一遍，到一年了，守丧一年为期应该可以了吧。"孔子说："守孝不满三年就吃好的白米饭，穿锦缎衣，你能心安吗？"宰我说："心安。"孔子不客气地说："你心安，那就那么做吧！作为君子，有丧在身，食不甘味，闻乐不乐，居处不安，所以不会像你那样做。你既然心安，你就那么做吧！"**

**宰我走了。孔子说："宰予这个人不仁义啊！子女生下来三年才会离开父母的怀抱。为父母守丧三年，是天下通行的丧礼。宰予难道就没有三年父母之怀的爱抚吗？"**

## 22. 饱食终日　无所用心　难矣哉

**【原文】**子曰："饱食终日，无所用心，难矣哉！不有博弈者乎？为之，犹贤乎已。"

**【解读】**博弈：古代的一种棋类游戏。

**孔子说："饱食终日、无所用心，多难受啊！不是有下棋一类的游戏吗？下下棋也比这无所用心好些吧！"**

人是要有点精神的，"饱食终日，无所用心"是精神的颓废，青年人学习、奋斗、贵恒、贵勤、贵用心。即使是老年人也应有精神寄托，老有所学，老有所为，不应“饱食终日、无所用心”。学到老、活到老、改造到老才是应有的精神境界。

## 23. 君子尚勇乎

**【原文】** 子路曰：“君子尚勇乎？”子曰：“君子义以为上。君子有勇而无义为乱，小人有勇而无义为盗。”

**【解读】** **子路请教孔子：“君子应崇尚勇敢吗？”孔子说：“君子把道义摆在第一位。君子只有勇敢而不用道义节制就会添乱，甚至犯上作乱，小人只有勇敢而不讲道义就会做强盗。”**

孔子给子路专题讲勇与义是很有针对性的。子路勇有余，而于礼于义尚欠。夫子多次教诫过他。孔子曾对子路说：“暴虎冯河，死而无悔者，吾不与也。必也临事而惧，好谋而成者。”光有勇敢是不能成事的，要好谋谨慎。还说过“好勇疾贫，乱也”“好勇不好学，其蔽也乱”“勇而无礼则乱”。

这一章讲尚勇不尚义则乱，义是仁和礼的大道义，是于理于时于事合适不合适的宜。君子以义为上，不能是一介勇夫。

## 24. 君子亦有恶乎

**【原文】** 子贡曰：“君子亦有恶乎？”子曰：“有恶。恶称人之恶者，恶居下流而讪上者，恶勇而无礼者，恶果敢而窒者。”曰：“赐也亦有恶乎？”“恶徼以为知者，恶不孙以为勇者，恶讦以为直者。”

**【解读】** 称：讲，到处讲的意思。讪：讥笑、妄议、诋毁。窒：窒闭，这里指不通达、固执顽固。徼（jiǎo）：抄袭（盗用别人的学术成果）。

孙：通逊。讦（jié）：攻击、揭短。

**子贡问："也有值得君子憎恶的人和事吗？"孔子说："有值得憎恶的人和事。憎恶到处讲别人缺点的人，憎恶身为下级却诋毁妄议上级的人，憎恶有勇敢而无礼义的人，憎恶虽任事果敢却固执顽滞、刚愎自用的人。"**

**孔子反过来又问子贡："也有你憎恶的人和事吗？"子贡答："憎恶那些抄袭、盗用别人文章以充作自己有知识有学问的人，憎恶那些把不谦虚谨慎当成勇敢的人，憎恶那些把攻击揭发别人缺点隐私当作性格直率的人。"**

孔子和子贡一连说了七种值得憎恶的人和事，立场观点十分鲜明，在我们现实的社会生活中还常常可以见到：称人之恶、以下讪上、勇而无礼、果敢却刚愎固执、徼而为知、不逊而为勇、讦以为直。凡此种种，不可不察，不可不戒。

## 25. 唯女子与小人为难养

**【原文】** 子曰："唯女子与小人为难养也，近之则不孙，远之则怨。"

**【解读】** 养：保养，保障权益，"养民以惠"。女子、小人：女子是指妇女，小人是指普通老百姓，庶民。近：亲近。不孙：孙即逊，随便放肆。远：态度冷漠，关系疏远。

孔子的这句话是教学生临民之道，如何对待老百姓，尤其是如何对待那些地位低下的普通百姓和妇女。

在《雍也第六》第2章孔子讲了一个非常重要的观点，"居敬而行简，以临其民"。临民之道最重要的是敬，是对老百姓的敬重和诚信，其次是要讲究态度和方法，特别是对待妇女和地位较低的普通百姓，由于社会地位、文化教育等方面的影响，他们这个群体有不同的心性和诉求。要懂得他们，而不是轻视他们（孔子也不是轻视他们，而是重视他们，所以才特别提出），要更注意对他们的理解和尊重，“临之以庄则敬”，和他们打交道既要平易又要庄重有礼，把握好“近”和“远”的度。近，不能以狎为亲，而应该是和先王尧舜禹一样，和百姓打成一片，率先垂范，躬稼穑，治水患。远，在群众面前摆谱，高高在上，脱离群众，这样必生民怨。“平易近民、民必归之。”（周公语，见《史记·鲁周公世家第三》）

因此，孔子这句话，应这样理解：

**孔子说：“如何对待普通百姓和妇女是个特别要重视的问题啊！治政者对他们既要平易亲近又要庄重有礼。如果以狎为近，他们会无礼放肆；治政者若高高在上，以势凌人，不懂得尊重和爱护他们，他们就会敬而远之，心生怨尤。”**

## 26. 年四十而见恶　其终也

**【原文】**子曰：“年四十而见恶焉，其终也已。”

**【解读】孔子说：“人活到四十岁了，还一无所长，为人厌恶，那这个人一辈子也到头了。”**

孔子还说过：“四十、五十而无闻焉，斯亦不足畏也已。”“君子疾没世而名不称焉。”孔子教学生真是语重心长、谆谆告诫，珍惜时光，不要虚度。

# 微子　第十八

《微子第十八》篇共十一章，记述了孔子栖栖奔波与隐士逸人的交集，以及孔子对微子、箕子、比干、柳下惠、伯夷、叔齐等贤人君子的崇敬。表现了孔子一心想改变天下无道礼崩乐坏的现状、矢志不渝的奋斗精神和克己复礼的执着。

## 1. 殷有三仁焉

**【原文】**微子去之，箕子为之奴，比干谏而死。孔子曰：“殷有三仁焉。”

**【解读】**微子：名启，商纣王的同父同母兄。纣王无道，微子苦谏，纣王不听。微子隐居荒野。

箕子：名胥余，商纣王的叔父，他的采邑在箕，故称箕子。屡谏商纣王，纣王不仅不听，还把他囚禁降为奴隶。

比干：纣王的叔父，官为少师，相当于丞相。直谏纣王，纣王十分残暴，将其剖心。

**原文的意思是：商纣王暴虐无道，他的同胞兄长微子劝谏不听，微子只好离开他隐居于荒野。他的叔父箕子因为屡屡忠谏，被他降贬为奴隶囚禁起来。他的另一位叔父比干，目睹纣王昏庸无道，冒**

死进谏竟被他剖心处死。孔子说："微子、箕子、比干是殷商的三位有仁德的人。"

## 2. 柳下惠为士师 三黜

**【原文】** 柳下惠为士师，三黜。人曰："子未可以去乎？"曰："直道而事人，焉往而不三黜？枉道而事人，何必去父母之邦？"

**【解读】** 柳下惠：姓展，名获，又名禽，柳下是以封地称，"惠"是谥号，鲁国的一位贤大夫。柳下惠以品德高尚著称。柳下惠"坐怀不乱"，传颂至今。士师：官职名，主管刑罚。黜：罢黜，撤职，罢免。

直道：按照道义礼法正直地做人做事。枉道：枉法，不依道义礼法。

**原文的意思是：柳下惠主管刑罚，多次被罢免。有人对他说："您不能离开这里吗？"柳下惠说："坚持道义和礼法的原则、正直不阿地做事，到哪里去能不被多次罢免呢？不坚持原则枉法逢迎，又何必离开父母之邦呢？"**

柳下惠真是贤人，坚持原则，正直不阿，却又能忍辱负重，深深地爱自己的祖国。孔子多次夸柳下惠是贤人君子，为柳下惠受打击受压制鸣不平。孟子称赞柳下惠是"圣之和者"、中正平和的贤人。

## 3. 齐景公待孔子

**【原文】** 齐景公待孔子曰："若季氏，则吾不能；以季、孟之间待之。"曰："吾老矣，不能用也。"孔子行。

**【解读】** 齐景公：齐国国君，名杵臼（chǔ jiù），比较欣赏孔子的学问和才能，曾经想任用孔子。

齐景公与孔子的事，《史记·孔子世家》有比较详细的记载，齐景公曾问政于孔子，孔子曰："君君、臣臣、父父、子子。"景公称善。景公问政，孔子曰："政在节财"。景公欲封孔子，欲用孔子，但晏子坚决反对，于是发生了本章景公不用孔子的事。

**齐景公讨论如何对待孔子时说："如果要像鲁国国君给季孙氏的待遇一样任用你，我做不到，我可以用介于季孙氏和孟孙氏之间的待遇来任用你。"但又说："我老了，不能用你了。"于是孔子离开齐国，走了。**

孔子胸怀政治理想、满腹经纶，却屡不见遇，颠沛流离而无怨无悔，他的理想信仰与时偕行，经久弥坚，历苦难而不改。

## 4. 齐人归女乐　季桓子受之

**【原文】** 齐人归女乐，季桓子受之，三日不朝。孔子行。

**【解读】** 归：馈赠。季桓子：季孙斯，鲁国的执政大夫。女乐：歌姬舞女。

据《史记·孔子世家》记载：这件事发生在鲁定公十八年，孔子五十六岁，他由大司寇代理国相，把鲁国治理得井然有序。齐国看到后，很害怕，认为"孔子为政必霸，霸则吾地近矣"，于是挑选了八十名美女，学会歌舞后送给鲁君，季桓子以鲁君不在家为由，私自接收了这批歌姬舞女，之后一连三天不上朝理政。子路和孔子对此十分不满，预感到了鲁国的危机，子路提议："老师，我们离开这里吧。"于是孔子离开了鲁国，开始了他十四年的周游列国，栖栖奔波。

**齐国人送歌姬舞女给鲁君，季桓子私自接收。之后三天不上朝**

**理政。孔子很气愤，于是离开了鲁国。**

## 5. 楚狂接舆歌而过孔子

**【原文】**楚狂接舆歌而过孔子曰：“凤兮，凤兮！何德之衰？往者不可谏，来者犹可追。已而，已而！今之从政者殆而！”孔子下，欲与之言。趋而辟之，不得与之言。

**【解读】**楚狂接舆：楚地的一位隐士，不知其姓名，接车的一个狂人。凤兮，凤兮，何德之衰：古人以凤为吉祥之鸟，天下有道，凤凰翔集，天下无道凤即不见。这里狂人把孔子比作凤，责备孔子天下无道，你还到处奔走传道布道，你明德之人，是何等的不明白啊，你的德行是何等的衰颓啊？已而，已而，今之从政者殆而：罢了，罢了，现在那些执政者太险恶了。

**在楚地一位接住孔子车子的“狂人”（隐士）唱着歌走过孔子身边。他唱道：“凤啊，凤啊！你的德行为何如此衰颓不明呢？过去的事（先王之道）不要再说了，未来还可以追赶。算了吧，算了吧！当今从政的那些人太险恶了啊！”孔子听了立即下车，想和这位隐士说话，他却飞快地避开走了。孔子没有能和他说上话。**

楚狂接舆而歌，歌的中心意思是劝说孔子：“天下无道，从政险恶。你是有德之人，不要不识时务，趟昏暗之政的浑水，过去的事（先王之道）已不可挽回，今后你还可以有新的追求和归宿。”孔子肯定听懂了，于是立即下车想和狂人交谈。隐士多是有德操有识见之士，他的劝告孔子听明白了，但是孔子为克己复礼、天下归仁的理想百折不挠，矢志不渝。

接下三章，都是讲孔子遭遇隐士和对待隐士的思想态度，孔子崇敬这些有识见有德操的隐士，但他自己仍以克己复礼，行先王之道为担当，以天下道义为取舍，“子规半夜犹啼血，不信东风唤不回”。

## 6. 孔子使子路问津

**【原文】** 长沮、桀溺耦而耕，孔子过之，使子路问津焉。

长沮曰："夫执舆者为谁？"子路曰："为孔丘。"曰："是鲁孔丘与？"曰："是也。"曰："是知津矣。"

问于桀溺。桀溺曰："子为谁？"曰："为仲由。"曰："是鲁孔丘之徒与？"对曰："然。"曰："滔滔者，天下皆是也，而谁以易之？且而与其从辟人之士也，岂若从辟世之士哉？"耰而不辍。

子路行以告，夫子怃然曰："鸟兽不可与同群，吾非斯人之徒与而谁与？天下有道，丘不与易也。"

**【解读】** 长沮（jǔ）、桀溺（nì）：这是两位从事田间劳动的隐士。

耦而耕：这是春秋时期耕田犁地的方法，两人并使牛耕。耦：是一种犁田的工具。

耰（yōu）：春秋时的农具，平整土地的，像现在的耙、把地耙平。

怃然：很惆怅的样子，人们不理解他，他有一种莫名的惆怅。

**原文的意思是：长沮、桀溺用耦犁并排耕地，孔子经过他们那里，派子路向他们请问渡口在哪里。**

**长沮说："那个执缰驾车的人是谁呀？"子路回答："是孔丘。"长沮说："是鲁国的孔丘吗？"答："正是。"长沮便说："那他知道渡口在哪里。"（孔子名气大。孔子博学识广，人人都知道。）**

**子路又去问桀溺。桀溺问："你是谁？"子路说："我是仲由。"**

**桀溺又问：“是鲁国孔丘的学生吗？”答：“是的。”桀溺便说：“天下之乱有如滔滔洪水，到处一样，谁能改变呢？而且你与其跟从逃避现实的人，何不跟从那彻底避开这混乱世界的人呢？”说完又去用耰耘土了。(明白地劝告“子路们”：王道既崩，礼乐已坏，天下之乱如滔滔洪水，谁也不能力挽狂澜，改变现实，还是避世隐耕吧。)**

**子路回到孔子身边，把长沮、桀溺的话原原本本地告诉了孔子。孔子感到莫名的惆怅，怃然而叹说：“我们不能和鸟兽同群，我不和世上的这些人相处又和谁相处呢？天下有道，我孔丘也用不着和你们一起栖栖奔波想改变现实了。”**

读完这一章，更为孔子忧天下之心而感动。前面《宪问第十四》有：微生亩谓孔子曰：“丘何谓是栖栖者与？无乃为佞乎？”孔子曰：“非敢为佞也，疾固也。”我孔丘不是为展示我的口才啊，我是疾恨现实混乱，难以改变啊！

孔子以克己复礼、行先王之道为己任，虽颠沛流离而不改，虽九死而犹未悔。

## 7. 子路从而后遇丈人

**【原文】**子路从而后，遇丈人，以杖荷篠。子路问曰：“子见夫子乎？”丈人曰：“四体不勤，五谷不分，孰为夫子？”植其杖而芸。子路拱而立。止子路宿，杀鸡为黍而食之，见其二子焉。

明日，子路行以告。子曰：“隐者也。”使子路反见之。至，则行矣。子路曰：“不仕无义。长幼之节，不可废也；君臣之义，如之何其废之？欲洁其身，而乱大伦。君子之仕也，行其义也。道之不行，已知之矣。”

**【解读】** 丈人：持杖的老人，也可以是对老人的敬称。蓧（diào）：耘田的竹耙子。植杖：把木杖插进泥土里。止：留。

**原文的意思是：子路跟随孔子周游，一次落在了后面，遇到一位老人，用木杖扛着蓧去除草耘田。子路就问老人："您见到我的老师了吗？"老人说："四体不勤，五谷不分，谁是老师啊！"（似乎是指责孔子不识五谷，不会种田），说完便把木杖插在土里，用蓧除草耘田去了。子路恭恭敬敬地拱手而立。老人留子路住在他家里并杀鸡做饭款待子路，还让两个儿子和子路见面。**

**第二天，子路赶上了孔子一行，把自己与丈人相遇的事告诉孔子。孔子说："那是一位隐士。"让子路返回去拜见那位老人。（孔子不因为老人指责批评"四体不勤、五谷不分"而生气，相反还生敬意。）子路去，结果老人出门了，子路对老人的两个儿子说："不出来为国家做事（为官）是不符合道义的。长幼的伦理关系不可废弃，君臣之间的伦理关系怎么能废弃呢？一个人为了自己洁身自好而不为国家君王尽忠做事，这是背弃了最大的伦常道义，有德行的君子做官做事以行先王之道为己任，以道义为取舍。至于当今世事混乱，先王之道不行，这一点我们早已知道。"**

子路的道理讲得很清楚，完全是夫子的真传，"道之不行，已知之矣""君子之仕也，行其义也""知其不可而为之"，这就是孔子。

## 8. 逸民七子

**【原文】** 逸民：伯夷、叔齐、虞仲、夷逸、朱张、柳下惠、少连。子曰："不降其志，不辱其身，伯夷、叔齐与！"谓："柳下惠、少连，降志辱身矣，言中伦，行中虑，其斯而已矣。”谓：“虞仲、夷逸，隐居放言，身中清，废中权。我则异于是，无可无不可。”

**【解读】** 逸民：是指一些隐逸或散失遗落在乡野民间的有学识有德操的贤人君子。言中（zhòng）伦、行中（zhòng）虑：言语合符伦理，行为经过深思熟虑，错不了。中，符合，河南人的“中”的意思。放言：不谈国是，不论世事。身中清、废中权：修身符合清高、辞官避世符合时势权变。我则异于是，无可无不可：我则和他们不同，我不一定去当隐士，“用之则行，舍之则藏”，“君子之于天下也、无适、无莫、义之与比”。以天下道义为取向，以行先王之道为己任。

**隐逸或遗散在乡野民间的贤人君子有：伯夷、叔齐、虞仲、夷逸、朱张、柳下惠、少连。孔子说：“不降低自己的志向，不辱没自己身份，是伯夷、叔齐吧！”又说：“柳下惠、少连降低了自己的志向，也辱没了自己的身份。但他们的言语符合礼法伦理，三思而后行，合符思虑，他们就是如此而已。”又说：“虞仲、夷逸避世隐居、不问世事、不谈国是，修身合符清高、处事合符权变。我则和他们不同，我不一定非这样做不可，也不一定非那样做不可。”**

这一章记述了孔子对七位逸民品格的称赞，但又明确地表示了自己与他们不同。“笃行好学、守死善道”“用之则行、舍之则藏”“无适、无莫、义之与比”是自己的志行。“君子之仕也，行其义也”，以天下道义为取向，以克己复礼、行先王之道为己任。

## 9. 大师挚适齐

**【原文】** 大师挚适齐，亚饭干适楚，三饭缭适蔡，四饭缺适秦，鼓方叔入于河，播鼗武入于汉，少师阳、击磬襄入于海。

**【解读】** 大师挚：鲁国最高级别乐师。亚、三、四，是级别不同的乐师。鼗（táo）：一种古代的小鼓。

**大师挚去了齐国，亚饭乐师干去了楚国，三饭乐师缭去了蔡国，四饭乐师缺去了秦国，鼓师方叔去了黄河地区，摇小鼓乐师武去了汉江地区，少师阳和乐师襄到滨海地区去了。**

孔子好像带着留恋和惋惜之情在述说，鲁国的乐师都走了。

## 10. 周公谓鲁公

**【原文】** 周公谓鲁公曰："君子不施其亲，不使大臣怨乎不以。故旧无大故，则不弃也。无求备于一人。"

**【解读】** 周公：周公姬旦，鲁国是周公旦的封地，鲁国是周公之邦，国姓姬。鲁公：是周公旦的儿子，因周公旦要辅政成王，委其子伯禽代行其职而为鲁公。据《史记·鲁周公世家第三》记载，伯禽鲁公受命之时，周公旦诫勉他说："子之鲁，慎无以国骄人。"本章也是周公诫勉教导伯禽的一段话。施：通驰，引申为轻慢疏远。以：任用。

**意思是：君子（你作为君王）不要轻慢疏远自己的亲人，不要让臣子们抱怨你没有任用他们。故旧老臣只要没犯大的过错，就不要罢弃他们，对人不要求全责备。**

## 11. 周有八士

**【原文】** 周有八士：伯达，伯适，仲突，仲忽，叔夜，叔夏，季随，季騧。

**【解读】**七子、八贤：都是孔子崇敬的贤人。

八士已成传说，有说是成王时人。

**八士是：伯达，伯适，仲突，仲忽，叔夜，叔夏，季随，季䯄（guā）。**

# 子张　第十九

本篇二十五章，记述的是子张、子夏、子游、曾子、子贡等弟子的言论，阐发的是孔子的思想和道德原则。

在弟子的言论中表现了对孔子伟大思想人格的无比崇敬。



## 1. 士见危致命　见得思义

**【原文】** 子张曰："士见危致命，见得思义，祭思敬，丧思哀，其可已矣。"

**【解读】** 士：有学问道德的读书人。致命：舍命，献出生命。

这实际是弟子子张把孔子的这些方面的言论概括性的复述，孔子在不同的篇章中都讲过，这是对士、一个有道德有学问的读书人的基本要求。

**子张说："有道德有学问的读书人在危急关头（国家、人民需要的时候）要挺身而出，舍得献出生命；见到有所得要考虑得之是否符合道义；祭祀时要心怀恭敬和虔诚；居丧时要心存哀痛和悲伤。能做到这些就可以了。"**

## 2. 执德不弘　信道不笃

**【原文】** 子张曰："执德不弘，信道不笃，焉能为有？

焉能为亡？”

**【解读】**弘：发扬光大。笃：忠诚、执着，认真坚守。

焉能为有？焉能为亡：怎么叫有（你的存在），怎么叫没有（你的存在）。

**子张说：“对于道德不能坚守、不能弘扬，对于理想信念（对天下大道的信念）不能忠诚执着、不能坚定不移，那你对道德的弘扬，对大道的坚守也就没有多大的作用，有你不多，无你不少。”**

大声疾呼，既为君子，必须坚定信仰，弘扬仁德，厉行天下大道，否则历史不会记住你。

## 3. 子夏之门人问交于子张

**【原文】**子夏之门人问交于子张。子张曰：“子夏云何？”

对曰：“子夏曰：‘可者与之，其不可者拒之。’”

子张曰：“异乎吾所闻：君子尊贤而容众，嘉善而矜不能。我之大贤与，于人何所不容？我之不贤与，人将拒我，如之何其拒人也？”

**【解读】**这是交友的原则。

**子夏的学生向子张询问有关交朋友的原则。子张说：“子夏怎么说的呢？”**

**学生们说：“子夏说：‘可以交的就交，不可以交的就拒绝。’”**

**子张说：“我听到的跟这个说法不同：有道德修养的人，尊敬贤人，但也广泛地结纳普通的人，嘉许好人善人也同情怜惜那些能力较差的人。如果我自己是贤德之人，对于普通人，我有什么不能结**

**纳呢？如果我自己不贤，人们会拒绝我，那我怎么可能拒绝别人呢？”**

我认为子张的交友原则，广泛地交结人、尊重人、团结人，这是大原则。子夏的交友要慎，要择善而从，是具体的原则和方法。

## 4. 虽小道必有可观者

**【原文】**子夏曰：“虽小道，必有可观者焉。致远恐泥，是以君子不为也！”

**【解读】**小道：前人有解释为小技艺的。刘宝楠《论语正义》引经据典解释为“异端”，即别于圣人之经的诸子之书。

致远恐泥：滞陷于泥而不通达，对实现远大的理想抱负有阻碍。

孔子说过，“攻乎异端，斯害也已”（《为政第二》）和本章同义。

**子夏说：“虽然说那些诸子之书，也一定有可观可鉴之处，但是如果迷陷其中，恐怕会阻碍对远大理想、天下大道的追求和实现，所以有志于实现天下大道的君子不攻研异端小道。”**

“攻乎异端，斯害也已。”

## 5. 日知其所亡　月无忘其所能

**【原文】**子夏曰：“日知其所亡，月无忘其所能，可谓好学也已矣。”

**【解读】**“日知其所亡，月无忘其所能”这句话和孔子说的“学如不及，犹恐失之”一样，是关于学习的千年遗训，千古名言。

日知其所亡：每天都要学习那些自己所不知道的新知识。

月无忘其所能：每个月都要复习反省不要忘掉了自己已经掌握的知识。日积月累地学习积累，学问才会博大精深。

**子夏说：“每天都要努力学习新知识，每个月都要复习反省，不要忘记自己已经掌握的知识，这样才称得上是好学了。”**

知识如果不每天增加，就会不断地减少。

## 6. 博学而笃志

**【原文】**子夏曰：“博学而笃志，切问而近思，仁在其中矣。”

**【解读】**笃志：坚定志向，专心学问。切问近思：多问以求真求确，结合实际认真思考。

《中庸》“博学之，审问之，慎思之，明辨之，笃行之”和此章同出一脉，都是孔子的主张。

**原文的意思是：子夏说：“广泛地学习、坚定志向、并且笃志而行，切近亲身体验和现实，多提出问题，多请教，结合实际多思考，多研究，把知识和道理弄懂弄通，求真求确求是，这样做了，仁的思想、道德和修为就在这里面了。”**

毛泽东主席非常推崇这句话，说过这是孔子思想学说里面最好的东西。

## 7. 君子学以致其道

**【原文】**子夏曰：“百工居肆以成其事，君子学以致其道。”

**【解读】**百工：工匠。肆：工场作坊。

**子夏说："工匠在工场作坊里兢兢业业、精益求精完成一件件的产品，君子精勤不倦、潜心治学掌握社会人生的道德学问。"**

"百工居肆以成其事，君子学以致其道"意思是说君子要像工匠埋头在工场作坊里兢兢业业、精益求精才会做成一件精美的产品一样，潜心学问、精勤不倦才能明德达道，掌握社会人生的道德学问。

## 8. 小人之过也必文

**【原文】**子夏曰："小人之过也必文。"

**【解读】**文：文过饰非。

小人：本章是指德行修养比较差的人。

闻过则喜，闻过能改，法语之言，改之为贵，不贰过，这是君子品格；文过饰非，有过不改，甚至迁怒于人，是小人的德行。

**子夏说："没有德行的人犯了错误，必然文过饰非，加以遮掩。"**

## 9. 君子有三变

**【原文】**子夏曰："君子有三变：望之俨然，即之也温，听其言也厉。"

**【解读】**君子有三变：一个道德学养很高的君子常常有三种表现。

俨然：庄重严肃的样子。温：态度温良平和。厉：严厉，正言不苟。

**子夏讲："一个道德学养很高的君子常常有三种表现：看起来表情严肃庄重，接近他，感到温良平和，平易可亲，听他教诲，他语气严厉，正言不苟。"**

这是子夏讲君子气度，实际上是作为学生的子夏在称赞他的老师孔子。

《述而第七》曾记载："子温而厉，威而不猛，恭而安。"孔子温良平易又严厉，有威仪而又不气势汹汹，恭谨庄重而又心气平和。夫子的气度就是君子的气度，是学生的楷模。

## 10. 君子信而后劳其民

**【原文】**子夏曰："君子信，而后劳其民；未信，则以为厉己也。信而后谏；未信，则以为谤己也。"

**【解读】**信：信任，有诚信，有信誉。劳：使用，役使。厉：虐待、折磨。

**子夏说："君子必须得到老百姓的信任之后才去役使他们，如果他们不相信你，你去役使他们，他们会觉得你是在用劳役折磨他们。同样，在君王面前，你也要有信誉，得到君王（上级）的信任之后，才能进谏（提意见建议）。如果他不相信你，你还进谏，君王（上级）会认为你是诽谤他。"**

这是子夏讲的"使民"与"谏君"的原则和方法。着重讲"信"，信然后使民，信然后谏君。注意"诚信"的修养与树立是立身之本。诚信是品牌，无信不立。

## 11. 大德不逾闲

**【原文】**子夏曰："大德不逾闲，小德出入可也。"

**【解读】**大德，是指基本的道德准则和节操；小德，是指小节。逾闲：逾越基本的界限。闲，栅栏，界限。

**子夏说："人要守住道德准则和节操的底线，至于小节方面有点**

**小毛病还问题不大。”**

心中的道德准则和节操是永远的敬畏，不可逾越，小节不小，也应守之以严。对人，不必求全责备，重大德，看大节，不计小节的略有出入。对自己修身的要求则必须严格，慎独慎微，防微杜渐。

## 12. 子夏之门人小子

**【原文】**子游曰：“子夏之门人小子，当洒扫应对进退，则可矣，抑末也。本之则无，如之何？”

子夏闻之，曰：“噫，言游过矣！君子之道，孰先传焉，孰后倦焉，譬诸草木，区以别矣。君子之道，焉可诬也？有始有卒者，其惟圣人乎！”

**【解读】**洒扫：洒水扫地，指打扫房间庭院卫生。应对进退：接待宾客，迎来送往，与宾客应答等礼仪。抑末也：抑或是末节、小事。倦：通传。诬：曲解。

**原文的意思是：子游说：“子夏的学生，做一些洒扫庭院房间卫生、迎送宾客之类的事还可以，可这抑或是一些枝叶末节的小事啊，至于先王礼乐之道的根本，他们没有学到，这怎么能行呢？”**

**子夏听到这些话之后，说：“哎！子游的话错了！先王礼乐之道（是个庞大的体系）哪些先传授，哪些后传授是要循序渐进的，就像草木的培育生长一样要区别对待，遵循其生长规律。先王礼乐之道怎么可以曲解呢？对先王礼乐之道的传授循序渐进有始有终，大概只有圣人吧！”**

这里记述的是子游和子夏关于如何向学生们传授先王礼乐之道的争论。我认为子夏是对的，先王礼乐之道是个庞大的体系，要学生掌握必须循序渐进，坚持不懈，有始有终。子夏教学生从扫洒庭院、待人接物做起，完全是正确的。《大学》说："物有本末、事有终始、知所先后、则近道矣。"还有，在《学而第一》的第 6、7 章，孔子讲从基本的言行道理教起，学习待人接物的一些基本要求，"虽曰未学，吾必谓之学矣"。后世贤人们也曾说"一室不扫，何以扫天下"。教学生洒扫庭院、待人接物不是枝节小事，而是最基本的品质培养。

刘宝楠《论语正义》说："《大学》云：物有本末、事有终始、知所先后、则近道矣。""圣道体备，学其本而末已赅，学其末而本不废。故能始终如一。"

## 13. 仕而优则学

**【原文】** 子夏曰："仕而优则学，学而优则仕。"

**【解读】** 这是千古名句，家喻户晓。然而至今仍有误读，特此正义。

仕：出仕，担任公职，当官。优：时间、精力充裕有余。学：读书学习，进修学问，进德修身。

**原文可译为：子夏说："做官履职有时间和精力要去读书学习，增进道德学养；读书学习有了知识本领，又有充裕时间和精力可以出仕为官。"**

注意"仕而优则学，学而优则仕"是一起说的，关键词是"学"。进德修身，学而不厌，学而不已。

学而优则仕，学好了，有能力，有时间，可以去做官。因为孔子的教学宗旨是立德树人，培养有道德有学养的治政之才。入仕之后，也要读书学习，进德修身，学习修养是一辈子的事。注意"仕而优则学"放在前面，特别强调入了仕不能放松学习，不能放松进德修身。太重要了，太有现实意义了！

## 14. 丧致乎哀而止

【原文】子游曰："丧致乎哀而止。"

【解读】丧：办丧事、服丧。

**子游说："办丧事，只要能充分表达哀痛悲伤就行了。"**

丧礼主哀，能表达内心对逝者的哀痛悲戚就可以了，不要讲排场奢侈。

孔子说过："丧，与其易也，宁戚。"（《八佾第三》）

## 15. 吾友张也为难能也

【原文】子游曰："吾友张也，为难能也，然而未仁。"

【解读】子张：孔子学生，七十二贤之一，仪表堂堂。本篇第 1、2 章，子张曰："见危致命，见得思义""执德而弘，信道而笃"。可见子张对孔子思想的理解传承很不错，是难能可贵的。但是按照孔子仁的标准，还不能嘉许以"仁"。**所以子游说："我的朋友子张啊！很不错，难能可贵，但是还没有达到仁的标准。"**

## 16. 堂堂乎张也　难与并为仁矣

【原文】曾子曰："堂堂乎张也，难与并为仁矣。"

【解读】前一章是子游谈子张，说子张不错，难能可贵，"然而未仁"。本章，曾子评子张，"难与并为仁"。理解有困难，是高度赞扬"难与其并列为仁"，还是否定他，难与他一起完成仁德。孔子与子张有很多对话，都是谆谆教导。孔子评价子张的语录有两条，一是“师也过”；二是“师也辟”。这是说子张张扬、偏激。有这样的毛病不能算“仁”，因此子游和曾子评价子张应是客观的。

**曾子说：“仪表堂堂有点张扬自大，子张啊，很难和他一起完成仁德的修为啊！”**

## 17. 人未有自致者

**【原文】**曾子曰：“吾闻诸夫子：人未有自致者也，必也亲丧乎！”

**【解读】**人未有自致者也：人没有达到感情完全表现出来、情感达到极致的程度。意思是说，人的情感常常会受到一定的控制和压抑，不会极致地奔放。《中庸》有一段话可帮助理解。“喜怒哀乐之未发，谓之中；发而皆中节，谓之和。”按照中庸之道的要求，人的喜怒哀乐应有所控制。只有在父母之丧时才会哀不由己，达到极致。

**原文的意思是：曾子说：“我从先生那里听说过，人在一般情况下不可能把情感表露到极致，只有在父母之丧的时候，必定会悲痛不能自制，哀伤达到极致。”**

我理解这句话有两层意思：一是在一般情况下，人应该守中庸之道，控制自己的情感，不能任性纵情。二是父母之丧必须尽哀。

## 18. 孟庄子之孝

**【原文】**曾子曰：“吾闻诸夫子：孟庄子之孝也，其他可能也；其不改父之臣与父之政，是难能也。”

**【解读】** 孟庄子：鲁国大夫，孟孙速，其父是孟献子，有贤德。

**曾子说："我听先生说过，孟庄子的孝行很多方面大家都可以做得到，只是他不撤换他父亲的臣下僚属、不改变他父亲的为政之道，一般人很难做到。"**

《学而第一》第 11 章，孔子说过："父在，观其志；父没，观其行；三年无改于父之道，可谓孝矣。"可与本章互相参照。孔子推崇的是不改先王之道。

## 19. 孟氏使阳肤为士师

**【原文】** 孟氏使阳肤为士师，问于曾子。曾子曰："上失其道，民散久矣。如得其情，则哀矜而勿喜。"

**【解读】** 士师：主管司法刑狱的官。阳肤：曾子的弟子。上失其道：执政者不讲道义，昏庸无道。民散久矣：早已民心涣散背离。情：案情、民情的真实情况，包括案情和犯罪原因。哀矜：同情、怜惜。

**孟氏任命阳肤主管司法刑狱，阳肤请教他的老师曾子。曾子说："执政者昏庸无德，失去道义，早已民心涣散背离（这是老百姓犯罪增多的根本原因，上失其道，非民之过）。你在审理处理各种犯罪案件时，如果了解到了案情民情的真实情况，你应该同情怜惜犯罪的那些老百姓，而不要以惩办这些人而居功自喜。"**

两千多年前，能把社会问题看得如此透彻，真是圣贤。立场观点能如此贴近百姓难能可贵。

## 20. 纣之不善　不如是之甚也

**【原文】** 子贡曰："纣之不善，不如是之甚也。是以君子恶居下流，天下之恶皆归焉。”

**【解读】**纣：即商纣王，昏庸无道的暴君。恶（wù）：憎恶，厌弃、痛恨。天下之恶（è）：恶劣，坏事坏名。

**子贡说：“商纣王的坏，不像传说的那么严重。所以君子很痛恨这种现象，哪个人一旦陷入坏名声或降于下位，什么坏事情、坏名声都归罪于他的身上。”**

评价历史人物要实事求是，要历史的、客观的、公正的给予评价，不溢美、不饰过，孔子在这方面为学生们做出了榜样。子贡颇得真传，他不是为商纣王开脱而是批评这种现象，“天下之美，归之舜、禹、周、孔；天下之恶，归之桀、纣”。

## 21. 君子之过　如日月之食

**【原文】**子贡曰：“君子之过也，如日月之食焉：过也，人皆见之；更也，人皆仰之。”

**【解读】**日月之食：即日食、月食

**子贡说：“处在上位的君子的过错，就像天上的日食和月食一样，人人都看得见，其过错改正了，人人也都敬仰。”**

这也是孔子劝君子有过则改，不要文过饰非，群众的眼睛是雪亮的，你有过错就像日食月食一样，人人都看得见。但是群众也是公正的，你改正了过错，群众仍然会尊敬你。

## 22. 卫公孙朝问于子贡

**【原文】**卫公孙朝问于子贡曰：“仲尼焉学？”子贡

曰："文武之道，未坠于地，在人。贤者识其大者，不贤者识其小者，莫不有文武之道焉。夫子焉不学？而亦何常师之有？"

**【解读】**公孙朝：卫国的大夫，姓公孙，名朝。文武之道：指周文王、周武王的礼乐治政之道。未坠于地：没有坠于地下，意思是文武之道没有亡佚。

**卫国大夫公孙朝问子贡："仲尼的学问是跟谁学的呢？"子贡回答说："先王周文王、周武王的礼乐治政之道，并没有亡佚，还在朝野。贤能之士知道宏大的方面，一般的人也知道一些细节，可以说，文武之道在朝在野，还无处不在。我的老师仲尼他无处不学，他哪里又有固定的老师呢？"**

这是子贡回答卫公孙朝，孔子是如何学习前朝典籍文献、文武之道的。孔子"信而好古"、"敏以求之"、学无常师、处处留心、不耻下问、学而不厌，学生们在《论语》中多有记载，子贡也十分钦佩。

## 23. 夫子之墙数仞

**【原文】**叔孙武叔语大夫于朝曰："子贡贤于仲尼。"子服景伯以告子贡。子贡曰："譬之宫墙，赐之墙也及肩，窥见室家之好。夫子之墙数仞，不得其门而入，不见宗庙之美，百官之富。得其门者或寡矣。夫子之云，不亦宜乎！"

**【解读】**叔孙武叔：叔孙氏，三桓之一，鲁国权臣。子服景伯：鲁国大夫。宫墙：房屋的外墙、围墙。仞：七尺为一仞。宗庙之美，百官之富：指房子内面的富丽堂皇，喻指孔子的道德学问博大精深、光辉灿烂。

**原文的意思是：鲁国大夫孙叔武叔在朝廷对大夫们说：“子贡比仲尼还贤良。”子服景伯把这个话告诉子贡。子贡说：“譬如房屋的围墙，我端木赐家的围墙不高，只齐肩，站在外面就可以看见我室内的好东西。孔夫子家的围墙高过数仞，不进门入室，就看不见房子的美好，室内的富丽堂皇，但是能找到门进入我老师室内的大概不多（所以就见识不到我老师道德学问的博大精深，光辉灿烂）。按这样的比喻，叔孙先生的话，不也相宜符合吗！”**

子贡盛赞孔子，一连三章。孔子学问博大精深，道德文章如日月之光辉耀人，可仰不可及。曲阜孔庙围墙大门上书：“宫墙万仞”，其典就来自于此。

子贡才学出众，朝堂之上多有赞誉，也是情理之中的。《史记·仲尼弟子列传》太史公用很长的篇幅记述子贡的事迹，也是称道有加的。子贡善辞令，他对子服景伯说的这几句话，比喻形象生动、深刻，又很贴切。他结尾还说：“夫子之云，不亦宜乎！”话说得极委婉，没有直接否定武叔，还说：“从这个比喻来看，武叔先生的话不也相宜吗？”

## 24. 叔孙武叔毁仲尼

**【原文】**叔孙武叔毁仲尼。子贡曰：“无以为也！仲尼不可毁也。他人之贤者，丘陵也，犹可逾也；仲尼，日月也，无得而逾焉。人虽欲自绝，其何伤于日月乎？多见其不知量也。”

**【解读】**子贡维护孔子的崇高地位，旗帜鲜明，立场坚定，义正词严，毫不客气地回击鲁国权门叔孙武叔对老师的毁谤攻击。

**叔孙武叔毁谤攻击孔子。子贡说：“不要这样做吧！仲尼是不可毁谤的。别人的贤德，好像山丘，还可以超越，而仲尼则像日月一**

**样，没有办法超越。虽然有人想自绝于日月，那对日月有什么损伤呢？只能说明这样的人是自不量力。”**

仲尼就像太阳、月亮，攻击毁谤孔子犹如狂犬吠日，自不量力。

子贡就是这个意思。叔孙毁谤，于孔子何损，只更说明鲁国三桓是惧怕孔子的乱臣贼子。历史常常有相似之处。

## 25. 陈子禽谓子贡曰

**【原文】**陈子禽谓子贡曰："子为恭也，仲尼岂贤于子乎？"子贡曰："君子一言以为知，一言以为不知，言不可不慎也。夫子之不可及也，犹天之不可阶而升也。夫子之得邦家者，所谓立之斯立，道之斯行，绥之斯来，动之斯和。其生也荣，其死也哀，如之何其可及也？"

**【解读】**一言以为知：一句话就可以判断是聪明还是无知。

天之不可阶而升也：天只能仰望，不能搭梯子台阶上去的。

夫子之得邦家者：老师如果能治理邦国。道：领导、引导。绥：安抚。和：和同如一，和谐齐心。

**原文的意思是：陈子禽对子贡说："您是太谦恭了吧，仲尼哪里会比您贤良呢？"**

**子贡说："一个人说一句话就可以判断出他是聪明还是无知，所以您说话不能不谨慎一些啊！我老师的道德学问是不可企及的，就像天一样只能仰望，而不能搭梯子台阶上去。我的老师如果治理邦国，那就真如大家说的要百姓立业于社会，百姓就会立业于社会，引导百姓以德以礼，百姓就会实行礼治德治，安抚百姓，百姓就会从四面八方投奔归服，动员劝勉百姓，百姓就会和同如一、齐心协**

**力。我的老师，其生也光荣，其死也哀荣，人人怀念，我怎么能赶得上他呢？”**

子贡的这段话情真意切，对老师的感情，极其深厚，对老师的道德学问十分敬仰和崇拜。这不是盲目的，不是出于谦恭，而是发自内心的爱戴与敬仰，子贡才智很高，不会盲目崇拜。有记载：“子贡事孔子一年，自谓过孔子，二年自谓孔子同，三年自知不及孔子。当一年二年之时，未知孔子圣也，三年之后，然乃知之。”子贡这些弟子们在与孔子长期相处之中，了解孔子的人品、道德、学问、志向和理想，因此学生们对孔子的道德、人品和高深的学问无限的崇敬。在他们心里，夫子不可及、夫子不可毁，夫子的伟大人格和光辉思想是仰之弥高的天，是光照人间的日月。

# 尧曰　第二十

《尧曰》只有三章，却是压轴扛鼎之作，可看做是《论语》的总结。一是言君子为学修身，必达到知命、知礼、知人的要求。二是为政必效法尧、舜、禹、汤，夙夜在公，仁人爱民，宽、信、敏、公，尊五美，屏四恶。

## 1. 天之历数在尔躬

**【原文】**尧曰："咨！尔舜！天之历数在尔躬，允执其中。四海困穷，天禄永终。"舜亦以命禹。

曰："予小子履敢用玄牡，敢昭告于皇皇后帝：有罪不敢赦。帝臣不蔽，简在帝心。朕躬有罪，无以万方，万方有罪，罪在朕躬。"

周有大赉，善人是富。"虽有周亲，不如仁人。百姓有过，在予一人。"

"谨权量，审法度，修废官，四方之政行焉。兴灭国，继绝世，举逸民，天下之民归心焉。"

"所重：民、食、丧、祭。"

"宽则得众，信则民任焉，敏则有功，公则说。"

**【解读】**这章整体是记述先王的遗训、先王的德政，但结构层次上要注意分析，便于理解。第一段是尧训政与舜，舜同样训政于禹。第二段是记述商汤仁人爱民的德政。第三段记述周朝的德政，第四、第五、第六三段应是孔子理解先王德政之道后对弟子们的教诫。

天之历数在尔躬：按照天命运行的规律，君王大任历史地落在了你的身上。

允执其中：公平诚信地执中守正（为老百姓做事）。允，公平诚信。执其中，《中庸》孔子说："舜其大知也与：执其两端用其中于民，其斯以为舜乎！"

天禄：天子的禄位为上天所赐。

履：商汤名天乙，又名履。

大赉：封赐。指周天子大封天下。

谨权量，审法度，修废官：这是孔子针对春秋时礼崩乐坏、政治秩序混乱的状况提出来的。谨权量，应是指谨慎地权衡治政的大政方略（修订度量衡应是谬解）。审法度，审查修订礼乐制度。修废官，整顿修订朝廷官员的编制、职守，把那些不应该废弃的职位职责恢复健全起来。

兴灭国，继绝世，举逸民：兴灭国、继绝世，是指春秋时弱肉强食，被吞并灭亡的那些周天子曾经分封的诸侯国及其诸侯贵族，要把他们扶植起来，以恢复周天子时代的政治格局。举逸民，举荐启用那些遗散在民间的或隐逸的贤能之士，做到"野无遗贤"。

**原文的意思是：尧在禅位给舜的时候非常庄重严肃地说："喂！你舜呀！天命所归，君王大命已历史性地落在了你的身上。你要公平诚实地执中守正，勤勤恳恳地为百姓做事。如果你没有尽职尽责，天下的百姓陷入贫穷困苦，上天就会永远地终止你的禄位。"舜也用同样的话告诫禹。**

**到了商汤那里，商汤说："我小子履斗胆用黑色的公牛作祭奠，**

庄严地昭示皇皇天帝：真正有罪的人我不敢赦免。作为天帝的臣子们的善恶，您天帝全部明察在心，我不会有半点遮掩隐瞒。如果我本人有罪过，我自己负责，请不要牵累天下百姓，天下百姓有罪过，其责任在我，罪责全由我承担。”（好一位贤德之君，百姓真的无得而称焉）

周朝分封恩施天下，善待天下是最大的财富。周武王说：“虽然有周王朝同姓宗亲，但不如仁爱天下之人。天下百姓有过错，罪过全在我一个人身上。”（以仁德治天下千古君王之典范）

孔子说：“要谨慎地权衡谋划治政的大政方略，审查修订礼乐制度，整顿修订朝廷官员的编制职守，把那些不应该废除的官员职位职责恢复健全起来，这样国家的政令就可以畅通了，治政运转就正常了。对于那些因为征伐吞并而灭亡的周天子曾分封的诸侯国及其世族，要把他们扶植起来，要举荐和启用那些遗散在民间的或隐逸的贤能之士，这样天下民心就会归顺了。”

“要特别重视民生，重视老百姓的吃饭问题，要重视丧、祭之礼，以淳厚民风。”

“执政者要待民宽宥，宽一分民受赐不止一分，宽一分民敬服你十分，老百姓都会拥护你。对老百姓要讲诚信，民无信不立，你有诚信，讲信用，老百姓就会信任你。要勤勤恳恳敏于干事，这样才会建功立业。要立政为公，为人公正，办事公道，公正公道，老百姓会很高兴，会从心里爱戴你。”

## 2. 何如斯可以从政矣

**【原文】**子张问于孔子曰：“何如斯可以从政矣？”子

曰："尊五美，屏四恶，斯可以从政矣。"

子张曰："何谓五美？"子曰："君子惠而不费，劳而不怨，欲而不贪，泰而不骄，威而不猛。"

子张曰："何谓惠而不费？"子曰："因民之所利而利之，斯不亦惠而不费乎？择可劳而劳之，又谁怨？欲仁而得仁，又焉贪？君子无众寡，无小大，无敢慢，斯不亦泰而不骄乎？君子正其衣冠，尊其瞻视，俨然人望而畏之，斯不亦威而不猛乎？"

子张曰："何为四恶？"子曰："不教而杀谓之虐，不戒视成谓之暴，慢令致期谓之贼，犹之与人也，出纳之吝谓之有司。"

**【解读】**本篇第1章讲的是为政的理念和原则：道法先王，为政以德，仁人爱民，夙夜在公，宽、信、敏、公。本章则是讲为政的具体要求和方法：尊五美，屏四恶。

屏：摒弃、杜绝。

五美：执政者五种好的品德和善政。

不教而杀谓之虐：不行礼义德教，百姓犯罪就杀，叫作暴虐、残暴。

不戒视成谓之暴：事先不诫勉而急于求成，叫作粗暴。

慢令致期谓之贼：命令下达迟缓而又期限紧迫，这叫坑害人。

出纳之吝谓之有司：该花钱时不舍得花钱，小气吝啬，叫作有司。

**原文的意思是：子张请教孔子说："如何做可以从政？"孔子说："尊崇五种美德善政，摒弃四种恶政，就可以从政了。"**

**子张问："什么是五种美德善政呢？"孔子说："执政者为政要让老百姓得到实惠，不要损害老百姓利益，不让老百姓劳命丧财；**

役使老百姓要有节度，择可劳而劳，‘使民以义’，不要让老百姓产生怨恨；追求仁德不贪婪私利；执政者对老百姓要做到惠而不费，劳而不怨，自己要做到欲而不贪，泰而不骄，威而不猛。”

子张又问：“何谓惠而不费?”孔子回答：“顺应百姓的利益诉求做能够实现百姓利益的事，不做损害百姓利益、好大喜功、形式主义、面子工程之类劳民伤财的事，不就是让老百姓惠而不费吗?选择老百姓愿意干，又可以干的事情让他们干，并且节制有度，不增加他们的负担，百姓谁还会有怨恨呢?执政者自己追求仁德，不谋私利，哪里会贪呢?执政者和老百姓打交道，无论人多人少，不分地位高低贵贱，一概恭敬有礼，不骄慢，这不就是泰而不骄吗?执政者衣冠整齐，目光神色庄重、严肃，而又不气势汹汹，老百姓见了有敬畏，这不就是威而不猛吗?”

子张问：“什么是四种恶政呢?”孔子说：“事先不教化百姓(不道之以德，齐之以礼)，百姓犯了罪就杀戮，叫作残暴；事先不诫勉不告知百姓如何做，而又逼迫百姓急于求成，叫作粗暴；政令下达迟缓，却又期限紧迫强迫别人完成，叫作坑害人；犹如给别人钱物一样，到出手时又吝啬（大概是指克扣百姓)，叫作像有司小吏一样小气。”

## 3. 不知命　无以为君子

**【原文】**子曰：“不知命，无以为君子也；不知礼，无以立也；不知言，无以知人也。”

**【解读】**知命：应是指天命。在《论语》中孔子两次明确地提到天命，《为政第二》第4章，孔子自述“五十而知天命”，《季氏第十六》第8

章，孔子曰：“君子有三畏：畏天命……小人不知天命而不畏也……”

在孔子的语境里，“天命”有两层意思，第一，天命是自然界，人类社会，天地万物客观世界运行发展的一般客观规律。第二，道德人格的天命，指天下道义，受命于天，人格的天，“天命之为性”，效仁德于天，要担当天下的道义、责任和使命。

不知命，无以为君子：不知晓自然、社会运行发展的客观规律，不知道天下道义的责任、担当和使命，不知道敬畏客观世界的普遍规律和天下道义的道德准则，就不能成为有道德有学养的君子。

不知礼，无以立：礼是孔子思想学说的核心内容之一，礼是社会日常生活、政治生活的伦常、秩序、制度和规范。仁是道德自觉，礼是道德规范，“道德仁义，非礼不成”，孔子多次强调“不学礼，无以立”，无礼则乱，无礼则危，不知礼，无以立身处世。

不知言，无以知人：孔子说：“不患人之不己知，患不知人也。”樊迟问仁，子曰：“爱人。”问知，子曰：“知人。”孔子把“知人”看得很重要，是因为知人和爱人是紧密联系在一起的。孔子思想的核心是“仁”，一事当前，他人第一，爱人敬人，理解人，善解人意，推己及人，己所不欲，勿施于人，知人善任，己欲立立人，己欲达达人。知人是智，爱人是仁，知人要知言，要仔细地倾听，悉心地理解，审慎地辨别，以知其心性，知其诉求，知其志向，知其贤愚，所以说不知言，无以知人。

**孔子说：“不知天命，就无法成为有道德，有学养的君子；不知礼法规范，就无法立身处世；不善于听懂和分辨别人的言论，就无法了解人。”**

压轴之章，君子三知：知天命、知礼法，知人事。有此三知，才能三立，立德、立功、立言。这就是孔子对学生的谆谆教导和殷切希望。

# 主要参考书目


1. 高占祥. 四书五经：第四卷［M］. 北京：线装书局，2006.

2. 李英健，李克主编. 名家批注论语［M］. 沈阳：万卷出版公司，2008.

3. 杨朝明主编. 论语诠解［M］. 济南：山东友谊出版社，2013.

4. 杨钟贤，郝志达主编. 史记（文白对照）［M］. 北京：国际文化出版公司，1992.

5. ［清］刘宝楠. 论语正义［M］. 北京：中华书局，1990.

# 后　记

一、本书所引《论语》原文依据高占祥主编、线装书局2006年出版的《四书五经》，简称“高本”。

《论语》高本原文为20篇512章，其中《乡党第十》第8章、第9章都讲食品卫生，作者将其合为一章，故本书中《论语》章句为511章。

另《泰伯第八》第9章高本原文为：“子曰：‘民可使由之，不可使知之。’”作者觉得这一标点断句常引起“愚民而使”的歧义和误读，有悖于孔子仁厚爱民、使民以敬、使民以义、教化为先、开启民智、“举善而教不能”的思想，因此将其改为：“民可使，由之；不可使，知之。”

二、本书是作者读《论语》的心得笔记，是对《论语》20篇511章逐章逐句的解读，既对原著文言词语做了比较详尽的注释，又对原著章句做了比较通俗的阐译。注释和阐译参照了古今诸多专家学者的注疏和诠解，更多的是作者对原著的思考和感悟。解读谨遵原著义理，又贴近现实生活，着重阐释为人以诚、为学以恒、为政以德、严以修身、仁爱待人、克己复礼、天下归仁的《论语》主旨，故本书以“修己安人”为书名。

三、作者从解读《论语》、写成书稿到书稿付梓得到了很多领导、同事、同学及亲友的关心和支持，在此一并表示诚挚的谢意。

湖南省医学会朱建华秘书长，阎翰、郭洁副秘书长亲自读书稿、提建议，为本书的出版做了很多辛苦而细致的工作，学会办公室和学术部的一群年轻人利用工余时间对全部书稿进行录入、校对、修改、打印，反复三遍以上，十分难能可贵。更令人感动的是他们不说“辛苦”，只说“受到了熏陶，受到了教育”。

特别要感谢的是湖南省新闻出版广电局和湖南人民出版社对本书出版的重视、支持和帮助。湖南人民出版社总编室胡艳红主任、编辑谢喆老师对书稿的审阅、修改、勘校十分认真细致，如果没有他们辛勤而严谨的工作和无私而精心的指导，本书的出版几乎是不可能的。

四、中国的历史文化光辉灿烂，几千年薪火相传，文脉不断，化成中华民族的繁荣昌盛。我们对自己的历史文化要有足够的自信，这是我们自立于世界民族之林的底气和骄傲，是我们振兴中华、实现伟大中国梦的历史底蕴、文化动力和强大的精神支撑。

“信而好古”，“敏以求之”，学习、继承和弘扬祖国优秀的历史文化，既是我们进德修身、增益学养、成就事业的需要，也是我们继往开来、振兴中华的历史责任。这也正是作者读《论语》、写感悟、出版本书的原动力和初衷。

希望更多的人，特别是年轻人能读到这本书，重温经典，学习和继承我们的历史文化精华。

2016 年 7 月 10 日